MEDARDO MEJÍA

COMIZAHUAL

Leyendas, tradiciones y relatos de Honduras

ERANDIQUE
COLECCIÓN

COMIZAHUAL, LEYENDAS, TRADICIONES Y RELATOS DE HONDURAS
Medardo Mejía

©Editorial Erandique
Supervisión Editorial: Óscar Flores López
Diseño de portada: Andrea Rodríguez-Lilyana Gálvez
Administración: Tesla Rodas y Jéssica Cordero
Levantamiento de texto: Zona Creativa
Director Ejecutivo: José Azcona Bocock

Primera Edición
Tegucigalpa, Honduras-Mayo de 2024

ÍNDICE

USTED CUMPLIÓ, DON MEDARDO

Comizahual, leyendas, tradiciones y relatos de Honduras... ¡Qué libro, por Dios!

El MAESTRO Medardo Mejía nos lleva por un viaje mágico que inicia antes de que los españoles llegaran a estas tierras sagradas del maíz, da una vuelta completa y concluye con una pequeña obra teatral que, además de llamarnos a retomar nuestros orígenes, hace una fuerte crítica social al desarrollo de la historia de Honduras.

"Siempre tuve la intención de honrar el nombre de Comizahual con un manojo de leyendas, tradiciones y relatos, y ahora lo hago, bien o mal, eso no importa, con el objeto de rendir homenaje a los toltecas, que vinieron de Tula y se aposentaron en toda Centro América, a partir del año mil", escribió don Medardo Mejía en el prólogo de Comizahual, publicado en noviembre de 1986 (hace treinta y ocho años), por Editorial Universitaria.

¡Y vaya que don Medardo Mejía lo hizo bien!

Pues Comizahual contiene un breve canto del Popol-Vuh; la epopeya del Cacique Lempira; personajes apenas conocidos como el pirata francés Ravenau de Lussan, Felipe Bustillo y Máximo Gallardo; insurrecciones de esclavos, relatos de amor, la ahorcancina ordenada por Medinón (el presidente José María Media), para acabar con el levantamiento popular encabezado por Cinchonero en Manto, Olancho (donde Medardo Mejía nació); narraciones en minas, en campos bananeros...

Cuando uno lee Comizahual —la diosa que bajaba convertida en un tigresa con alas para defender a su pueblo—, descubre el profundo amor que Medardo Mejía sentía por Honduras, por su gente.

En este libro, cuya portada ilustramos con una obra bellísima del acuarelista hondureño César Román Murillo, nos encontramos con una Comizahual enamorada.

Enamorada... y preocupada por el bien común.

"Benditas las tribus que hacen milpas tan grandes que cubren valles enteros", dice Comizahual.

Medardo Mejía nunca ocultó su simpatía por los ideales de izquierda (se notan en este libro), pero se alejó del revanchismo y del sectarismo. Eso lo convirtió en un patriota con una visión clara de lo que soñaba para su país.

Poeta, historiador, investigador, editor de periódicos, poeta, narrador, en fin, Medardo Mejía está en esa larguísima lista de grandes hombres y mujeres que han sido olvidados por los hondureños. De allí que, en Colección Erandique, sentíamos, además de una mezcla de tristeza y vergüenza, una obligación moral de publicar su obra.

Doña Victoria, su hija, con residencia en Venezuela, nos autorizó a reeditar libros como Froylán Turcios en los campos de la estética y el civismo; La trilogía de los diezmos de Olancho (La Ahorcancina, Cinchonero y Medinón); los seis tomos de Historia de Honduras; Trinidad Cabañas, soldado de la República Federal, entre otros.

En nuestras conversaciones, doña Victoria me ha revelado su entusiasmo porque la publicación de estos clásicos de la literatura hondureña permitirán a las nuevas generaciones descubrir quién fue su padre, su esencia de hombre bueno, sus ideales, su generosidad, su fe en que sí era posible construir una mejor nación, con justicia y desarrollo.

Don Medardo Mejía cumplió con su papel de rescatar gran parte de la historia de Honduras. Ha llegado el momento de que saldemos la deuda que tenemos con él. ¿Cómo? Leyendo su obra, estudiándola, compartiéndola. Es urgente rescatarlo del olvido.

ÓSCAR FLORES LÓPEZ
Editor Colección Erandiqe

ANTECEDENTE PRIMITIVO: LOS TOLTECAS

*Fueron los toltecas los que rompieron
el cerrado muro neolítico y
abrieron el camino de la edad de
los metales.*

Los abuelos paleolíticos de los toltecas pudieron haber venido de Oceanía o de Asia, siendo más probable que procedieran de este último lugar. Lo indicado debe haber sucedido en la época del pleistoceno superior, en el estadio del paleolítico medio, cuando las hordas ya contaban con un lenguaje articulado, habían conquistado el fuego, por ello ya tomaban alimentos cocidos, sus armas eran la maza y la lanza, vivían de pescado, crustáceos, moluscos y otros animales acuáticos, de raíces y tubérculos farináceos cocidos en hornos excavados en el suelo, y también excepcionalmente se alimentaban con piezas que les daba la caza.

Tal modo de vivir —según Engels— los hizo independientes del clima y los lugares; siguiendo el curso de los ríos y las costas de los mares pudieron, aun hallándose en estado salvaje, extenderse sobre la mayor parte de la Tierra. Queremos recordar que el pleistoceno superior duró 40,000 años, y en cualquier milenio de ellos pudieron las hordas de que hablamos trasladarse de su ignorada región de origen al continente americano. No ha sido determinado el lugar en que detuvieron la marcha temporal; pero quizás fuera el que lleva el nombre mítico de Aztlán, en la Alta California, donde desarrollaron todo el estadio del paleolítico superior, que tuvo una duración de 12,000 años, inventando el arco y la flecha, dedicándose a la caza que les dio alimentación regular, y más tarde con la alfarería y la hortaliza dan comienzo a establecer las primeras aldeas primitivas.

Los padres mesolíticos de los toltecas quizás trasladaran de su hogar primario de la Alta California al ser empujados por tribus cazadoras que venían del norte o atraídos por climas de menos rigor para instalarse en el Valle de México. Allí residieron los 6,000 años del período ocupados en cimentar la agricultura del maíz, el frijol, el cacao, el maguey y el algodón. Allí, probablemente, los sorprendió la revolución neolítica, habiéndola desarrollado hasta en sus últimas consecuencias en sus 3,500 años de duración. Y allí, es seguro, crearon las instituciones que correspondían a la comunidad primitiva, como sistema electoral, consejo de ancianos, dirección administrativa de los bienes comunes, centro reverencial con su cuerpo de magos o sacerdotes y su creencia en los astros Posiblemente, al cabo de tan prolongada evolución pudo haber aparecido la famosa urbe de Teotihuacán, la cual da base para creer que allí se asentaron los padres de los toltecas por la identidad de mitos que se ven en unos y en otros, entre ellos el irrecusable de Quetzacoatl, que tiene un templo en la ciudad de las pirámides y a la vez aparece como jefe supremo de las tribus toltecas en la maravillosa Tollán. Esto responde nada más a una suposición que tiene algún fundamento racional. Porque los encargados de establecer la verdad concluyente son los antropólogos y los historiadores mexicanos.

Ralph L. Beals y Harry Hoijer escriben en su Introducción a la Antropología; refiriéndose a las fases del desarrollo prehistórico en América: "El período clásico se caracterizó por gran eflorescencia de las culturas mexicanas y centroamericanas, con notable uniformidad cultural en amplias zonas. En ese período las ciudades se hicieron grandes; Teotihuacan, al nordeste de la ciudad de México, probablemente alcanzó una población de cien mil habitantes o más. Pueden haber existido unidades políticas o imperios que dominaban áreas extensas". Según lo expuesto, Teotihuacán resulta más o menos contemporánea de las grandes ciudades mayas de Tikal y Copán también situadas en el período clásico que contiene el mayor esplendor del urbanismo neolítico con sus grandes pirámides y templos reverenciales dedicados al sistema solar.

El orden natural ascendente en esta exposición tiene en mira demostrar que Teotihuacán debe haberse dado su propia cultura y debe haber sido raíz de las demás culturas que florecieron en el Valle de México y en sus alrededores. Consiguientemente, ella fue el resultado del máximo desarrollo de la agricultura del maíz y demás granos básicos. Con tal antecedente pudo impulsar la revolución neolítica hasta sus últimos resultados. Fue así que tomó vuelo la ciencia astronómica que hizo posible la invención de un calendario solar relacionado con la agricultura. Como lógicamente las creencias mágicas o religiosas completan el cuadro de una cultura, en

Teotihuacán debe haber sido creada la adoración astral, contando con observatorios astronómicos piramidales, templos. superpuestos o subterráneos y plazas reverenciales. Al respecto, gozan de fama las pirámides del Sol (Tonatiuh), de la Luna (Metztli), de Venus (Quetzalcóatl) cuyas divinidades bienhechoras tenían sus opuestas, y ambas formaban el conjunto de la mitología que deben haber heredado los toltecas, los cuales trasmitieron a su vez a las demás tribus que de siglo en siglo fueron poblando el Valle de México. Aun la lengua nahuatl debe haber sido creación de los teotihuacanos, recogida por los toltecas y llevada a una mayor perfección con los desarrollos materiales y literarios de los grupos tribales siguientes. Pero lo que conviene hacer notar es que una ciudad tan grande y tan llena de nuevos aspectos, no podía ser dirigida por los tradicionales jefes de tribus aconsejados por un grupo de ancianos compuesto de hombres y mujeres. Allí gobernaba una magocracia (gr. magos, mago; kratos, autoridad), la cual, de haber evolucionado hasta llegar a la sociedad esclavista, habría parado en una teocracia o sea en un gobierno sacerdotal, como en Egipto antes de los faraones.

Los toltecas, propiamente, tuvieron su gran centro urbano en Tollán, que participó largo tiempo del estadio neolítico superior (estadio que tuvo una duración de 500 años) para entrar después en la edad de los metales (edad que se prolongó hasta la conquista del bronce unos 1,000 años). Los toltecas forjaron instrumentos de cobre, ensayaron la aleación del cobre y del zinc y fueron maestros de la orfebrería. La palabra tolteca quiere decir en nahua clásico artista, y la novedad de Tollán consistió en que rompió el cerco neolítico y se lanzó a la conquista de la metalurgia que debía darle primacía y originalidad en la América media. Tollán es un eslabón intermedio entre Teotihuacán y Tenochtitlán. Culturalmente es hija de aquella y es madre de ésta. Como hija de Teotihuacán heredó la pujanza agrícola, la fuerte magocracia y la invariable creencia en los astros. El mito de Quetzalcoatl fue el puente de unión. Como madre de Tenochtitlán dejó de herencia a ésta el afán metalífero inicial, la fuerza guerrera y la dominación conquistadora. El mito de Tezcatlipoca estableció la relación de las dos.

A este segundo momento los antropólogos Beals y Hoijer le dan el nombre de posclásico para referirse a pueblos posteriores a los toltecas en la vasta extensión de América y cuyos términos textuales vamos a copiar para que consten:

"El período posclásico, evidentemente fue de cierta confusión y de rotura de la unidad cultural y política. Se desarrollaron numerosas culturas locales. Esto, a su vez, fue seguido por lo que algunos han llamado período militar, en el que se unificaron zonas bajo la agresiva acción de la guerra. Esa era la situación en los tiempos de la conquista española, cuando una coalición de ciudades dominaba grandes zonas de México en lo que generalmente se conoce por Imperio Azteca. Las ciudades eran grandes y numerosas, especialmente en las montañas y eran comunes las grandes obras públicas. el comercio amplio y sociedades de estratificación compleja.

En Sudamérica —siguen diciendo los antropólogos— la sucesión de los hechos fue análoga. En la región andina, en el período formativo, se desarrollaron muchas culturas locales. El período clásico, que tenía mayor uniformidad cultural, comenzó hacia el año 1 de nuestra era, y el posclásico hacia el 800, con la influencia de las montañas sobre la costa en la fase Tiahuanaco. A su vez, a este período le sucedió una serie de culturas locales autónomas, seguidas por un Estado muy organizado conocido por Imperio Inca".

Según Fray Bernardino de Sahagún en su Historia General de las cosas de Nueva España para los aztecas Tollán fue un Paraíso Terrenal y los toltecas fueron los primeros que sembraron en México la semilla de los hombres. Por ello los consideraron los primeros habitantes de la edad presente, que siguió a la caída de las cuatro edades prehistóricas. Les atribuían, por lo tanto, cualidades extraordinarias. Eran más altos y más veloces que los hombres actuales, eran maestros en todas las artes y artesanías, a tal grado que la palabra "tolteca" llegó a significar artista y fueron ellos los que cimentaron la ciencia sacerdotal. Su país, Tollán, se describe como una verdadera Jauja, en la que las mazorcas crecían tanto que había que rodarlas por el suelo, las hortalizas llegaban a tener la altura de las palmeras, y el algodón se daba ya en todos los colores. Había aves de plumas preciosas y plantas tropicales de mil aromas, y desde una montaña de este país la voz del heraldo llegaba hasta los confines de la tierra. Quetzalcoatl, el señor del reino de Tollan, vivía escondido en su palacio, porque su rostro era de una repugnante fealdad, tenía una larga barba y era tosco cual pedazo de madera. Pero sus riquezas sobrepasaban las de todos los hombres del mundo, pues las cosas en que se dedicaba a las prácticas religiosas rebosaban de piedras preciosas, oro, nácar y plumas multicolores; para sus penitencias solo usaba punzones de jade y penachos de plumas de quetzal.

El mismo relato cuenta que los toltecas llevaban vestidos de color turquesa y grandes tocados de caracoles marinos. Muchos detalles hacen pensar que los toltecas, junto con su soberano, eran seres lunares; el dios de la luna se llamaba entre los aztecas "El señor del país del caracol marino", y era igualmente dueño de todas las riquezas. Por ser Tollán el poético paraíso terrenal, de ahí provenían todos los seres, medios de sustento y tesoros de la tierra; era el lugar:

<blockquote>
donde el agua azul se extiende
y se elevan los blancos juncos,
donde los blancos carrizos se despliegan
y se encuentran los blancos sauces,
donde se extiende la blanca arena
Y penden los multicolores copos de algodón,
donde nadan los irisados nenúfares
y se halla el mágico juego de pelota.
</blockquote>

El color blanco era en el lenguaje y la escritura pictográfica de los aztecas el símbolo de los tiempos prehistóricos, mientras que el campo de juego de pelota era un símbolo del cielo. También el rey—sacerdote tolteca es la encarnación de un ser divino que residía originariamente en el cielo estrellado y que fue relacionado posteriormente con la estrella matutina. Los aztecas traducen el nombre de la ciudad de Tollán por "Ciudad de los carrizos", y lo reproducen con una cantidad de carrizos (tolín).

Como se comprende, se trata de una leyenda encantadora propia para niños en nuestros días y no de una relación sujeta al rigor histórico.

Ahora debemos investigar la personalidad real y fantástica de Quetzacóatl que está presente en los templos de Teotihuacán, en los mitos de Tollán, en las leyendas de Mayab, en las tradiciones de Guatemala y en las historias de Honduras. Fue un personaje conocido en geografías dilatadamente abruptas y tuvo una vida de milenios. No hay en las relaciones indias quien se le parezca y sea tan recordado como él. Aún hoy, cuando se están borrando los ribetes de la prehistoria del continente, cuando van en camino de esfumarse muchas figuras del descubrimiento y la conquista española, y cuando yacen olvidados numerosos capitanes generales, oidores y virreyes de los siglos coloniales, parece mentira, Quetzacatl se mantiene en pie y brilla como la Estrella de la mañana.

Que fue un hombre extraordinario, no cabe la menor duda. Posiblemente se acreditó como un quía notable en la revolución urbana de Teotihuacán, siendo el constructor de la ciudad con sus templos, plazas ceremoniales, jardines y pirámides; el sacerdote que impuso la creencia en los astros y los ritos mágicos; el sabio que inventó el calendario solar igualmente útil en la agricultura y en los festejos sagrados, o algo semejante que no se sospecha en la actualidad. Lo único que se advierte es que con una fama tan grande y con una gloria tan empinada, los demás caudillos de Teotihuacán y de Tula, de Yucatán y de Centroamérica, olvidaron sus nombres y se llamaron Quetzacoatl al asumir la suprema dirección civil, militar o religiosa de las tribus, de la misma manera que en Roma después del genio de Julio César conquistador del mundo occidental antiguo, Octavio Augusto y cuantos le siguieron en el trono imperial se llamaron César para dar a entender su eminencia y para merecer la gracia de los dioses.

Además, Quetzalcoatl, que unas veces aparece como jefe de tribus, como mesías de una religión nueva, como divinidad del bien opuesta a la divinidad del mal llamada Tezcatlipoca, y, como Estrella de la mañana y de la tarde, también lleva otros nombres como Acxitl, Nacxitl, Topiltzin, Ehecatl, Yolcuat, Kukulcán, Gucumatz, Tohil, todos de origen tolteca, azteca, maya, quiché, y todos de significación religiosa o mágica.

Como Nacxitl lo recuerda el príncipe tolteca Matlaxochitl, sucesor de Quetzalcoatl en Tollán:

Hubo una casa en Tula de fino maderamiento:
hoy solo quedan en fila serpentiformes columnas.
Se fue, la dejó Nacxitl, ¡nuestro príncipe!
Con trompetas son llorados nuestros príncipes.
¡Ay, ya se fue! ¡Se fue a perder allá en Tlapallan!
lhuitimalli me ha dejado huérfano,
a mi, Matlaxochitl.

Hendidas están las montañas: por esto lloro.

Se alzan las arenas de sílice: por esto lloro.

En el Chilam Balam, libros o crónicas de Yucatán, se habla de la profecía del retorno de Kukulcán—Quetzalcoatl a quien se llama en dichos documentos Nacxit—Xuchit.

En el Popol Vuh, libro de los quichés, en la parte cuarta, capítulo sexto, se dice que Balam—Quitzé, Balam—Acab, Mahucutah e Iqui—Balam fueron al Oriente (Yucatán) a recibir las insignias reales de manos del "señor Nacxit, que este era el nombre del gran Señor, el único juez supremo de todos los reinos'".

El nombre Quetzalcoatl es de la lengua nahua. Se compone de dos palabras: Quetzal, ave de plumas verdes; aire propio para el vuelo; espacio inmenso; cóatl: serpiente respetada y venerada porque da la muerte; imagen sagrada de las cosas circulares; Y, en las noches de verano, arriba en el espacio infinito la serpiente de la Vía Láctea rodeando el bajo mundo de las tribus.

Por cierto, es la más seria magnificación de Quetzalcóatl, que comprendida invade el alma de admiración, después de haberla liberado de la repugnancia que produce su cabeza de serpiente en el templo que tiene en Teotihuacán. Con un poco de imaginación y filosofía cualquiera se da cuenta que vive, trabaja, juega, bromea, sueña entre las dos gigantescas quijadas de una víbora colosal; y que cuando enferma, sufre, desespera, agoniza y, por fin, muere es que la anaconda inmensa ha cerrado sus fauces inexorables y ha tragado. Cuando viene el día, la monstruosa serpiente abre la boca; cuando cae la noche, la cierra con brutalidad, y todo ha terminado. Eso es Quetzalcóatl en el mito, en la magia y, si quieren ustedes, en la religión.

Y siguen las referencias legendarias del personaje. Dice Carlos Gaytán en su Diccionario mitológico lo siguiente:

Quetzalcóatl: hijo de Cuatlicoe, diosa de la Muerte en la mitología nahoa. Andaba ella barriendo el templo en una ocasión y encontró un chalchihuite o sea una piedra parecida a la esmeralda; se la tragó e ipso facto quedó encinta de Quetzalcoatl.

La verdad es que nadie sabe a punto fijo quien fue este personaje. Hay quienes afirman que fue santo Tomas (apóstol de Jesús que partió a predicar a la India y se fue alejando hasta creerse que llegó a América). Otros suponen que fue un viiingo (algún Leif Ericsson de los comienzos de la era cristiana). Una versión sostiene que fue Venus o sea la Estrella Vespertina, personificada, y según otras tantas versiones Quetzalcatl fue un hombre blanco y barbado que arribó a nuestro continente allá por el siglo X después de Jesucristo, cerca de la desembocadura del río que hoy se llama Pánuco. Enseñó artes manuales y predicó una religión a base de silencio y penitencia. Luego fue a Tula y allí alcanzó altas dignidades, pero, como ocurre siempre, aun entre los dioses, Quetzalcóatl fue víctima de intrigas y tuvo que huir, sobre una balsa de serpientes, por el Golfo de México. Al llegar a Yucatán lo rebautizaron y le pusieron el nombre de Kukulkán.

En fin, de cuentas, el personaje que actuó con el nombre de Quetzalcóatl en Tula (como decir un Tibero que al ser emperador llevara el nombre de César en Roma) fue un hombre sumamente importante, y a este convencimiento han llegado las investigaciones últimas de la prehistoria correspondiente a la América Media. Producto del barro tolteca o extranjero procedente de Asia o de Europa (esto nada importa), Quetzalcóatl fue el promotor de la revolución de los metales en Tollán. En este orden el gran jefe rompe el asfixiante cerco neolítico y saluda la aurora de la metalurgia, hecho que, teniendo su inicio en el cobre, en carrera indetenible debía parar en la conquista del hierro, y con ello en la posesión de aquella sociedad heroica que uno o dos milenios antes había celebrado el genial Homero en los hexámetros de la Ilíada. Si la Edad Media hubiera retrasado la marcha de la historia europea durante un milenio más, los toltecas siempre marchando hacia el futuro en su región americana, habrían conquistado el metal supremo de aquella época, el hierro, y cuando los descubridores y conquistadores hubieran llegado a estos territorios, posiblemente los resultados habrían sido distintos y nuestra América india sería diferente. Empero, sólo discurramos sobre lo que pudo haber sucedido, como quien cuenta un sueño hermoso, pero no lamentemos las consecuencias, tomando en cuenta que la gloria de esta América de incipiente desarrollo está en el porvenir.

Porque la revolución metalífera produjera malestares y levantamientos que se desconocen hoy o porque los feroces chichimecas de Huémac bajaran del norte a producir destrozos en Tula, lo cierto es que Quetzalcóatl determinó abandonar el país, lo que hizo acompañado de algunas tribus. Recorrió penosamente un largo camino y al fin llegó a la península de Yucatán, donde detuvo la marcha. Allí se puso en contacto con los mayas y fraternizó con ellos. Había realizado un recorrido de 1220 kilómetros. Y no en vano, porque Quetzalcóati había llegado al Golfo de México, a Yucatán y a Centro América, hasta el corazón de Honduras, a implantar la cultura tolteca, a enseñarle a los mayas neolíticos las artes metalíferas, Y, en una palabra, como dice Morley, A FUNDAR EL NUEVO IMPERIO, QUE ENTRA EN FUNCION A PARTIR DEL AÑO MIL.

Queremos agregar que como los feroces chichimecas de Huémac se impusieron en Tula de acuerdo con su indeclinable voluntad, otro grupo de tribus toltecas se dirigió hacia el sureste, y atravesando los actuales Estados de Oaxaca y Chiapas, Guatemala y El Salvador a lo largo de las costas del Pacífico llegó hasta Nicaragua. Este último grupo conservó hasta épocas recientes no sólo su antiguo dialecto nahua, sino su fe en Quetzalcóatl, al que adoraba como dios supremo y al que llamaba Tamagastad.

Sylvanus G. Morley en obra notable "La Civilización Maya" describe las principales urbes toltecas del Nuevo Imperio en la forma que sigue:

CHICHÉN ITZÁ, LA MECA DEL NUEVO IMPERIO. La metrópoli más grande, y al mismo tiempo la ciudad sagrada del Nuevo Imperio, era Chichén Itzá, situada en el nordeste de Yucatán. Fundada por los mayas (itzaes) del Viejo Imperio, a principios del siglo VI, no llegó, sin embargo, a su apogeo hasta los siglos XI, XII y XIII, bajo los jefes mexicanos (toltecas) que se habían establecido en ella en el siglo X. El centro cívico y religioso cubre un área de cerca de 3 kilómetros cuadrados, más o menos 3 kilómetros de largo por un kilómetro de ancho. Aunque ocupan un área mayor que la de Tikal, los diversos grupos de Chichén Itzá son menos numerosos, más pequeños y más dispersos.

En la arquitectura se observan dos estilos distintos, como era de esperarse en vista de su historia: 1º. un período maya, cuyos edificios datan de los siglos VI al X, de estilo maya puro, y 2º. un período maya—mexicano (tolteca, especificamos de nuestra parte), cuyos edificios datan de los siglos XI al XIV y presentan muchos rasgos arquitectónicos importados del centro de México (de Tula, con más propiedad, n. n.).

Tal vez los rasgos más notables de Chichén Itzá sean los templos pirámides en columnas de serpientes emplumadas. De los siete de este tipo que se conocen, el Castillo, o templo principal de Kukulcán, la Serpiente Emplumada, deidad patrona de Chichén Itzá, fueron una importación del centro de México, traída por el propio Kukulcán en el siglo X.

Se conocen no menos de siete estructuras para el juego de pelota: seis que se encontraban todavía en uso cuando la ciudad estuvo habitada por última vez, y una séptima, más antigua, que se halla completamente enterrada debajo de una terraza más moderna, atrás del edificio de Las Monjas. Estos patios de juego de pelota varían mucho en tamaño; el más grande, situado en la parte norte de la ciudad, mide 166 metros de largo por 68 de ancho por el exterior; interiormente, o sea en el campo de juego propiamente dicho,146 metros de largo por 36 de ancho; el más pequeño, atrás de la Casa Roja, solamente tiene 20 metros de largo por 7 de ancho. Se jugaba en estas construcciones un juego parecido al basquet—ball, solo que en lugar de usar cestas en los dos extremos, tenían dos anillos de piedra, cada uno empotrado en el centro de los largos muros paralelos. Usaban pelotas de caucho macizo, y la descripción que de ellas hicieron los antiguos historiadores españoles constituye la primera noticia que los europeos tuvieron de la existencia de este material. El juego consistía en introducir la pelota en uno u otro de los dos anillos, cuyos agujeros eran perpendiculares al suelo. La jugada que daba el triunfo se hacía más difícil por el hecho de no permitir que se arrojara la pelota con la mano.

Había que pegarle con el codo, la muñeca o la cadera, partes del cuerpo que se forraban con fajas de cuero, para que la pelota rebotara más fácilmente. Se dice que el tiro de triunfo era tan raro y tan difícil que, de acuerdo con una antigua regla, el jugador que lograba hacerlo tenía derecho a apoderarse de todas las mantas y joyas de los espectadores. Por esta razón, cuando pasaba la pelota por el anillo, todos los espectadores echaban a correr para evitar el pago de esta multa, y los amigos del jugador afortunado corrían tras ellos para cobrarla. Por la naturaleza misma de las cosas, el tiro vencedor debe haberse logrado en muy raras ocasiones, más bien por accidente que por habilidad, como ocurre cuando se hace un hoyo de un tiro, en el juego de golf.

Otro rasgo único en Chichén Itzá son las grandes columnatas, que a veces miden 120 metros de largo. En ellas se han encontrado algunos tronos, por lo cual se ha sugerido que pueden haber sido usadas como salas de consejo. Estas rodean completamente el Patio de las Mil Columnas, una gran plaza que contiene dos hectáreas y que puede muy bien haber sido el mercado de la antigua ciudad. Tantas son, por cierto, las columnatas de Chichén Itzá que a esta parte de la ciudad se le ha llamado el Grupo de las Mil Columnas.

Una de las estructuras más importantes es la torre del observatorio astronómico. Esta torre, llamada el Caracol, mide 12.5 metros de alto y corona dos terrazas rectangulares, una encima de la otra, que juntas miden 9.5 metros de alto. La torre propiamente dicha tiene una parte central de mampostería, por la que sube una escalera en caracol hasta llegar a una pequeña cámara de observación cerca de la cima de la estructura. En las gruesas paredes de esta cámara hay unas aberturas cuadradas que dan al exterior y fijan ciertas visuales de importancia astronómica. Por ejemplo, una visual dirigida a través de la pared del poniente corta por la mitad el sol poniente el 21 de marzo, en el equinoccio de primavera, y el 21 de septiembre en el equinoccio de otoño, respectivamente. Otras coinciden con puestas de la luna en estas dos importantes estaciones del año.

En Chichén Itzá hay dos grandes pozos naturales o cenotes, ambos en la parte norte de la ciudad, que indudablemente contribuyeron a dar importancia a este sitio en los tiempos antiguos: el Cenote Xtoloc que antiguamente surtía de agua a Chichén Itzá, en el cual se ven dos escaleras de mampostería que bajan por sus paredes escarpadas, y el gran Pozo de los Sacrificios que recibía en sus aguas las personas y las cosas ofrendadas a los dioses toltecas. Durante el Período Mexicano del Nuevo Imperio, Chichén Itzá era la ciudad más sagrada de Yucatán. A ella llegaban peregrinaciones de todas partes de la América Central, del sur y centro de México, y a las siniestras profundidades de aquel pozo se arrojaban ofrendas de toda clase: de oro, plata, jade, arcilla, copal, etc., y hasta víctimas humanas. En los últimos tiempos del Nuevo Imperio, Chichén Itzá fue, en realidad, la Meca del mundo de los toltecas y los mayas.

UXMAL, METROPOLI NEOCLASICA DEL NUEVO IMPERIO. Uxmal fue fundada por los xiús, una de las tribus

19

tolteca—mayas que llegaron a Yucatán a fines del siglo X. Está situada en un gran valle, en forma de taza, inmediatamente detrás de la cordillera que corre del sudoeste y del sudeste y que llega a un punto al sur del actual pueblo de Maxcanú.

En Uxmal se encuentran los más hermosos edificios Puuc de todo Yucatán, lo que podemos llamar el verdadero renacimiento arquitectónico, el período neoclásico de la arquitectura maya. Y caso curioso, la influencia mexicana, tan visible en Chichén Itzá, casi no existe en la capital de los xiúes. En Uxmal no hay templos con columnas de serpiente mientras que en Chichén Itzá hay más de una docena; en Uxmal existe únicamente un pequeño patio de juego de pelota, mientras que en Chichén Itzá hay seis descubiertos y uno enterrado bajo una construcción más moderna. Ni uno solo de los edificios de Uxmal tiene la base en talud que en Chichén Itzá es tan común. Las ideas y costumbres arquitectónicas del centro de México parecen haberse imitado muy poco en Uxmal, y, en cambio, el estilo Puuc o maya neoclásico alcanzo en esta ciudad su más bella expresión.

Aunque Chichén Itzá ocupa más terreno que Uxmal, el efecto arquitectónico de la capital de los xiúes es mucho más imponente a causa de sus seis grandes grupos: 1°., la Casa del Gobernador, la Casa de las Tortugas, el Juego de Pelota y la Gran Pirámide; 2°., el Cuadrángulo de las Monjas y la Casa del Adivino; 3°., el Grupo del Sur; 4°., el Grupo del Cementerio; 5°., el Grupo del Noroeste, y 6°.; la Casa Vieja, con estructuras anexas, todas concentradas en un área relativamente pequeña, de modo que el efecto arquitectónico es más inmediato, más imponente y monumental que en Chichén Itzá, donde los grandes grupos se encuentran más dispersos. La concentración más grande de edificios en Uxmal, unida a la extrema belleza del labrado de la piedra, hacen de este sitio el mejor ejemplo de la arquitectura maya neoclásica (Puuc) en todo Yucatán, en las condiciones del Nuevo Imperio.

LAS TRIBUS MAYAS DE GUATEMALA BAJO EL NUEVO IMPERIO. El Quetzalcóatl que arribó con sus tribus a Yucatán, luego de haber fraternizado con los mayas, de haber cambiado experiencias útiles con ellos y de haber llegado a la formación de una sola comunidad económica y militar, determinó fijar el mando supremo de las tribus federadas en un sucesor recomendado, electo, querido y respetado por todos con jurisdicción en el norte hasta el centro de México y en el sur hasta Huehuetlapallan y dándole el nombre de Quetzacóatl, que en lengua maya es Kukulcán, o Acxitl o Nacxitl o Topiltzín, nombres que en lengua nahua denotan jefatura desde una hasta cuatro tribus. El comandante supremo con mentalidad urbanista y mágica en el instante de entrar en la edad de los metales, es claro que fue jefe guerrero y, a la vez, sumo sacerdote, en razón de estar unidos los dos poderes entonces, como una necesidad del momento para cimentar con mano firme el poder de la teocracia o, con más propiedad, la dictadura de la magocracia, que más tarde fue la directora de la acción pública en Chichén Itzá y Uxmal. Eric J. Thompson en su obra famosa titulada Grandeza y decadencia de los mayas, anota la observación que la devoción, la disciplina y el respeto hacia la. autoridad deben haber facilitado surgimiento de una teocracia, y en tanto que la casta sacerdotal pudo satisfacer las necesidades espirituales de las masas, la oposición hacia dicha casta, debe haber sido mínima, bien fuera abierta, bien subterránea. El grupo jerárquico como se sabe, desempeñaba una función vital dentro de la sociedad maya (y tolteca, n.n.): el de servir de nexo intermediario entre la divinidad y el hombre.

Eran los sacerdotes, de este modo, las personas capacitadas para aliviar, a lo largo de una estación tras otra, esa ansiedad amorosa con que el labrador cavilaba acerca del futuro de su tierra y sus siembras; y, allá dentro de las misteriosas y oscuras recámaras de sus pesados templos, también podían dar forma a ese profundo misticismo con el cual estaba tan impregnada su relación con las entidades divinas. Los sacerdotes, y solamente los sacerdotes, eran quienes comprendían el orden en que se había formado el universo, porque solamente ellos conocían las influencias que emanaban de los dioses reinantes en los infinitos ciclos del tiempo. Ellos solos, pues, debido a sus "valuaciones" de los aspectos malignos y benévolos, podían contribuir en este campo al éxito de las cosechas mediante la selección apropiada de los días que eran favorables para cada una de las fases a lo largo de todo el año agrícola.

No se detiene en esto el inglés Thompson; explica más, diciendo: Debido a su espíritu profundamente religioso, es seguro que los mayas (y toltecas, n.n.) no podían quedar satisfechos con una simple fórmula convenida, que por sí sola asegurara las buenas mieses. Su marcada emotividad exigía mucho más que un papel constreñido a seguir instrucciones sobre que tales días fueran favorables o no para sus diversas actividades cotidianas. (Rogamos a los lectores fijarse atentamente en lo que sigue).

Esa misma emotividad mística demandaba la confortación que sólo proporciona el propio sacrificio. Y es aquí donde, una vez más, el grupo sacerdotal tenía en sus manos el poder de satisfacer esa necesidad espiritual de la masa, a la vez que reforzar su dominio sobre la misma. La paciencia ante las penas y el trabajo honrado son virtudes de las cuales los mayas (y los toltecas) de nuestros días, y posiblemente del pasado, se sienten orgullosos. Aquella perpetua construcción de edificios para fines religiosos y aquella ampliación interminable del núcleo original en los centros ceremoniales daban al pueblo (tribus) una oportunidad de ofrecer a los dioses la oblación de su trabajo y de sufrimiento y, —más importante, tal vez el sentimiento de participación, sentimiento sin el cual ninguna religión puede perdurar. Esos trabajos arduos no eran para el devoto sino actos de devoción, elevados en honor de sus amados dioses del cielo dador de los bienes; para el menos místico, eran actos que garantizaban la existencia de los granos para su alimento. Y aquel grupo jerárquico parece que se daba cuenta muy bien del valor que tenía la satisfacción de esas esperanzas del espíritu; satisfacción, por otra parte, que lograba al combinar un algo de misterio con la separación del grupo participante. Por eso los ritos que se realizaban en aquellos templos, obscuros y estrechos, eran sólo para unos cuantos: para el común de las gentes estaban las figuraciones de los dioses de la lluvia con sus disfraces de oficios y reptiles— y los retratos del joven dios del maíz visibles desde lejos sobre las fachadas de las grandes construcciones. Hasta aquí lo dicho por Thompson, y es claro que es una observación de valor incalculable hecha por un hombre que gastó un cuarto de siglo en el estudio de los constructores de las grandes urbes mayas y toltecas en los Estados mexicanos de Tehuantepec, Yucatán, Honduras Británica y el Petén.

Establecido el régimen del Nuevo Imperio con un cabeza de gobierno llamado Acxitl, Nacxitl o Topiltzin, llamado indistintamente, y que era guerrero, sacerdote y estadista —si fuera posible el último término en una sociedad comunal que desconocía las clases, aunque conociera las jerarquías—, los toltecas extendieron su dominio y su influencia hasta lejanas tierras en el norte y especialmente en el sur de la América Media.

De inmediato, hay dos documentos importantes que dan fe de la influencia tolteca en el territorio de Guatemala. Nos referimos al Popol Vuh y a los Anales de los Cakchikeles. El primero contiene fragmentos de la cosmogonía, religión, mitología, relatos de las emigraciones e historia de los quichés, mitad mayas y mitad toltecas. Es un monumento literario de la prehistoria de América. El otro, los Anales de los Cakchiqueles, es la relación histórica del pueblo cakchikel, y contiene pocas referencias de cosmogonía, mitología y religión. En propiedad este libro se dedica a informar sobre la genealogía de los Xahilá; jefes tribales de los cakchikeles.

De la dependencia de los conductores de tribus de Guatemala respecto del jefe supremo Acxitl, Nacxitl Topiltzín en Yucatán, ya dijimos que el Popol Vuh en su Parte Cuarta, Capítulo VI, relata:

"Luego dispusieron irse al Oriente, pensando cumplir así la recomendación de sus padres que no habían olvidado. Hacía mucho tiempo que sus padres habían muerto cuando las tribus les dieron sus mujeres, y se emparentaron cuando los tres tomaron mujer.

"Y al marcharse dijeron: —Vamos al Oriente, allá de donde vinieron nuestros padres. Así dijeron cuando se pusieron en camino los tres hijos. Qocaib llamábase el uno y era hijo de Balam Quitzé, de los Cavec. El Qoacutec era hijo de Balam Acab, de los Nihaib; y el otro que se llamaba Ooahau era hijo de Mahucutah, de los Ahau— Quiché.

"Estos son, pues, los nombres de los que fueron allá al otro lado del mar; los tres se fueron entonces y estaban dotados de inteligencia y experiencia, su condición no era de hombres vanos. Despidiéronse de todos sus hermanos y parientes y se marcharon alegremente. "No moriremos, volveremos", dijeron cuando se fueron los tres.

"Seguramente pasaron por el mar cuando llegaron allá al Oriente, cuando fueron a recibir la investidura del reino. Y este era el nombre del Señor, Rey del Oriente a donde llegaron. Cuando llegaron ante el Señor Nacxit, que este era el nombre del gran Señor, el único juez supremo de todos los reinos, aquél les dio las insignias del reino y todos sus distintivos".

Sique el relato.

Don Adrián Recinos traduce de la manera corriente los nombres de las dignidades que Topiltzín dio a los visitantes de Cuauhtemallan, advirtiendo que dichos nombres están en lengua quiché bajo influencia nahua, y que don Adrián Recinos traduce como si se tratara de realezas europeas, así:

Casa de los señores Cavec:

Ahpop	El Rey
Ahpop—Camhá	El adjunto al monarca, destinado a sucederle.
Ah Tohil	El sacerdote de Tohil
Ah Gucumatz	El sacerdote de Gucumatz
Nim—Chocoh—Cavec	El Gran elegido de Cavec
Popol—Vinac—Chituy	El Ministro tesorero
Lolmet Quehnay	El recaudador de tributos
Popol—Vinac Pa Hom Talatz	El consejero del juego de pelota
Uchuch Camhá	El mayordomo

Casa de los señores Nihaib

Ahau—Galel	El rey
Galel—Camhá	El adjunto

Luego vienen otras dignidades no traducidas por Recinos, como:

Ahau—Ahtzic—Vinac
Nimá—Camhá
Uchuch—Camhánsmcflel
Nim—Chocoh—Nihaibab
Avilix
Yacolotam
Utz—am—pop—Zaclatolab
Nimá—Lolmet—Ycoltux

Casa de los señores Ahau—Quiché

Ahtzic—Vinac
Ahau Lolmet
Ahau—Nim—Chocoh—Ahau—
Ahau Hacavitz

Dice el Popol Vuh: "De esta manera se completaron los veinticuatro señores y existieron las veinticuatro Casas Grandes. (Si se cuenta el número de funcionarios anotados se verá que son veinticuatro). Así crecieron la grandeza y el poderío del Quiché. Entonces se engrandeció y dominó la superioridad de los hijos del Quiché, cuando construyeron de cal y canto la ciudad de los barrancos". (Seguramente Utatlán, la ciudad más importante del Nuevo Imperio en la América Central).

Al lado de los quichés se engrandecieron los cakchiqueles, los zutuhiles y otros señoríos en las tierras altas y en la costa sur de Guatemala, siempre bajo el dominio del gran soberano del Oriente (Yucatán), el señor Acxitl, o Nacxitl, o Topiltzín, o Kukulcán, o Quetzacóatl.

EL LEGENDARIO PAIS DE HUEY, LLAMADO TAMBIEN HUEHUETLAPALLAN. Por fin hemos llegado al punto que deseábamos aclarar. Con el doble significado que tienen muchas palabras de las lenguas náhuatl y maya, uno animista, mágico o religioso, y otro literal, objetivo, inmediato, la palabra náhuatl "tlapallan" que en español significa "lugar donde nace la aurora", en el habla de los toltecas indica la claridad que precede la salida del sol, y también el lugar místico que proyecta la suprema sabiduría. Un tolteca situado en Tula o en Chichén Itzá ve que Cuba está al Este y Honduras al Sureste. Pero ese tolteca no diría lo mismo si se tratara del Oriente místico, que imperiosamente colocaría en el lugar donde está Copán, que es en verdad el Oriente místico de las culturas indias desarrolladas en la América Media. De modo que cuando Quetzalcóatl dejó establecidas a las tribus toltecas en el territorio que hoy lleva el nombre de Yucatán y, diciendo que volvería, "se fue para Tlapallan", posiblemente este viaje lo hizo al Oriente místico, es decir a Copán, ya muerta, pero llena de resplandores mágicos.

Lo anterior se respalda en las investigaciones del distinguido publicista mexicano Alberto Escalona Ramos que se encuentran en su obra titulada "Cronología y Astronomía Maya—Mexicana", y en las que dice en un párrafo muy significativamente:

"A lo largo de este libro se identifica Copán (Honduras) con Huehuetlapallan, porque además de la coincidencia de datos históricos y legendarios indigenas. Hernán Cortés, en su carta V, da a Honduras el nombre de Huey o Huehuetlapallan. De no haber sido precisamente Copán el sitio exacto, debió ser otro más antiguo de la misma latitud (en la del Ulúa). En 1936, o sea dos años después de escrito este libro, Ola Apenas y Helga Larsen publicaron un estudio en la revista *Ethnos* de Suecia en el que llegaron también de que el Tzolkin o Tonalámatl debió ser inventado en el área de Copán".

Cortés solía conversar con los sacerdotes (magos) del templo mayor de Technotitlán, y preguntándoles una vez de donde les venía su saber astrológico (la más alta ciencia entre ellos), alzando la mano en dirección del SE., se respondieron: "De allá, del País de Huey…". "De allá, de Huehuetlapallan…".

Huehuetlapallan quiere decir VIEJO LUGAR DONDE NACE LA AURORA.

BIBLIOGRAFÍA

Beals L. Ralph y Harry Hoijer. Introducción a la Antropología. Edición española. Editorial Aguilar. 2a. Edición, 1973.

Gaytán, Carlos. Diccionario Mitológico. Talleres Diana. Tlacoquemecatl 73, México. D.F.

Escalona Ramos, Alberto. Cronología y Astronomía Maya— México. Editorial FIDES, Casa del Niño 58, México,D.F., 1940.

Popol Vuh, traducido por Adrián Recinos. Fondo de Cultura Económica. México—Buenos Aires.

Sahagún, Fray Bernardino de. Historia General de las cosas de Nueva España.

Morley, Sylvanus G. Morley. La Civilización Maya.

Thompson, Eric J. Grandeza y Decadencia de los Mayas.

PRÓLOGO

Siempre tuve la intención de honrar el nombre de Comizahual con un manojo de leyendas, tradiciones y relatos, y ahora lo hago, bien o mal, eso no importa, con el objeto de rendir homenaje a los toltecas, que vinieron de Tula y se aposentaron en toda Centro América, a partir del año mil.

Los toltecas trabajaban los metales, el oro, la plata, con los que hacían preciosos ornamentos. Tolteca en lengua náhuatl quiere decir artista, y eso eran de verdad los toltecas, unos artistas. Substitutos de los mayas, que habían decaído, en esta parte de Ixachilan[1] trajeron de Tula, su último asiento, en México, cuanto pudieron.

Trajeron el renombre de su gran jefe Quetzalcoátl, quien los condujo en medio de tremendas dificultades desde su postrera urbe hasta estos lugares. El gran jefe representaba la edad de los metales, y nos extraña la poca atención que se le preste a este acontecimiento de la época precolombina.

Trajeron el Popol Vuh[2] en la mente de sacerdotes especializados en conservar y divulgar oralmente el contenido de este libro que más tarde, en la época de Colón, fue escrito por un indio, probablemente sacerdote, en caracteres latinos, en lengua náhuatl—quiché, escondido en las paredes de un templo católico y descubierto con el tiempo por un cura español que lo tradujo y lo publicó.

El Popo! Vuh fue declarado, recientemente, libro nacional de la República de Guatemala. Pero nos parece que este concepto es impropio, porque ata a una aran cultura americana a límites restrictivos de propiedad privada. Y no hay nada más contrario al espíritu planificado del famoso libro. El Popol Vuh es un tesoro cultural de todos los pueblos de origen tolteca y lengua náhuatl.

También trajeron la leyenda de Comizahual, cuya traducción perdimos y olvidamos desgraciadamente, pero como que no es, como se ha dicho, "tigre que vuela", más otros significados que van por este orden. Cuando los toltecas llegaron a estas regiones, Comizahual ya era leyenda entre ellos, y anotaba el tiempo remoto del matriarcado,

---

[1] Ixachilán, en lengua náhuatl, tierra firme muy grande. Nombre de America.
[2] Popol Vuh, libro del Consejo, en náhuatl, de la tribu del Quiché.

cuando la mujer, mejor dicho, la madre, conducía a la totalidad de la sociedad.

La leyenda de Comizahual tuvo arraigo principal en Honduras, tanto que es aquí donde se habla de ella exclusivamente. Por esto no se descarte, en ningún momento, que viniera rodando con las tribus que capitaneaba Quetzalcóatl desde la lejana Tula hasta Tenampúa, por ejemplo.

La sociedad de los toltecas era comunal, con la particularidad de haber alcanzado la época metalífera. Por consiguiente, Comizahual marca el señorío del matriarcado en el punto que habiendo descubierto y conquistado el fuego, empiezan a florecer las artes.

En medio de un matriarcado salvaje, Comizahual se hace presente con un mensaje civilizador, si cabe la palabra. Vence al matriarcado primitivo y abre la posibilidad de un matriarcado renovador. Fuente de indiscutible literatura auténtica los escritores nacionales, no le han hecho caso.

"Comizahual" es, además, un libro que contiene muchas leyendas, tradiciones y relatos de nuestra historia colonial, independiente y contemporánea. Las sonrisas, risas y carcajadas que pudiera producir no es cosa nuestra, es de los lectores.

Se muestra la unidad de la obra, altamente tolteca en su sentido, lleva un epílogo en una invención trágica que invoca que gira en torno del dios Huracán, dios temible, que anda con un solo pie, produciendo desastres en las islas y tierras continentales del Mar Caribe, y cuyo bárbaro furor se dejó ver en Honduras el 18 de septiembre de 1974.

Tegucigalpa, 1 de enero de 1981.

ORÍGENES DEL MUNDO Y EL: HOMBRE, SEGÚN EL POPOL VUH

I

Esta es la relación de cómo todo estaba en suspenso, todo en calma, en silencio; todo inmóvil, callado, y vacía la extensión del cielo.

Esta es la primera relación, el primer discurso. No había todavía un hombre, ni un animal, pájaros, peces, cangrejos, árboles, piedras, cuevas, barrancas, hierbas ni bosque: solo el cielo existía.

No se manifestaba la faz de la tierra. Solo estaban el mar en calma y el cielo en toda su extensión.

No había nada junto, que hiciera ruido, ni cosa alguna que se moviera, ni se agitara, ni hiciera ruido en el cielo.

No había nada que estuviera en pie; solo el agua en reposo, el mar apacible, solo y tranquilo. No había nada dotado de existencia.

Solamente había inmovilidad y silencio en la oscuridad, en la noche. Solo el Creador, el Formador, Tepeu, Gucumatz, los Progenitores, estaban en el agua rodeada de claridad. Estaban ocultos bajo plumas verdes y azules, por eso se les llamaba Gucumatz. De grandes sabios, de grandes pensadores es su naturaleza. De esta manera existía el cielo y también el corazón del Cielo, que este es el nombre de Dios. Así contaban.

Llegó aquí entonces la palabra, vinieron juntos Tepeu y Gucumatz, en la oscuridad, en la noche, y hablaron entre sí Tepeu y Gucumatz. Hablaron, pues, consultando entre sí; se pusieron de acierto, juntaron sus palabras y su pensamiento.

Entonces se manifestó con claridad, mientras meditaban que cuando apareciera debía aparecer el hombre. Entonces dispusieron la creación y crecimiento de los árboles y los bejucos y el nacimiento de la vida y la creación del hombre. Se dispuso así en las tinieblas y en la noche por el Corazón del Cielo que se llama Huracán.

El primero se llama Caculhá—Huracán. El segundo es Chipi—Caculhá. El tercero es Raxa—Caculhá. Y estos tres son el Corazón del Cielo.

Entonces vinieron juntos Tepeu y Gucumatz; entonces conferenciaron sobre la vida y la claridad que se hará para que aclare y amanezca, quién será el que produzca el alimento y el sustento.

—Hágase así! ¡Qué se llene el vacío! ¡Qué esta agua se retire y desocupe el espacio! Que surja la tierra y que se afirme. Así dijeron. Que aclare, que amanezca en el cielo y en la tierra. No habrá gloria ni grandeza en nuestra creación y formación hasta que exista la criatura humana, el hombre formado. Así dijeron.

Luego la tierra fue creada por ellos. Así fue en verdad como se hizo la creación de la tierra. — ¡Tierra!, dijeron y al instante fue hecha.

Como la neblina, como la nube y como una polvareda fue la creación, cuando surgieron del agua las montañas y al instante crecieron las montañas.

Solamente por un prodigio, sólo por arte mágico se realizó la formación de las montañas y los valles; y al instante brotaron juntos los cipresales y los pinares en la superficie.

Y así se llenó de alegría Gucumatz, diciendo: —Buena ha sido tu venida Corazón del Cielo; tú, Huracán y tú Chipi—Caculhá, ¡y tú Raxá—Caculhá!

—Nuestra obra, nuestra creación será terminada, contestaron.

Primero se formaron la tierra, las montañas y los valles; se dividieron las corrientes de aguas, los arroyos se fueron corriendo libremente entre los cerros, y las aguas quedaron separadas cuando aparecieron las altas montañas.

Así fue la creación de la tierra cuando fue formada por el Corazón del Cielo, el Corazón de la Tierra que así son llamados los que primero la fecundaron, cuando el cielo estaba en suspenso y la tierra se hallaba sumergida dentro del agua.

De esta manera se perfeccionó la obra, cuando la ejecutaron después de pensar y meditar sobre su feliz terminación.

II

Luego hicieron a los animales pequeños del monte, los guardianes de todos los bosques, los genios de la montaña, los venados, los pájaros, leones, tigres, serpientes, culebras, guardianes de los bejucos.

Y dijeron los Progenitores:

—¿Sólo silencio inmovilidad habrá bajo los árboles y los bejucos? Conviene que en lo sucesivo haya quien los guarde.

Así dijeron cuando meditaron y hablaron en seguida. Al punto fueron creados los venados y las aves. En seguida les repartieron las moradas a los venados y a las aves.

—Tú. venado dormirás en la vega de los ríos y en los barrancos. Aquí estarás entre la maleza y las hierbas; en el bosque os multiplicaréis; en cuatro pies andaréis y os sostendréis. Y así como se dijo, así se hizo.

Luego designaron también su morada a los pájaros pequeños y a las aves mayores:

—Vosotros, pájaros, habitaréis sobre los árboles y los bejucos, allí haréis vuestros nidos, allí os multiplicareis, allí os sacudiréis en las ramas de los árboles y de los bejucos. Así les fue dicho a los venados y a los pájaros para que hicieran lo que debían hacer, y todos tomaron sus habitaciones y sus nidos.

De esta manera los Progenitores les dieron sus habitaciones a los animales de la tierra.

Y estando terminada la creación de todos los cuadrúpedos y las aves, les fue dicho a los cuadrúpedos y pájaros por el Creador y Formador y los Progenitores:

—Hablad, gritad, gorjead, hablad cada uno según vuestra especie, según la variedad de cada uno. Así les fue dicho a los venados, los pájaros, leones, tigres y serpientes.

—Decid, pues, nuestros nombres, alabadnos a nosotros, vuestra madre, vuestro padre, invocad, pues a Huracán, Chipi—Caculhá, Raxa—Caculhá, el Corazón del Cielo, el corazón de la Tierra, el Creador; el Formador; los Progenitores, hablad, invocadnos, adoradnos.

Pero no se pudo conseguir que hablaran como los hombres: sólo chillaban, cacareaban y graznaban; no se manifestó la forma de su lenguaje, y cada uno gritaba de manera diferente.

Cuando el Creador y el Formador vieron que no era posible que hablaran, se dijeron entre sí: —No ha sido posible que ellos digan nuestro nombre, el de nosotros, sus creadores y formadores. Esto no está bien se dijeron entre si los Progenitores.

Entonces se les dijo:

—Seréis cambiados porque no se ha conseguido que habléis: Hemos cambiado de parecer. Vuestro alimento, vuestra pastura, vuestra habitación y vuestros nidos los tendréis, serán los barrancos y los bosques porque no se ha podido lograr que nos adoréis ni nos invoquéis. Todavía hay quienes nos adoren, haremos otros seres que sean obedientes. Vosotros aceptad vuestro destino: vuestras carnes serán trituradas. Así será. Esta será vuestra suerte. Así dijeron cuando hicieron saber su voluntad a los animales pequeños y grandes que hay sobre la faz de la tierra.

Luego quisieron probar suerte nuevamente, quisieron hacer otra tentativa y quisieron probar de nuevo a que los adoraran.

Pero no pudieron entender su lenguaje entre ellos mismos, nada pudieron conseguir y nada pudieron hacer. Por esta razón fueron inmoladas sus carnes y fueron condenados a ser comidos y matados los animales que existen sobre la faz de la tierra. Así, pues, hubo que hacer una nueva tentativa de crear y formar al hombre por el Creador, el Formador y los Progenitores.

—¡A probar otra vez! Ya se acercan el amanecer y la aurora; ¡hagamos al que nos sustentará y alimentará! ¿Cómo haremos para ser invocados, para ser recordados sobre la tierra? Ya hemos probado con nuestras primeras obras, nuestras primeras criaturas; pero no se pudo lograr que fuéramos alabados y venerados por ellos. Probemos ahora a hacer unos seres obedientes, respetuosos, que nos sustenten y alimenten. Así dijeron.

Entonces fue la creación y la formación. De tierra de lodo hicieron la carne del hombre. Pero vieron que no estaba bien, porque se deshacía, estaba blando, no tenía movimiento, no tenía fuerza, se caía, estaba aguado, no movía la cabeza, la cara se le iba para un lado, tenía velada la vista, no podía ver hacia atrás. Al principio hablaba, pero no tenía entendimiento. Rápidamente se humedeció dentro del agua y no se pudo sostener. Y dijeron el Creador y el Formador. Bien se ve que no puede andar ni multiplicarse. Que se haga una consulta acerca de esto dijeron.

Entonces desbarataron y deshicieron su obra y su creación. Y en seguida dijeron:

—¿Cómo haremos para perfeccionar, para que salgan bien nuestros adoradores, nuestros invocadores?

Así dijeron cuando de nuevo consultaron entre sí:

—Digámosles a Ixpiyacoc, Ixmucané, Hunhpú—Vuch, ¡Hunahpu—Utiuh! ¡Probad suerte otra vez! ¡Probad a hacer la creación! Así dijeron entre sí el Creador y el Formador cuando hablaron a Ixpiyacoc e Ixmucané.

En seguida les hablaron a aquellos adivinos, la abuela del día, la abuela del alba, que así eran llamadas por el Creador y el Formador y cuyos nombres eran Ixpiyacoc e Ixmucané.

Y dijeron Huracác, Tepeu y Gucumatz cuando le hablaron al agorero, al formador que son los adivinos:

—Hay que reunirse y encontrar los medios para que el hombre que formemos, el hombre que vamos a crear nos sostenga y alimente, nos invoque y se acuerde de nosotros.

—Entrad, pues, en consulta, abuela, abuelo, nuestra abuela, nuestro abuelo, Ixpiyacoc, haced que aclare, que amanezca, que seamos invocados por el hombre creado, por el hombre formado, por el hombre mortal, haced que así se haga.

—Dad a conocer vuestra naturaleza, Hunahpu Vuch, Hunahpú—Uti, dos veces madre, dos veces padre, Nim Ac, Nimá Züs, el Señor de la esmeralda, el escultor, el joyero, el tallador, el Señor de los hermosos platos, el Señor de la verde jícara, el maestro de la resina, el Toltecat, la abuela del sol, la abuela del alba, así seréis llamadas por nuestras obras y nuestras criaturas.

—Echad la suerte con vuestros granos de maíz y de tité (gualiqueme). Hágase así y se sabrá y resultará si labraremos o tallaremos su boca y sus ojos en madera. Así les fue dicho a los adivinos.

A continuación, vino la adivinación, la echada de la suerte con el maíz y el tzité:

—Suerte ¡Criatura! Les dieron entonces una vieja y un viejo. Y este viejo era de la suerte del tzité, el llamado Ixpiyacoc. Y la vieja era la adivina, la formadora que se llamaba Chiracán Ixmucané.

Y comenzando la adivinación dijeron:

—Juntaos y acoplaos! Hablad que os oigamos, decid, declarad conviene que se junte la madera, y que sea labrada por el Creador y el Formador, y si éste (el hombre de madera) es el que nos ha de sustentar y alimentar cuando aclare y amanezca.

Tú maíz, tú tzité, tú suerte, tú criatura, uníos ayuntaos, le dijeron al maíz, al tzité, a la suerte, a la criatura. Ven a sacrificar aquí, Corazón del Cielo; no castiques y Tepeu y Gucumatz.

Entonces hablaron y dijeron verdad:

—Buenos saldrán vuestros muñecos hechos de madera; hablarán y conversarán sobre la faz de la tierra.

Existieron y se multiplicaron, tuvieron hijas, tuvieron hijos de muñecos de palo, pero no tenían alma, ni entendimiento, no se acordaban de su Creador, de su Formador, caminaban sin rumbo y andaban a gatas.

Ya no se acordaban del Corazón del Cielo y por eso cayeron en desgracia. Fue solamente un ensayo, un intento de hacer hombres. Hablaban al principio, pero su cara estaba enjuta; sus pies y sus manos no tenían consistencia, no tenían sangre, ni sustancia, ni humedad, ni gordura.

Por esta razón ya no pensaban en el Creador y el Formador, en los que les daban ser y cuidaban de ellos.

Estos fueron los primeros hombres que en gran número existieron sobre la faz de la tierra.

III

Varios ensayos hicieron los dioses toltecas del Popol Vuh para crear y formar el hombre o los hombres. No continuaremos copiando capítulos del libro, porque es impropio trasladarlo todo. El último intento de creación y formación fue el que hicieron con granos de maíz blanco y amarillo de los jardines del Paxil y Cayalá. De allí que Miguel Ángel Asturias, Premio Nobel, escribiera una obra con el título de "Hombres de maíz".

Es importante hacer notar que los indios y los que llevan gotas de sangre india constituyen la mayoría abrumadora de América, y son los hispanoamericanos o latinoamericanos. Por más que los argentinos y los chilenos protesten, José Vasconcelos, en cuanto a sangres, tiene razón en sus publicaciones "Indología" y "La Raza Cósmic". De Bolivia hacia el Norte no se puede negar el ancestro autóctono.

Pero haciendo comparaciones del Popol Vuh con la Biblia se nota:

En el libro tolteca los creadores y formadores son varios; en el Génesis un solo Dios;

En el Popol Vuh los creadores y formadores se sentaban en mesa redonda a deliberar cómo harían las cosas.

En la Biblia lo hecho era la soberana voluntad del Todopoderoso.

En el libro de los toltecas el mundo fue hecho de una sola vez.

En la Biblia, en seis veces.

En el Popol Vuh los dioses hicieron varios ensayos para crear y formar al hombre.

En la Biblia fue creado de una sola vez.

En honor a la concepción colectiva, en el Popol Vuh fueron creados y formados cuatro hombres y cuatro mujeres.

En el Génesis tuvo origen la monogamia, la pareja del hombre y la mujer, Adán y Eva.

En el orden de la evolución, la familia por grupo (sindiásmica) es anterior a la familia por pareja (monogámica).

El Popol Vuh es un tanto oscuro, con relámpagos sibilinos.

Su prosa huele a selva, a hierba mojada de rocío, y a flores de la montaña.

Es posible que cada tribu tolteca tuviera sus relatores del Popol Vuh con sus respectivas variaciones tribales.

Nada se sabría del Popol Vuh sin la diligencia de un indio de Chichicastenango que conociendo el texto quiché lo copió en caracteres latinos, y muchos años después un cura católico lo halló en el hueco de una pared, y conociendo el quiché lo trasladó al castellano.

Brasseur de Bourbong, viajero francés, al traducirlo a su idioma llevó esta joya literaria de América a la culta y sorprendida Europa.

COMIZAHUAL

PERSONAJES

LA ADOLESCENTE: Una colegiala que gustade las leyendas y las tradiciones nacionales.

LA ABUELA: Una anciana narradora de leyendas y tradiciones hondureñas.

COMIZAHUAL: Una mujer que ya era legendaria entre las tribus
toltecas allá por el siglo X. Según se advierte, simboliza el paso de la economía de recolección natural a la economía de producción humana, en los milenios del matriarcado.

HURAKAN: Dios maya—tolteca que trajo a la tierra de las tribus a Comizahual, y cuando ésta hubo cumplido su misión volvió a llevarla a misterioso destino.

AMASISINA: Anciana brutal, jefe de tribu. Su dominio sobre los hombres es absoluto.

GUARALAONA: Mujer despótica, lugarteniente de Amasisina.

SIMISIRANA: Sucesora de Amasisina y amiga de Comizahual.

WAMPHU: Joven adivino, condenado al rito canibalesco por Amasisina y salvado por Comizahual.

GOCUMOTZ: Lugarteniente de Comizahual.

AMBIENTE DE LA ESCENA: Tribal y matriarcal.

INTRODUCCIÓN

LA ADOLESCENTE: ¡Vaya! Escribo una tarea colegial en la que debo definir la palabra leyenda, y no hallo cómo hacerlo, y menos poner un ejemplo nacional.

LA ABUELA. Es muy fácil, hijita. Puede servirte la que aprendí en mis años niños. Leyenda es la relación de un hecho algo incierto o dudoso envuelto en circunstancias más o menos maravillosas.

LA ADOLESCENTE. Preciosa definición, abuela. Voy a copiarla. (Repite y escribe). Leyenda es una relación... de un hecho algo incierto o dudoso... envuelto en circunstancias más o menos maravillosas. Ya está. Ahora, dame el ejemplo. Relátame una leyenda del país que sea corta y sugestiva.

LA ABUELA. Sé la de Comizahual. No escribas. Mejor abre los ojos. Aguza los oídos. Aviva la imaginación. Así la aprenderás mejor y le pondrás las notas, los colores y los perfumes de tu fantasía.

LA ADOLESCENTE. Tú deseas que me transfigure en un ser que esté a la altura de la leyenda. Estoy dispuesta a transfigurarme, abuela.

LA ABUELA. (Como recitando). Comizahual, repiten este nombre las aguas que descienden de las cumbres. (Suave murmullo de aguas corrientes). Los altos gualiquemes, los higueros, que conocen historias olvidadas... (Perceptibles movimientos de ramas agitadas por la brisa). La guara, el gavilán, el loro alegre, el jilguero, la chorcha y oropéndola... (Coro de diversos pájaros). Aun las nubes, en vuelo silencioso, repiten en el cénit: Comizahual... (Dulces notas musicales). En la era matriarcal la trajo un día, el gran dios Hurakán a tierra nuestra... (Lejano mugido de tempestad). Comizahual, hermosa y generosa, trajo enseñanza de vida más humana…(Trémolos). Cultivos de maíz y de algodón, las artes del hilado y el tejido... (Signos de estas actividades). Trato mejor para los pobres, que sufrían, despotismo de las hembras... (Sarcástica risa femenina). Las tribus florecieron desde entonces, subiendo de la aldea a la ciudad... (Humanas manifestaciones de júbilo). Y coronada la obra bienhechora, Comizahual voló al cielo en un relámpago... (Viento huracanado. Truenos).

LA ADOLESCENTE. (Con incontrolado júbilo, casi gritando). ¡Abuela...! ¡Abuelita mía! ¡Veo! ¡Oigo! ¡Imagino...! ¡Estoy Transfigurada!

PRIMER ACTO

Tumulto tribal. Confuso griterío de mujeres feroces. Entre el griterío Claramente se distinguen las voces suplicantes de numerosos hombres cautivos.

AMASISINA. (Gritando como un ave de rapiña). Hija Guaralaona, traedlos cerca de mi poder...

Se aproxima el tumulto tribal. Se aproxima el confuso griterío femenino. Renovadas voces suplicantes de los hombres cautivos.

GUARALAONA. (Silbando como una serpiente). ¡Cerca de tu poder están, madre Amasisina. . .!

AMASISINA. (Con voz áspera). ¡Haraganes! ¡Vagos...Dormilones...! ¡El hambre se ha generalizado en las familias...!

¡Vigésimas mueren a diario en los grupos gentilicios...! El hambre de este año, en alianza con la peste y la guerra, está a punto de exterminar la tribu, ¡por voluntad de los dioses infernales...!

Sordo vocerío femenino de aprobación.

—¡Las sagradas mujeres han hecho lo posible y lo imposible por atajar el hambre que aniquila la tribu...! Han sembrado las huertas tradicionales, y se han perdido el frijol, el chile, el ñame, el camote, la yuca, el cacao y otras numerosas plantas y hierbas alimenticias. Así, con semejante desdicha, han tenido que ir a los montes a buscar frutas, y no han encontrado el nance, el arrayán, la zuncuya, la anona, la jagua y otros azucarados manjares silvestres.

Se repite el sordo vocerío de aprobación.

—¡Todas las mujeres nos afanamos...! ¡Todas nos movemos para salvar a los "chigüines", seres inocentes que necesitan pechos llenos de leche y "cajetes" rebosantes de frijoles...! Y vosotros, vagos, haraganes, dormilones, ¿qué hacéis siquiera con relativa diligencia para conjurar el hambre que sufrimos, tanto por consideración a nuestras personas como por amor a vosotros mismos? Qué hacéis canallas, bellacos, malnacidos...? Vuestras conciencias están diciendo que nada... nada... nada.

Salvaje griterío de aprobación.

—Vosotros también estáis obligados con la economía de recolección de la tribu. Por ello, los pescadores debían traer, y no lo hacen el jute, el cangrejo, el camarón, la anguila, la sardina, el robalo, el guapote, ¡el cuyamel…! ¡Agua se me hace la boca con tanto nombre...!

Risas tribales.

—Y los cazadores también debían traer, y no lo hacen, la masacuata, el conejo, el tacuasín, el armado, el pisote, el mapachín, la jagüía, el quequeo, el venado, el dante, la codorniz, la paloma, la guara, el loro, la pava y cuanto animal de tierra y aire existe para despertar el júbilo de las ollas que hierven en el fogón.

Comentarios tribales en voz baja.

—¡Malvados...! Asesinos de niños.... ¡Enemigos de la tribu...! Guaralaona...! ¡Hija mía...! Que se cumpla mi mandato.

GUARALAONA. (Con voz chillona). ¡Está bien, madre Amasisina...! (Dirigiéndose a su tropa femenina). ¡Preparad vuestros instrumentos de castigo...! ¡Pegad fuerte, que es cuero ajeno...! Golpead hasta la muerte para que disminuyan las bocas que alimentamos.

Silban centenares de látigos al levantarse y caer en las espaldas desnudas de los pescadores y los cazadores cautivos. Se levantan al cielo los aullidos de dolor de los hombres sometidos al castigo de la justicia matriarcal. Risas distintas de las mujeres que gozan en el acto del sacrificio.

SEGUNDO ACTO

AMASISINA. (Con voz áspera). Wamphú, hijo mío!

WAMPHU. (Contesta con miedo). Madre Amasisina,

AMASISINA. ¿Eres el adivino de la tribu, tes cierto Wamphú, hijo mío?

WAMPHU. Es cierto que soy el adivino de la tribu, madre Amasisina.

AMASISINA. Dijiste que terminaba el ciclo de recolección de legumbres en las hortalizas. De recolección de frutas en los valles. De recolección de peces en los ríos. De recolección de animales en los bosques tribales. Todo eso dijiste, Wamphú, hijo mio.

WAMPHU. Todo eso lo dije, madre Amasisina.

AMASISINA. No hiciste uso de tu magia al abstenerte de pintar en la caverna sagrada las plantas alimenticias que debían nacer, los peces que debían reproducirse, los animales monteses que debían multiplicarse. Por primera vez no hiciste uso de tu magia, Wamphú hijo mío.

WAMPHU. Ciertamente, no me valí de mi magia, no pinté las plantas y los animales comestibles, madre Amasisina.

AMASISINA. Por tanto, tú eres el responsable del hambre feroz que extermina a la tribu, Wamphú, hijo mio.

WAMPHU. (Temblando). He leído en la tierra y en los cielos que el ciclo de recolección ha terminado en la vida de las tribus, y que ha de sucederle el ciclo de la producción, generador de la abundancia, madre Amasisina.

AMASISINA. Tú eres el responsable del hambre feroz que extermina a la tribu. (Gritando). Guaralaona, hija mia...!

GUARALAONA. Aquí estoy, madre Amasisina.

AMASISINA. Tengo hambre, Guaralaona, hija mía. Cumple mi mandato con el adivino de la tribu, con el rebelde Wamphú, hijo mío.

GUARALAONA. (Gritando a su tropa femenina). Mujeres sagradas, atrapad, al divino Whampú... Amarradlo en el tronco de la ceiba sacrosanta... En seguida encended la hoguera de los sacrificios... ¡Luego asadlo con primor, que la madre Amasisina y todas nosotras tenemos hambre…!

Alegría tribal. Gritos y cantos femeninos. Se percibe la crepitación de la hoguera. Alaridos de Wamphú, llenos de terror. Carcajadas de las mujeres, que ya imaginan la sabrosura de la carne asada del adivino.

Hasta aquí todo marcha admirablemente en la tribu matriarcal. Pero de repente, se obscurece el espacio, retumba el Hurakán y se acerca con pasos colosales. Dispara rayos y centellas, y las mujeres hambrientas huyen para esconderse en las cavernas. Misteriosamente, los rugidos y los truenos del Hurakán ceden el paso a una música que parece ejecutada por espíritus celestiales. Al cesar la música, se deja oír la voz de un ser casi divino. Es la voz de Comizahual.

COMIZAHUAL. Vengo a darte la libertad, joven Wamphú.

WAMPHU. En todo eres la imagen de la libertad bella joven.

Se deja oír una melodía representativa del diálogo amistoso de la misteriosa Comizahual y el adivino Wamphú.

TERCER ACTO

WAMPHU. (Informando). Ambas madres pagaron su tiranía sobre la tribu. La madre Amasisina fue asada en la hoguera y después comida. La madre Guaralaona también fue echada al fuego y después devorada. Hoy gobierna la tribu por elección unánime la madre Simisirana.

COMIZAHUAL. Qué horror, por la ceguera de no buscar los caminos de la abundancia... (Aparte). Joven Gucomotz, flechero invencible, ve a traer mis guerreros, también traerás las cargas de comestibles, y una vez aquí la tribu de la hija del Huracán y la hambrienta tribu de Simisirana se festejarán con un hermoso banquete de paz y fraternidad.

GOCUMOTZ. Cumpliré tu mandato, divina Comizahual. (Se va con ruido).

COMIZAHUAL. Tú Wamphú, ve a invitar a la madre Simisirana y a su tribu para que venga al regocijo del banquete fraternal.

WAMPHU. Voy corriendo, adorable Comizahual. (Se va con ruido).

Sordo rumor. Los guerreros de Comizahual se acercan tocando sus tambores a la ceiba sagrada. Llegan y se sientan a la sombra.

Nuevo sordo rumor. Los grupos gentilicios de Simisirana también se aproximan sin ninguna música a la ceiba sagrada. Llegan y se sientan a la sombra.

Las dos grandes jefes avanzan la una sobra la otra, se detienen y se saludan con palmoteos.

Ambas tribus dan gritos fabulosos.

Gocumotz, ayudado de varios guerreros, reparte entre las tribus abundantes tamales de maíz y frijoles, tortillas y carne asada, alborotos de pinol y miel de abejas, panecillos de chocolate almibarados.

Comizahual, Simisirana, Wamphú Y Gocumotz comen también, en rueda, sentados a la sombra.

La satisfacción es general. Empieza a manifestarse la fraternidad.

COMIZAHUAL. (Poniéndose en pie, luciendo bellísima, divinal). Benditas las tribus matriarcales que se hacen amigas para emprender una nueva vida. Benditas las tribus que comprenden que además de practicar la recolección natural, deben trabajar con empeño en la producción de cosas necesarias. Benditas las tribus que hacen milpas tan grandes que cubren valles enteros. Benditas las tribus que siembran el algodón destinado al abrigo del cuerpo. Benditas las tribus que hilan en sus ruedas, tejen en sus telares y coloran en sus obrajes. Benditas las tribus que construyen santuarios y ciudades. Benditas las tribus que viven en paz, trabajan con diligencia, se mueven en la abundancia, disponen del fuego sagrado, ¡saben reír y gozar de salud…!

SIMISIRANA. (Se pone de pie y grita). Comizahual dirige y yo la sigo en el camino del trabajo, la producción, la abundancia y la paz...

WAMPHU. (Poniéndose en pie de un salto). Juremos por la luz del sol; por Zamaná, que Comizahual será nuestra madre; que exterminaremos el hambre con el trabajo productivo; ¡y que aboliremos el canibalismo con la milpa…!

GOCUMOTZ. (Saltando). ¡Juremos por Zamaná…!

En las tribus se propaga el juramento: "Por Zamaná", "Por Zamaná", "Zamaná" "Zamaná".

COMIZAHUAL. (Gritanto timbradamente). Conduciré con razón, con verdad, con justicia, con bondad, ¡con belleza...!

EPÍLOGO

Se acerca retumbando el Hurakán. Rayos y centellas. Truenos y relámpagos. Silba el viento en los maizales. Huyen las aves chillando y grasnando despavoridas. Hurakán, el dios terrible, de los cielos, las tierras y los mares del Caribe se personifica en presencia de Comizahual.

HURAKAN. (Con voz profunda). Te reclaman las divinidades estelares. Te quieren ver los siete muchachos de las Pléyades.

COMIZAHUAL. (Con voz suave). Déjame un tiempo más.

HURAKAN. Cumplo órdenes, no puedo.

COMIZAHUAL. Hazme el favor. Miénteles. Estoy enamorada.

HURAKAN. Enamorada. ¿Qué es eso?

COMIZAHUAL. Enamorada quiere decir que amo a un hombre.

HURAKAN. ¿A qué hombre?

COMIZAHUAL. A Wamphú.

HURAKAN. ¡Idiota!

COMIZAHUAL. ¿Idiota, por qué?

HURAKAN. Porque violas la ley. Tú eres del cielo. Y Wamphú es de la tierra.

COMIZAHUAL. Déjame un tiempo más.

HURAKAN. Agrego que violas doblemente la ley, porque rompes la armonía universal. Las nupcias con un solo ser acusan deshonestidad. Tú, malvada, tienes siete esposos en los siete muchachos de las Pléyades, y quieres traicionarlos.

COMIZAHUAL. (Gritando dulcemente). ¡Wamphú, amor mío!

HURAKAN. (Lleno de cólera). ¡Corrompida!

El dios la toma en sus hercúleos brazos y sale de la residencia. Sollozos de Comizahual. Vuela Hurakán. Toma fuerza. Se aleja. Llena de retumbos el espacio. Rayos y centellas. Truenos y relámpagos.

DESDE EL YEY ATEZCATL

(Atezcatl: desde el lago de Yojoa).

Alá Chumil[3] y Ali Zakar[4], espíritus del Yojoa[5], vuelan desde las aguas legendarias a ayudar al autor empeñado en descubrir el secreto mágico en descubrir el secreto mágico del Popol Vuh.

ALA CHUMIL
¡Oh! llegamos tarde
del encantamiento
de nuestra leyenda.
mi querida esposa[6].
Mira, ha terminado
el canto postrero
sin contar con alguien
que le diera normas.

ALI ZAKAR
¡Ay! ha terminado
con su poca ciencia
y su pobre arte,
mi adorado esposo.
Nos entretuvieron
los peces dorados,
los lirios morenos,
las aves acuáticas.

ALA CHUMIL
Castigo a la falta
de vivir la vida

---

[3] El joven lucero de la mañana.
[4] La niña del alba.
[5] Yey Atezcatl, significa lago en náhuatl. Posiblemente Yojoa es españolización de la palabra lago.
[6] Rechajil: "la dueña de mis afectos".

clara de los niños
en las aguas vírgenes.
Perdimos la dicha que
de haber inspirado
el poema exacto
de nuestros amores.

ALI ZAKAR
Perdimos la dicha
de haber expresado
en verso sencillo
nuestra bella historia.
Este hombre deseaba
volver el misterio
luz resplandeciente
en un himno mágico.

(Se acercan más sobre
el autor y leen las páginas
escritas).

ALA CHUMIL
Empero, querida
no está mal del todo
la raíz humana
del poema atlante.
Fíjate en la forma
sensible en que canta
la fiesta amorosa
del tiempo dorado.

ALI ZAKAR
Sí, el amor de primas
y primos fue cierto
en los meses dulces
de la primavera.
Los dioses del aire
que cuidan la raza

presidían los goces tal
de sus nobles hijos.

ALA CHUMIL
Además, las tribus
que se hacían la guerra
y se conciliaban,
dábanse mujeres.
Nuestro libro sacro n
habla expresamente
del pacto amoroso
que hubo en Ixmachí.

ALI ZAKAR
De ahí la costumbre
de buscar varones
en la gens vecina,
familiar o amiga,
De ahí el hecho inverso
de buscar mujeres
entre nuestras gentes
con fiesta o sin ella.

A LA CHUMIL
Era el matriarcado,
mandaba la madre,
la mujer era antes
y después el hombre.
Nosotros servíamos
para fecundaros,
para hacer la milpa,
para hacer la guerra.

ALI ZAKAR
Fue mando muy justo:
Matrimonio en grupos,
bienes para todos,
plena democracia.

Y en la vida sacra,
dioses femeninos
que hacían gloriosa
nuestra vida agraria.

ALA CHUMIL
Os obedeciamos
en el sacerdocio,
en los tribunales,
en la dura guerra.
Simples mandatarios
en la gens, la fratría,
en la vieja tribu,
las ligas tribales.

ALI ZAKAR
Convengo contigo
en que las mujeres
eran las que daban
color a las tribus.
Pero los malditos
empezaron luego
sus conspiraciones
contra el matriarcado

ALA CHUMIL
Sé justa, adorada:
No fuimos nosotros.
Fue ese viento eterno
de la magia ardiente.
Ese viento dionos
nuevo matrimonio
y nuevos conceptos
de la vida humana.

ALI ZAKAR
¿Dirás que ese viento
nos dio la pareja

que amante al principio
termina en hastío?
Dirás que ese viento
derribó los dioses
agrarios y luego
alzó un dios de esclavos?

ALA CHUMIL

Y ese mismo viento
que nos hizo daño
dará en hora justa
otras novedades.
Ese viento empuja
a este autor amigo
que lleva en el alma
la luz de otra aurora.

(El autor ha escuchado
la plática alucinante
y vuelve mostrando una
cara agradecida).

AL AUTOR

Gracias inmortales
hijos de la noche
por haber venido
a este pobre cuarto.
No hallo las palabras
de cristal sonoro
para agradeceros
vuestro bello elogio.

ALI ZAKAR

Venimos, amigo,
desde la leyenda
que explica el origen
del Yey Atezcatl.
Quisimos prestarte

nuestra fiel ayuda
de arte enlucerado,
mas llegamos tarde.

ALA CHUMIL
Es que estaba escrito
que el pasado arcaico
siguiera en la caja
que guarda el misterio.
A pesar de eso,
noto en tus cuartillas
verdad indudable,
vocación de canto.

EL AUTOR
Me apenáis, amigos,
con vuestros cumplidos.
Sé que vuestra raza
tiene un tacto fino.
Mas, decidme ahora
si he seguido en parte
la historia perfecta
del sagrado libro.

ALI ZAKAR
Nos ha sorprendido
la vista que tienes
para ver el fondo
de nuestro pasado.
Y más cuando llevas
la emoción constante,
el demonio inquieto
del mundo futuro.

ALA CHUMIL
El sagrado libro
lleno de misterio
en tus limpias manos

es como un lucero.
Despide gloriosas
luces mañaneras
que alegran el alma
de cuantos esperan.

EL AUTOR
¡Oh! espíritus puros,
No entiendo un lenguaje
que se eleva tanto
de los hechos ciertos.
Soy un pobre ciego,
no importa que tenga
bañadas las manos
de luz milagrosa.

ALI ZAKAR
Entiendo tu queja.
Dices que no tienes
conciencia muy clara
de tu bello acierto.
Pero estoy segura
que tus intuiciones
han desentrañado
la luz invisible.

ALA CHUMIL
En sólo la entrada
del libro divino
ves un personaje
que vive de nances.
Luego otro que busca
peces y cangrejos.
Otro que se come
un pájaro asado.

ALI ZAKAR
Los tres personajes

conocían el hacha
de piedra, la maza
y la tosca lanza.
Con ellas lograban
el sustento diario
y entraban en lides
con sus enemigos.

ALA CHUMIL
Los tres personajes
dueñas de la tierra
entraban al bosque,
iban por los ríos,
Pero dos muchachos,
dos cerbataneros
muy inteligentes
vencieron a aquéllos.

ALI ZAKAR
Así en esa forma
en el salvajismo,
notas lucha a muerte
entre los humanos.
Los más primitivos
le dejan el campo
a los que eran menos
y sigue la historia.

ALA CHUMIL
El fuego sagrado
pasa de las manos
de los más antiguos
a los más recientes.
Estos más vitales
cuecen alimentos,
hacen casas de hojas,
construyen piraguas.

ALI ZAKAR

Hacen vida errante
buscando lugares
donde sea propicia
la caza y la pesca.
Invaden países
nunca conocidos
y luchan a muerte
con los pobladores.

ALA CHUMIL

Elevan a dioses a los animales
que los favorecen
con su rica carne.
Y elevan a dioses
a todas las bestias
que matan al hombre
en la selva negra.

ALI ZAKAR

Era la serpiente
la más venerada
por su mordedura
que daba la muerte.
Y porque una tribu
que seguía su marcha
adquiría la forma
del reptil que ondula.

ALA CHUMIL

Siempre iba adelante
el guía supremo
que llevaba el fuego
y la ciencia mágica.
Seguían los grupos
de la tribu enorme,
hombres y mujeres,
viejos y pequeños.

ALI ZAKAR
Llegaban a un punto
peleando sin tregua
y se hacían dueños
de la nueva tierra.
Podían unirse
con los desplazados,
ligarse por sangre,
trabajo y costumbre.

ALA CHUMIL
Mas la fuerza interna
de las rotaciones
los iba empujando
a elevada vida.
Era necesario
salir de la casa
para hacer cultivos
de algunos cereales.

ALI ZAKAR
El Paxil ofrece
el maíz divino.
Y el guía adoctrina
en la sacra siembra.
La planta silvestre
ya domesticada
produce la milpa
y la vida agraria.

ALA CHUMIL
Se pulen las armas
que hieren el bosque.
El fuego devora
los árboles muertos.
El noble alfarero
inventa la olla
de barro, el cajete,

el comal, la jícara.

ALI ZAKARU

Se construyen casas
de adobe y madera.
Se funda la aldea
y se aumenta el pueblo
Se edifica el templo,
se labran los dioses,
se ofrendan mazorcas,
aparece el rito.

ALA CHUMIL

Los dioses recientes
son astros del cielo
que giran en torno
a la vida agraria.
El sol y la luna
y los elementos
presiden las buenas
y malas cosechas.

ALI ZAKAR

Se exalta el trabajo
común en los himnos.
Se afilan las flechas
para la defensa.
Se descubren nuevas
rutas de la vida.
Se aumenta la fuerza
de la ciencia mágica.

ALA CHUMILOT

Pasan los centenios
de trabajo honrado
y ejercicio pleno
de la democracia.
Se alzan las ciudades,

surge el calendario,
se aguza el ingenio,
mejoran los seres.

ALI ZAKAR
Todo esto se dice
en el libro sacro
con lenguaje oscuro
de leyenda y magia.
Para tí, querido
autor, hemos vuelto
la noche profunda
día deslumbrante.

EL AUTOR
Gracias generosos
seres inmortales.
Me habeis liberado
de las conjeturas.
Sobre todo, amigos,
de los comentarios
de los falsos sabios
que hablan del misterio.

ALA CHUMIL
Te damos la esencia
de lo acontecido
en la tierra santa
en lentos milenios.
Tú con buen sentido
puedes si te place
ir a los detalles
de la vida arcaica.

ALI ZAKAR
Cesaron los tiempos
con su lento paso
y la hermosa tribu

declinó su gloria.
Dioses enemigos
mandaron ciclones.
fuertes terremotos
sequías y pestes.

ALA CHUMIL

Nuevas tribus llegan
de los cuatro puntos
con otras culturas
y con más arrojo.
Vencen a la tribu
que habló con los astros
y empiezan otra vida
con otros conceptos.

ALI ZAKAR

Pero con el tiempo
las mezclas de sangre
propician un nuevo
impulso del pueblo.
Gracias al trabajo
colectivo surgen
radiantes ciudades
de radiante rito.

ALA CHUMIL

Los dioses del Este
bendicen la tierra al
y sus habitantes
con su doble luz.
Aunque fieros dioses
del sombrío Oeste
dictaran decretos
de dolor y muerte.

ALI ZAKAR

Nueva decadencia
sufren los mortales
que habitan la tierra
siempre generosa.
Pero nuevas tribus
vienen a abonarla,
y así de ese modo
sigue el libro santo.

EL AUTOR

Decidme piadosos o nos
seres impecables:
Devoraron hombres
las sagradas tribus?

ALA CHUMIL

Si el hambre apuraba
en la vida errante,
comían carne humana
dorada en el fuego.

EL AUTOR

De las propias tribus
o las enemigas?

ALI ZAKAR

Indistintamente
en tiempos remotos.

EL AUTOR

Y en seguida, doctos
seres de la dicha,
¿cuándo los maizales
dieron sus ofrendas?

ALA CHUMIL
En seguida, amigo,
guerreros adversos
se sacrificaban
ante el dios Tohil.

EL AUTOR
Y aquellos guerreros
fueron con el tiempo
míseros esclavos
en los viejos pueblos?

ALI ZAKAR
Fue la antropofagia
y el rito sangriento,
Pero nunca, amigo,
hubo esclavitud.

EL AUTOR
Conocieron reyes
los pueblos agrarios,
queridos viajeros
del país acuático?

ALA CHUMIL
Ni reyes ni príncipes
hubo entre las tribus
que no conocieron
las clases actuales.

EL AUTOR
En qué queda entonces
el decir de tantos
sabios que aseguran
que sufrieron reyes?

ALI ZAKAR
Los reyes empiezan

con las sociedades
que se han dividido
en clases opuestas.

EL AUTOR
Y el amor, hermosos
enviados del agua,
tenía la llama
ardorosa de hoy?

ALI ZAKAR
Era colectivo,
aunque con el tiempo
fueron floreciendo
las predilecciones

EL AUTOR
Y vuestros amores,
nobles visitantes,
son del tiempo arcaico
o del tiempo actual?

ALI ZAKAR
Ambos en la fiesta
del amor unimos
nuestra carne ardiente,
luego nuestras almas.

EL AUTOR
¡Oh! jóvenes bellos
ya no soy el ciego
que iba con un palo
punteando en la noche.

(Al despedirse los dos
seres legendarios hacen
surgir del Popol Vuh, que
está en la mesa, una llama

radiante que deslumbra el
autor por largo rato).

ALA CHUMIL
Esos resplandores
queman el misterio,
de hoy en adelante
eres como un dios.

ALI ZAKAR
Nuestro libro santo
es un tronco ardiendo,
Sus lenguas de fuego
abrasan el mundo.

EL AUTOR
(Que ha salido de la
ceguera de la sombra para
entrar en la ceguera de la
luz radiante).

¿Debo agradeceros
que no sea un hombre
que va por la sombra
buscando la luz?

¿Debo agradeceros
que ahora sea dios
que busca en la luz
un poco de sombra?

¿Dónde estáis amigos,
que habéis invertido
mi anhelo vehemente
de encontrar un sol?

¿Dónde estáis, amigos,
para darme apoyo

y llevarme luego
a mi ansiada noche?

(Marcha vacilante como
los ciegos recientes,
tropieza en una silla de
estilo colonial y cae en
seguida con estrépito).

ALA CHUMIL
(En la lejanía del Yey
Atezcatl).

Esos resplandores
queman el misterio.

ALI ZAKAR
(Poniendo el pie en la
leyenda alucinante).

Sus lenguas de fuego
abrazan el mundo.

FIESTA NUPCIAL

ARE QUI CUCHBAL KIP RI OXIP CHI NIM JA UBI CUMAL, CHIRI CUT CHI C'UCAJGUI C'UQUIYA; CHIRI PUCH CHI QUI GUEEJ GUI QUIGUA, RAJIL PU MAIL, XA QUICOTEM CHI QUI CUX, TA IX QUI BANO IX E GUAIC IX E OCHA CHUPAM QUI NIM JA. (Como agradecimiento, como reconocimiento y como señal de sus oraciones, como muestra de su palabra, dada sobre la adquisición de mujeres y maridos, hacían ellos esto en el lugar donde existían, y allí también pusieron los nombres a sus familiares y a las siete tribus, al principio de su formación). **POPOL VUH, DECIMA TRADICIÓN, NÚMERO 28.**

—I—
MELODÍA DEL ESPOSO

TE CANTO AMADA MÍA
Te canto amada mía,
amada mía te canto
mi canción de canciones.

Te canto con el delirio
del Pucbal Chai nutrido
por ríos musicales.

Te canto con las raíces
de mi origen divino
guardado en el subsuelo.

Te canto con el tronco
de mi raza cobriza
que vive en esperanza.

Te canto con el follaje
de mi fe poderosa
en ciclos novedosos.

Te canto con las flores
de mi alegría inmutable
que perfuma el ambiente.

Te canto con los frutos
que hacen bien a las aves
fecundan doncellas.

Te canto amada mía,
amada mía te canto
mi canción de canciones.

FUE TOPILTZIN ACXITL

Fue Topiltzín Acxitl
quien en revelación
me habló de ti Morena.

Fue el sabio legendario
quien me trajo la nueva
de la miel de tu carne,

Fue aquel rey de reyes
quien me hablo de tu ombligo
que enciende los deseos.

Desde entonces yo vivo
entre llamas de amores
cantándote mis cantos.

Me dijo el legislador:
Tú serás el Esposo
y ella será la Esposa.
Tú eres digno de ella
y ella es digna de ti
en la vida y la muerte.

Poséela como tigre,
que ella es una tigra
y ámala para siempre.

Fue Topiltzín Acxitl
quien en revelación
me habló de ti, Morena.

Y MI ESPÍRITU INQUIETO

Y mi espíritu inquieto
escuchó otros mandatos
que rechaza mi alma.

Está escrito en mi ley
que el macho vino al mundo
para preñar la hembra.

Está escrito en mi ley
que el hembra vino al mundo
sólo para parir.

Está escrito en mi ley
que el macho que no engendra
debe morir quemado.

Está escrito en mi ley
que la hembra que no pare
debe morir quemada.

Está escrito en mi ley
que deben ser honrados
los dioses generadores.

Está escrito en mi ley
que debe celebrarse
la fiesta del amor.

Está escrito en mi ley
que en la fiesta se abracen
los primos ardorosos.

Y AQUEL GRAN SACERDOTE

Y aquel gran sacerdote
terminó haciendo elogio
del amor de la tribu.

Esa Morena es tuya
pero también no es tuya
porque es hombre de todos.

Siendo bella en extremo,
todos tienen derecho
a descubrir su ombligo.

Todos tienen derecho
a morderle la boca
hasta que vierta sangre.

Todos tienen derecho
a mamarle las tetas
y entrar en sus caderas.

Todos tienen derecho
a un poco de belleza.
en la sagrada tribu.

Muera en la hoguera aquel
que desee separarla
del comercio ritual.

Muera en el fuego aquél
que pretenda frustrar
la fiesta del amor.

MORENA DE MI ALMA

Morena de mi alma,
ya sé que eres mía
y que eres de otros.

Como yo soy de otras
mujeres numerosas,
pero también soy tuyo.

Más sé que entre millares
de guerreros feroces
seré tu predilecto.

Y sé que entre millares
de sabrosas mujeres
serás mi predilecta.

Quisiera morder tu boca
que ha de tener el gusto
de las mazorcas tiernas.

Quisiera estar pegado
à tus sabrosas tetas
como anonas maduras.

Quisiera descubrir
la estrella de tu ombligo,
estrella de la mañana.

Quisiera penetrar
en tus caderas como
guerrero sigiloso.

—II—
MELODÍA DE LA ESPOSA

TE ARRULLO AMADO MÍO

Te arrullo amado mío,

amado mío te arrullo
cuando llega la aurora.
Soy la paloma intacta
que se quema en deseos
de caricia amorosa.

Soy la venada blanca
que busca entre zarzales
su dulce complemento.

Soy la hembra que sueña
que tiene encima al macho
barbado y musculoso.

Soy la mujer que quiere
servir en una jícara
el cacao a su hombre.

Soy la Esposa en potencia
de mi primo escogido
en un sinfín de primos.
Soy la madre segura
que vera prosperar
por su matriz la tribu.

Te arrullo amado mío
amado mío te arrullo,
cuando llega la aurora.

AL PESO DE LA NOCHE
Al peso de la noche
soy como la coyota
que aúlla sin consuelo.

Aúllo desde mi cueva
encumbrada en el cerro
desolado y silente.

Aúllo llena de frío
implorando el calor
de un tierno compañero.

Aúllo contra la luna
por su paso tan lento
en la argentada noche.

Aúllo contra las leyes
que acuerdan nuestro amor
con el vuelo estelar.

Aúllo contra el severo
calendario que fija
fechas rígidamente.

Aúllo contra los dioses
que no dan a la llama
los troncos suficientes.

Aúllo y con mi aullido e
hacen caso las cosas
que quieren entregarse.

DE HOY EN NUEVE LUNAS

De hoy en nueve lunas
he de perder el velo
de la inocencia pía.

Ya tengo el maravilloso
collar de bien labradas
y ricas esmeraldas.

El huipil de impecable
algodón que se iguala
con la nube radiante.

El cuéyetl en que brillan
los colores más vivos
del país de los pájaros.

Las preciosas sandalias
de maguey para el baile
circular de la hoguera.

La delicada esencia
que se vierte en el pelo
para alegrar el aire.

Y el hachón de ocote
de roja trementina
para prender la antorcha.

De hoy en nueve lunas
he de perder el velo
de la inocencia pía.

QUE DÍA TAN DICHOSO

Qué día tan dichoso
aquel en que las vírgenes
se acuestan con los guerreros.

El sacerdote sopla
el caracol a la hora
solemne del crepúsculo.

Los barrios organizan
en filas a sus hijas
y a sus ardientes hijos.

Luego se hace la marcha
sagrada de las antorchas
al templo de Tohil.

La marimba da muerte
al tedioso silencio
con sus notas alegres.

Se le suman el pífano
de melodía delgada
y el tambor cavernoso.

Hasta que al fin resuena
el Tatil Kabanaj
que anuncia la plegaria.

Qué día tan hermoso
aquel en que las vírgenes
se acuestan con los guerreros.

TRIGUEÑO DE VIDA

Triqueño de mi vida,
yo bien sé que eres mío
y que eres de otras.

Como yo soy de otros
guerreros numerosos
pero también soy tuya.

Dentro de nueve lunas
colócate a la cabeza
de la fila de primos.

Que de hoy en nueve lunas
me pondré a la cabeza
de la fila de primas.

A la hora del sacrificio
seremos los primeros
en empezar la danza.

Sonarán los tambores
con estruendo salvaje
como en tiempo de guerra.

Tú serás gavilán
y yo seré paloma
volando sin descanso.

Hasta que al fin me caces
y me entierres las uñas
con crueldad amorosa.

—III—
EL DIÁLOGO DE
LOS ESPOSOS

MORENA, MI MORENA
—Morena, mi Morena,
mi adorada Morena,
eres mi predilecta.

—Trigueño, mi Trigueño,
mi adorado Trigueño,
eres mi predilecto.

—Despides el perfume
de la hembra deliciosa
que se nutre de pétalos.

—Y tú el olor del macho
lozano que se baña
cuando nace la aurora.

—Eres tan grato al tacto
que no me canso nunca
de deslizar la mano.

—Y tú eres tan fornido
que a veces considero
que he abrazado un cedro.

—Quisiera retenerte
para siempre en mis brazos
así como te tengo.

—Y yo no separarme
de tu robusto pecho
ni siquiera un momento.

DIME CON VOZ MUY SUAVE

—Díme con voz muy suave:
¿Cuántos fueron los hombres
que acompañaste al bosque?

—Te lo digo, Trigueño:
han sido veinticinco
varones musculosos.

—Y todos te gustaron,
todos te disgustaron
o hallaste predilecto?

—¡Soy hembra i Me gustaron,
luego me disgustaron
y no hallé predilecto.

—Y tú podrías decirme,
cuántas fueron las primas
que internaste en el bosque?

—Te contesto, Morena:
no menos de veinticinco
criaturas insaciables.

—Y todas te agradaron
¿o te desagradaron
o hallaste predilectas?

Signo de que la tribu
está hastiada de carne
y harta de placeres.

La fiesta del amor
se va acercando al fin
de la marchita flor. °

Y ahora que hemos gozado
como gozan dos tigres
quieres oír mi angustia?

Yo abomino esta fiesta
del amor colectivo
entre primos y primas.

Que hombres de un calpul
sean en masa esposos
de las mujeres de otro.

Que hembras de este calpul
sean en masa esposas
de los hombres de aquél.

Yo concibo el amor
solamente entre primos
que hacen pareja exacta.

TUS PALABRAS SON LUZ
—Tus palabras son luz
en este negro bosque,
mi adorado Trigueño.

Ya había presentido
que los Generadores
marchan atrás del tiempo.

Su fiesta del amor
contraría la ley
de la marcha incesante.

El decir que en el cambio
está el gusto mancilla
nuestro cariño mutuo.

Pero cómo, Trigueño,
¿podrías modificar
los decretos del cielo?

¿Cómo abatir de un golpe
la religión antigua
que obedece la tribu?

¿Cómo lavar la mancha
de esa vieja costumbre
en el alma del pueblo?

Mátame si deseas
que los dos comprendemos
los signos del futuro.

YO GUERRERO ANIMOSO
—Yo, guerrero animoso,
condeno desde ahora
el amor colectivo.

Ven, salgamos del bosque
y vamos a la plaza
a gritar nuestro amor.

—Te acompaño, Trigueño,
hasta el confín del mundo,
hasta la misma muerte.

Pero tiemblo, Trigueño,
porque me siento madre:
se me han ido las reglas[7].

—Ven, no temas que un hijo
de todos vale menos
que gritar la verdad.

Blasfemaré en voz alta
contra los viejos dioses
del odio y del terror.

Injuriaré al tepeu [8]
que llama desde el templo
a las fuerzas oscuras.

Gritaré sin descanso
contra esta fiesta absurda
que rebaja a la tribu.

—IV—
LOS COROS DE LA TRIBU

EL CORO DE LAS MADRES
El coro de las madres
numerosas se alzó
a las altas estrellas.

—¿Qué palabras son esas
que hemos escuchado
desde nuestras esteras?

---

[7] Menstruación
[8] Enviado de los dioses en Quiché.

¿Qué blasfemias son esas
contra los nobles dioses
que nos hacen felices?

¿No es sano el matrimonio
que excluye del contacto
al abuelo y al nieto?

¿Qué decir de la unión
que condena el halago
del padre con el hijo?

¿Merece alguna critica
la regla que condena
el amor entre hermanos?

¿No somos las que hablamos
esposas de nuestros primos
por mandato de lo alto?

Y no son nuestros primos
nuestros buenos esposos
por el mismo mandato?

EL CORO DE LAS PRIMAS
El coro de las primas
salió del bosque espeso
con alaridos bárbaros.

—Qué muera esa mujer
porque es la que ha tramado
¡tan horrorosa infamia!

Es esa gata impía
la autora de la idea
¡rebelde entre la tribu!

¡No le basta llevarse
al varón varias noches
y ser su predilecta!

Ahora lo pretende
para sí con derecho
¡de propiedad completa!

Nos quiere arrebatar
al varón más hermoso
¡Que ha procreado la tribu!

Ladrona miserable,
que introduces la nueva
del amor por parejas!

¡Perra, que has conspirado
contra todas nosotras
en presencia del pueblo!

EL CORO DE LOS PRIMOS
El coro de los primos
respondió con la fuerza
pectoral de los bárbaros.

—¡Qué viva la mujer
porque ella es inocente
de la horrorosa infamia!

¡Ella guarda en su pecho
el tesoro celeste
de los consejos limpios!

¡Ella tiene en la lengua
el sabor delicado
de las frases gloriosas!

¡Pero que muera el hombre
por ser el responsable
de semejante injuria!

¡Qué muera ese mapachín
que se come la milpa
en que se afanan otros!

¡Qué muera ese zancudo
que se chupa la sangre
de la sagrada tribu!

¡Desdichado que quiere
llevarnos por el camino
negro de la desgracia!

EL CORO DE LOS ANCIANOS

El coro de los ancianos
sin dientes, cavernoso,
también sonó a su hora:

—¡Hijos, arrepentíos
de lo que habéis gritado
en medio de la plaza!

¡Arrepentíos, hijos,
de la impiedad malvada
que hierve en vuestros pechos!

¡Quizás habéis fumado
hojas de marihuana
y estáis por eso locos!

¡Marchaos a reposar
y regresáis después
a pedirnos perdón!

¡Mas si vuestras razones
han sido concebidas
con juicio despejado!

¡Entonces, hijos nuestros,
hemos de castigaros
en la hoguera del rito!
Después vuestras cenizas
volarán a los cuatro
puntos del horizonte!

EL CORO SACERDOTAL
El coro sacerdotal
desde el templo mayor
hirió a la madrugada:

"¡Viva, viva Tamcanchán[9]
en las pencas del maquey!

"¡Viva, viva Tamcanchán
en las pencas del maguey!

"¡Viva, viva Tamcanchán
en las pencas del maguey!"

El sumo sacerdote
elevando los brazos
clamó a los altos dioses:

"¡Venid dios del viento fuerte
que os requieren vuestros hijos!

"Venid dios del terremoto
que os demandan vuestros hijos!

---

[9] El paraíso terrenal de los Toltecas.

"Venid todos, venid todos,
que os desean vuestros hijos!".

"Venid todos, venid todos,
que os desean vuestros hijos!".

El coro sacerdotal
se elevó con tal fuerza
que cayeron estrellas!

"¡Viva, viva Tamcanchán
en las pencas del maguey!

"¡Viva, viva Tamcanchán
en las pencas del maguey!

"¡Viva, viva Tamcanchán
en las pencas del maguey!".

—V—
LA VOZ
DE LOS DIOSES
DESTRUCTORES

EL DIOS DEL VIENTO FUERTE[10]
El dios del viento fuerte
fue el primero en llegar
con carrera salvaje.

Con su sola presencia
árboles gigantescos
doblaron su ramaje.

Y habló con voz cortante
que entraba hasta los huesos
de los pobres mortales!

---

[10] Hurakán, en la teogonía quiché.

Por algo soy un dios
que vive en las regiones
altas del Universo.

Esa pareja innoble
está libre de tóxicos
que hacen perder el juicio.

Ese par de canallas
se propone extirpar
el amor colectivo.

Y poniendo el ejemplo
detestable iniciar
el amor por parejas.

Esa pareja impía
presiente lo que pasa
en lejanas regiones.

EL DIOS QUE SACA FUEGO[11]

El dios que saca fuego
del agua de las nubes
fue el segundo en llegar.

Disparaba sus flechas
y encendía los cielos
de luces pavorosas.

Y dio el dios indómito
a la tribu inclinada
sobre la negra tierra:

—Estos gatos de monte
han concebido sus sueños
un mundo abominable.

---

[11] Cakuljá , en la teogonía quiché.

Un mundo en la campanula
azul de nuestra dicha
marchitara sus pétalos.

Un mundo en que la pareja
conocerá el amor
que eleva hasta la dicha.

Pero que, con el tiempo,
pasado el regocijo,
se emporcará en el odio

Eso es lo que proponen
los revolucionarios
en la bendita tribu.

EL DIOS DEL TERREMOTO[12]

El dios del terremoto
fue el tercero en llegar
desde sus antros negros.

Cuando llegó sintióse
tan gran sacudimiento
que se abrieron barrancos.

Y el dios del terremoto
dijo con su voz áspera
a la tribu angustiada

En la sombra conspira
el amor colectivo
contra la monogamia.

Hombre y mujer se cuidan
hasta la ofensa de otros
amores diferentes.

---

[12] Kaprakán, en la teogonía quiché.

Y entonces se presentan
los celos que interpretan
la furia de los volcanes.

EL HORRIBLE MURCIELAGO[13]

El horrible murciélago
precursor de la muerte
voló sobre los árboles.

Voló sobre los palacios
donde viven los jefes
de la tribu cobriza.
Voló sobre las casas
donde habitan las gentes
numerosas del pueblo.

Después con un chillido
que paraliza el cuerpo
dijo a la muchedumbre.

Bacam, dios poderoso, (6)
os anuncia la muerte
de la pareja amante.

No obstante, con su muerte
no detendréis las marchas
hacia la monogamia,

Que aparezca ese mundo
que ya lleva la mancha
de vuestras maldiciones

Los esposos infieles
llenarán ese mundo
de tragedias y lágrimas.

---

[13] Camalzotz, en la teogonía quiché.

Y GRITÓ UN ADIVINO

Y gritó un adivino
cuando los dioses negros
volvieron a sus cámaras:

"¡Ojos de culebra!
¡Ojos de lagarto!
¡Y ojos de sapo!

¡Venid, quiero ver!

¡Ojos de armadillo!
¡Ojos de coyote!
¡Y ojos de tigre!

¡Quiero penetrar!

¡Ojos de cotorra!
¡Ojos de Aguilucho!
¡Y de tecolote!

¡Ya principió a ver!

¡Ojos del nahual! [14]
¡Ojos de la muerte!
¡Ojos de la noche!

¡Puedo adivinar!

¡Ojos de culebra!
¡Ojos de lagarto!
¡Y ojos de sapo!

¡Vano es nuestro afán!
¡Ojos de la noche!
¡Ojos del nahual!

---

[14] Animal protector de los quichés.

¡Ojos de la muerte!
¡Ellos vencerán!

—VI—
LA VOZ DE LOS
DIOSES CREADORES

LA VOZ DE LA MAÑANA [15]
La voz de la mañana
se oyó en el canto dulce
de un jilguero en la fronda.

Se oyó en el canto alegre
de un sinsonte que había
cazado una mariposa.

Y dio la mañana
sacudiendo sus alas
mojadas de rocío:

—Salve pareja amante,
que vuestra vida es clara
y vuestra verdad pura. (10)
Salve pareja amante,
que habeis tomado ejemplo
de algunas bellas aves.

La paloma montés
solo conoce el ala
de su leal compañero.
Y el palomo no anhela
más arrullo amoroso
que el de su compañera.
Pareja acongojada,
venid a protegeros
en mis radiosos pliegues.

---

[15] Chuekenel, en la teogonía quiché.

LA VOZ DEL PADRE SOL[16]

La voz del padre sol
fue una argentina música
en el valle contricto.

Al sonar su palabra a
entonaron un coro
las piedras y los pájaros.

Qué alegría infinita
la de que exista un dios
que de luz a los ojos.

Qué placer inefable
vivir entre la luz
que diviniza el mundo.

Al terminar el coro
de alabanza el sol dijo
a todas las criaturas:

—De suprema belleza
es la fiesta de amor
de que goza la tribu.

Pero todas las cosas
cambian por ley suprema
en el vasto Universo.

El amor por parejas
es dulce como la miel,
sagrado como el pom.[17]

---

[16] Ajyamanic: el Señor resplandeciente, dios masculino del período agrario, habiendo sido diosa en períodos anteriores.
[17] Incienso quiché.

LA VOZ DE LA MADRE TIERRA[18]

La voz de la madre tierra
se elevó con un hálito
de guatales fecundos.

Se elevó con un hálito
de hembra sudorosa
que estimula el deseo.

¡Madre! cómo te amamos
por todo lo que ofreces
en la luz y en la sombra.

El agua clara y fresca
del manantial que canta
en jícaras labradas. o

La fiebre abrasadora
junto a un cuerpo de cedro
bajo estrellas magníficas.

Dijo la madre tierra:
—Mirad el camino rojo
que conduce al futuro.

Pensad en una joven
pareja que se abraza
en el lecho de amor.

Y decidme después
si los dioses han hecho
mejor canto a la vida.

LA LLUVIA QUE BENDICE[19]

La lluvia que bendice

---

[18] Chirakán, en la teogonía quiché.
[19] Chomijá: lluvia llena de belleza en quiché.

las flores de los prados
descendió blandamente.

Los lirios se inclinaron
tres veces ante ella
con suma reverencia.

Y dijo la visitante
a la asamblea de matas
que vierten el perfume:

—Desde hoy el amor
tiene alas muy finas
como las mariposas.

Asciende sutil al verso
espiritual que embriaga
los corazones jóvenes.

Se eleva a la serenata
que libera el suspiro
y las sentidas lágrimas.

Vuela y vuela hasta el beso,
comunión psicológica
de seres delicados.
Sube y sube hasta el canto
nupcial que une dos almas
y dos cuerpos amantes.

Y LA PALOMA SACRA
Y la paloma sacra
más sabía que la lluvia
se sentó en una rama.

Fijó su ojo en el tiempo
y vio que el amor gozoso
degenera en dolor.

Y cantó la paloma
un canto adivinatorio
que espina el corazón:
"Dos palomitas blancas
sentadas en un guarumo,
la una dice del otro
a este tonto me lo furo.

Dos palomitas blancas
sentadas en un ciprés,
el uno dice de la otra
no hay amor sin interés.

Dos palomitas blancas
volando tras un ron—ron,
dijeron al mismo tiempo
amargamos la canción.

Dos palomitas blancas
volando sobre una flor,
dijeron al mismo tiempo
al amor sigue el dolor.

Dos palomitas blancas
que hacen nido en la heredad,
las dos cantan tristemente
nunca habrá felicidad.

Dos palomitas blancas
con llanto en el corazón,
las dos cantan tristemente
nos engañó la ilusión".

—VIII—
Y LA VOZ DE LOS
SUPREMOS DIOSES
INNOMINADOS

Y EL EDIFICADOR[20]

Y el edificador
del espacio infinito
se presentó en persona.

Lo vieron los mortales
envuelto en la neblina
de los cielos sublimes.

Al verlo se inclinaron,
sintiendo en el espíritu
un delirio de gloria.

Y el edificador
dijo con voz lejana,
apenas perceptible:
—¡Vaya! que hay en el mundo
de abajo guerra a muerte
entre dioses supremos.

Los dioses de la sombra
opuestos a la marcha,
que es ley del Universo.

Los dioses de la luz
que prohijan el cambio
natural de las cosas.
Los dioses de la sombra
recibirán castigo
por violar mis decretos.

Y EL MANIFESTADOR[21]

Y el manifestador
del tiempo imperturbable
también llegó a su hora.

---

[20] Tzakol, en la teología quiché.
[21] Bitol, en la teogonía quiché.

Lo vieron los mortales
con un manto verdoso
gastado por los siglos.

Al verlo se inclinaron,
sintiendo en el espíritu
angustia inenarrable.

Y el manifestador
dijo con voz muy rara
que llegaba en oleadas:

—Cosas inexplicables
las del mundo ilusorio
que vive a nuestros pies.

Unos son abogados
de la calma, el sosiego
y el silencioso origen.[22]

Y otros son partidarios
de la marcha, del ruido,
de la alegría mundana.

Castigaré al que ama
un cielo sin esperanza
y un mar quieto y silente. [23]

Y LOS GENERADORES[24]

Y los generadores
de la raza de cobre
vinieron del Paxil[25].

---

[22] Expresión del Popol—Vuh.
[23] Expresión del Popol—Vuh.
[24] Alom, creador de las hijas, y Cajolom, creador de los hijos, en la teogonía quiché.
[25] Paxil: en donde se ven cosas agradables. Especie de Paraíso Terrenal de los quichés.

Las hijas se postraron
ante la diosa amada
que les diera matriz.

Los hijos se inclinaron
ante el dios venturoso
que les donara semen.

Y ambos inmortales
que presiden la fiesta
del amor expresaron:

Nuestra divina ley
de la generación
seguirá como antes.
Pero el cambio constante
ha llegado a otra forma
de amor para vosotros.

No dudéis de la vida.
¡Hijas! tendréis varones
¡Hijos! tendréis mujeres.

Y EL ÁGUILA QUE DOMINA[26]

El águila que domina
la existencia llegó
gritando triunfadora.

Los dioses inmortales
inclinaron sus frentes
ante el ave sagrada.

Y el águila altanera
sin rodeos retóricos
expresó su mensaje:

[26] Xecotcohuach: el águila dominadora de la existencia en la teogonía quiché.

—Vengo —dijo—, de parte
de Cabahüil el dios[27]
de los dioses supremos.

Deben salir las tribus
del amor colectivo
en que han vivido siempre.

Y deben conocer
el amor por parejas
que afina los sentidos.

Pasados muchos siglos
dejaran nuevamente
el amor por parejas.

Entonces conocerán
otro amor muy distinto
de los viejos amores.

Y UNA BRUJA ENCORVADA
Y una bruja encorvada
prendió una llama azul
para hacer su exorcismo:

"¡Cabeza de piojo!
¡Cuerpo de lombriz!
¡Patas de zancudo!
¡Esto se acabó!

¡Silbe la culebra!
¡Bufe Tamazul![28]
¡Cante el tecolote!
¡Qué esto se acabó!

---

[27] Cabahüil, dios de dioses de la teogonía quiché, en el que se advierte cierta manifestación del monoteísmo.
[28] Tamazul: sapo en quiché.

¡Dancen los mendigos!
¡la ronda macabra
¡en la última noche!
¡Un mundo nació!

¡Aullen los coyotes!

¡Chillen los murciélagos!
¡Griten las lechuzas!

¡Que un mundo nació!
¡Cabeza de piojo!
¡Cuerpo de lombriz!
¡Patas de zancudo!

¡Esto se acabó!

—VIII—
LAMENTACIONES

NIETOS DEL VIEJO IMPERIO[29]
Nietos del Viejo Imperio,
nosotros los sacerdotes
estamos iluminados.

Los dioses destructores
que viven en la sombra
nos siguen protegiendo.

Mas los dioses creadores
que habitan en el cajete
del cielo nos desamparan.

¡Oh! mal sin medicamento.
Estamos condenados
por los decretos altos.

---

[29] El imperio fundado por los mayas.

Hijos del Nuevo Imperio,
también habeis oído
a los innominados.

Al dios del tiempo eterno,
del espacio infinito,
de la generación.

Y por último oísteis
la voz de la mensajera
del dios que crea dioses.

Dejemos en libertad
a la pareja amante,
que es suya la victoria.

NIETOS DEL NUEVO IMPERIO[30]

Nietos del Nuevo Imperio,
oísteis a los que hablan
en nombre de Quetzalcóatl.

Nosotros los ancianos
nos hemos convencido
del mandato inflexible.

No queda más camino
que obedecer sumisos
la voluntad suprema.

Comprender claramente
que antes de la costumbre
está la ley del cambio.
Nietos del Viejo Imperio,
se hunde más en la noche
el mundo de Votán.

---

[30] El fundado por los toltecas, cuyo héroe principal era Quetzalcóatl, elevado a la categoría de ser divino.

Tengamos ánimo fuerte
para ir ejerciendo
la costumbre que viene.

La pareja ha vencido
a la gloriosa tribu
por voluntad divina.

Aceptemos su triunfo
para seguir gozando
de la gracia inmortal.

QUE RETUMBEN LOS CIELOS

Que retumben los cielos,
se estremezca la tierra
y se nos caiga el pelo.

Qué se cieguen los ojos
de las madres heridas
en su elevado orgullo.

Qué se pudra la lengua
de todas las mujeres
rebeldes de la tribu.

Qué se sequen los pechos
que acarician los hombres
y dan leche a los hijos.

Antes nuestro derecho
que el mandato arbitrario
de los dioses de arriba.

La ley del matriarcado
es norma permanente
para el género humano.

Primero vengan ruinas,
tinieblas, aflicciones
que olvidar la costumbre.

Primero que se caiga
cuanto hemos edificado
a obedecer el cambio.

MADRES COMO LAS ÁGUILAS

Madres como las águilas
altaneras del monte,
qué bien habéis hablado.

Antes que corra sangre
en la plaza, en el monte,
en el barranco, el cerro.

Que haya revolución
que consuma en el fuego
nuestras instituciones.

Que haya una guerra a muerte
en la tierra y en el cielo
entre bandos feroces.

Madres como las águilas
altaneras del monte,
qué bien habéis hablado.

Estamos con vosotras
en el imprescriptible
derecho del matriarcado.

Estamos con vosotras
en la santa defensa
de la igualdad humana.
Estamos con vosotras

para impedir la ley
del feroz patriarcado.

EL TAMBOR DE LA MUERTE

El tambor de la muerte
retumbó en la hora heroica
con redobles profundos.

Los guerreros borrachos
siguieron a sus primas,
a sus furiosas madres.

Con ideas de exterminio
tomaron a la pareja
llevándola a empujones.
Y una vez en el templo
prendieron una hoguera
propicia al sacrificio.

Después sólo se oyeron
retumbos funerales
y gritos victoriosos:

¡Tum! ¡Tum! ¡Tum!
¡Tum! ¡Tum! ¡Tum!
¡Liil ¡Jaa! ¡Jaay![31]
¡Tum! ¡Tum! ¡Tum!
¡Tum! ¡Tum! ¡Tum!
¡liil ¡Jaal ¡Jaayl

¡Tum! ¡Tuml ¡Tum!
¡Tum! ¡Tum! ¡Tum!

---

[31] Grito coral de las tribus victoriosas.

LA TROMBA

PERSONAJES

LA RELATORA ISLEÑA

Narra la leyenda de la Tromba.

GUARUNA

Muchacha arrojada Al fondo del mar por haber amado solamente al joven Tansín.

TANSÍN

Muchacho arrojado al fondo del mar por haber amado solamente a la joven Guaruna.

LA ADIVINA

Vieja que predice la perdición de la tribu de Bonacá, sí abandona el matrimonio sindiásmico, por grupos, y adopta el matrimonio monogámico, por parejas.

TODOS LOS RECURSOS DE RADIO

En voces, música y ruidos.

PRÓLOGO
LA RELATORA ISLEÑA:

En las Islas de la Bahía, la Tromba es familiarmente conocida desde hace siglos. Al punto que cuando el día amanece sombrío, se le espera en los hogares con el corazón contrito. A cualquiera hora, aparece en el horizonte con negrura de hollín, y avanza con pasos gigantes, dando vueltas furiosas en sí misma, hasta que llega a los poblados con sus destrucciones. Ofrece la figura de una serpiente parada sobre el mar tempestuoso que se eleva al cielo para lamerlo con sus mil lenguas acuosas. Antes se decía que dentro de la Tromba venía el espíritu vengador de la Gran Abuela de las Grandes Aguas. Esta creencia se ha borrado en las mentes isleñas. Pero lo que no se borra es que cuando la Tromba se acerca con sus exterminios y pasa veloz sobre la llanura marina, claramente se perciben alaridos de mujeres que piden amparo y gritos de hombres que dictan medidas de salvamento. Es tan numeroso y grande el vocerío, que los isleños por momentos olvidan el peligro en que se hallan para prestar oídos a los ilusorios náufragos.

Es misterioso el hecho en su grado. Da lugar a muchas suposiciones. Tal vez un barco ibero que venía de España a América con carga de mujeres. Tal vez un bergantín pirata con parecido cargamento. O tal vez un galerón negrero con procedencia de África. Con todo, de tener seguro origen el eco de la Tromba, son tan numerosos los alaridos femeninos que invitan a buscar explicaciones en las profundidades de tiempos todavía más remotos. Perdonad, es lo que hago con el siguiente cuadro:

PRIMER CUADRO

Brillante noche de luna. Remanso marino medio oculto por el tupido boscaje. A la sombra de los árboles un pipante de vieja caoba se balancea con el golpe de las olas. En el primitivo barco hay dos personas: Guaruna, casada conforme a la costumbre colectiva, que sólo quiere a un hombre, y Tansín, que en medio del grupo matrimonial tiene una predilecta. A la distancia, el mar abierto modula una tenue sinfonía ilusoria.

GUARUNA. (En voz baja). Tansín, esposo mío, solo soy tuya. No quiero ser ni seré de los demás muchachos que me asigna el mandato tribal.

TANSÍN. (En voz baja). Guaruna, esposa mía, solo soy tuyo. No quiero servir ni serviré a las demas muchachas a que estoy obligado.

GUARUNA. (Pensativa). Han pasado tres lunas, y no los he visto. Por ello, las viejas suelen hacerme preguntas. Qué te pasa, Guaruna, estás enferma?

TANSÍN. (Pensativo). Lo mismo digo yo. Las muchachas suelen llamarme y no les hago caso. Imagino que acarician venganzas, porque al verme pasar, dicen entre risas: Ahí va Tansín, el pescador sin redes!

GUARUNA. Nuestro caso es el primero en la tribu. Dejamos la manada. Somos como las amorosas palomitas que vuelan sobre las colinas, en parejas.

TANSÍN. Somos como ellas, que bajan a recoger piedrecitas; llegan a la playa para picar caracoles; saltan por temor a la blanca espuma, y en seguida se pierden entre los matorrales.

GUARUNA. (En secreto). Esposo amado, tendremos un hijo. Fijate. Un hijo nuestro. De los dos. Yo seré la madre. Tú serás el padre.

TANSÍN. (Entre alegre y asustado). ¡Un hijo! ¡Un hijo nuestro! De los dos! ¡Del que tú serás la madre! ¡Del que yo seré el padre!

GUARUNA. (Sonriendo) ¿Qué te pasa, Tansín?

TANSÍN. (Con espanto). ¿Sabes lo que has dicho?

GUARUNA. (Desdeñosa). No.

TANSÍN. (siempre con espanto). Nuestro hijo es prueba de nuestro amor exclusivo. Somos una pareja aman Tú la madre y yo el padre, seremos arrojados al mar, con pesadas piedras en el cuello, desde el Peñón de los Hundimientos!

GUARUNA. (Sosegada). Estoy dispuesta. Es lo nuevo en la tribu, aunque se conmueva la ley comunal.

TANSÍN. (Recuperándose del espanto). Yo también estoy dispuesto. Pero veo que se hunde el imperio de las madres.

GUARUNA. (Reposada). Qué me importa. La evolución dibuja la aurora del patriarcado.

TANSÍN. (Sembrando la vela de petate). Salvaremos a nuestro hijo!

GUARUNA. (Curiosa). ¿Qué quieres decir…?

TANSÍN. Ya se oculta la luna. Bogaremos al país de los Cares.

GUARUNA. (Alegre). Boguemos. Tierno, nos hará reír. Grande, será jefe de paz y guerra, con caracoles blancos y rosados en los brazos y en las rodillas. ¡Viva el amor de la pareja amante!

Guaruna y Tansín mueven los canaletes. Salen del remanso. Bogan en mar abierto. Del lado de la aldea, se perciben agudos gritos que se acercan a la playa. Los tambores redoblan furiosos bajo la noche tropical, cargada de refulgentes gajos de constelaciones. En la inmensidad marina, se deja oír una tenue sinfonía ilusoria.

SEGUNDO CUADRO

Está reunida la tribu de Bonacá. Preside el Consejo de Ancianas. Guaruna y Tansín se hallan fuertemente amarrados al tronco del árbol central de la aldea. La Adivina de la tribu razona la condena de muerte recaída en la pareja amante y expresa su vaticinio.

LA ADIVINA (Casi gritando)

Guaruna y Tansín cometen delito
al seleccionarse en pareja amante.
Es tan grande el daño que hacen a la tribu,
que ésta corre el riesgo de acabar al punto.

Veo entre los velos que si se perdona
el horrendo crimen, todo está perdido.
Este horrendo crimen es más destructor
que la propia guerra de sangre y de muerte.
Entendedlo, ancianas, tiene peor efecto
que los terremotos que sumergen islas.
¡Sabedlo, marinos, produce más daño
que los huracanes que bajan del Norte!

(Descansa la vieja. Levanta la mano).

Qué queréis que diga del futuro infausto
con el hecho aciago de los dos amantes?
¡Llegará segura la transposición

del poder gentil al contrario sexo.
Perderán las madres la vara de mando
con que gobernaron por largos milenios.
Sus grandes discursos de celeste fuego,
serán frases huecas en las asambleas.
No serán ya más miembros del Consejo
de ancianas ilustres, siempre venerables.
No serán ya jefes de paz y de guerra,
llevando a las tribus a metas felices.
Perderán la honra del hogar materno,
de donde proceden los grupos gentiles.
Parirán los hijos, pero los derechos
que tienen sobre éstos serán abolidos.
Isleños atentos, lo digo en voz alta,
llegará a su término la dicha en la tierra
hasta hoy sustentadas por el matriarcado..!

(Descansa la vieja. Gritos en el fondo:
"Mueran los traidores al pueblo tribal...").

Vendrá a sucederle el ciclo maldito
de aquestos cobardes que veis tan humildes.
Entonces los hombres, empleando la fuerza
y a la vez la astucia, serán los señores.
Tomarán la vara de mando tan fieros,
que en lo sucesivo no la soltarán.
Ellos serán jefes de paz y de guerra
de grupos gentiles, de tribus enteras.
Ellos formarán Consejos de Ancianos
para aconsejar sus propios decretos.
Ellos serán amos de las asambleas,
que serán entonces corrales de ciervos.
Y lo peor del caso, irán poco a poco o supremo
levantando el látigo sobre las mujeres.
Lo harán de tal modo, que éstas con el tiempo
serán seres viles, piltrafas humanas.
Mirad las mujeres poderosas de hoy,
plenas de barbarie, con vigor de tigras,

teniendo delante la promesa infame
de estas aherrojadas por estos imbéciles.
Llegarán a tanto sus debilidades,
que usarán como armas el ruego y la lágrima.

Furia de la vieja con espumarajos.
Gritos en el fondo: ¡Viva el matriarcado!

Nosotras, sabedlo, somo poliándricas,
es decir, podemos tener muchos hombres.
Ellos, en su caso, son seres polígamos,
es decir, que pueden gozar muchas hembras.
Es ley de Natura, dictada en su origen,
y oponerse a ella es horrendo crimen.
Pues bien, madres mías, el grupo gentil
será revocado por el artificio.
Ellos, los patriarcas, arbitrariamente,
seguirán la regla de la poligamia,
pero a las mujeres les impedirán
la incontrovertible libertad de amar.
Pasados los tiempos, irán dejando esa
costumbre funesta para tomar otra,
la del matrimonio de varón y hembra,
en donde la hembra será vil esclava,
y el retoño de ambos, esclavo también.

Gritos en el fondo: ¡Anguilas! ¡Cangrejos!
Tiburones! ¡Rayas!

Pero como es cierto que Natura manda,
el nuevo artificio estará sujeto
a mil violaciones, a infinitas burlas.
El hombre esposado querrá otras mujeres,
porque facultado estará para ello.
Y la hembra, en su caso, querrá otros varones,
reflejando el rito de pasadas épocas.
Entonces, hermanas, será la tragedia
con actos y escenas de diverso crimen.

Si el hombre engañoso traiciona al marido
con la esposa de éste y genera vástagos..
En su propio lecho será suplantado
y criará los hijos del suplantador.
Y así, madres mías, veo en el futuro
mil degradaciones que tendrán origen
en la violación de la ley materna
que ahora comete esa pareja amante...

La vieja señala a los infelices atados al tronco. Gritos en el fondo: "¡Tortugas! ¡Caguamos!"

¡Guaruna está encinta! ¡Engendró Tansín!
El hijo en promesa, será hijo exclusivo!
Con su nacimiento, vendrá el patriarcado!
¡Pido, madres mías, la pena suprema!
Que los transgresores sean arrojados
con pesadas piedras pendientes del cuello
al fondo del mar...!

Gritos en el fondo: ¡que sean conducidos al recio Peñón de los Hundimientos!

TERCER CUADRO

Vocerío humano en la playa del mar. Aguas que golpean los vientres de las barcas. Ruidos de canaletes y de velas de petate. Guaruna y Tansín son conducidos presos a su "pipante", atados de pies y manos y con dos pesadas piedras pendientes del cuello. Risas de las muchachas y los muchachos del grupo matrimonial, burlándose de la pareja amante.

GUARUNA. (Se despide de la vida con un doloroso canto).

TANSÍN. (Enardecido repite con heroísmo).
¡Guaruna, esta vida
sólo cambia un poco;
seguirá en la muerte,
en el mar azul...!

Repiten sus risas las muchachas y los muchachos del grupo matrimonial, burlándose de la pareja amante, bogando hacia el mar abierto, hasta el Peñón de los Hundimientos.

UNA VOZ. (Gritando). Este es el punto! Arrojadlos ya! ¡Mirad el monstruo horrible de la Tromba!

OTRA VOZ. (Gritando). ¡Hacedlo pronto!¡Qué a pasos de gigante viene hacia nosotros la serpiente de la Tromba!

OTRA VOZ. (Gritando). Apuraos, cobardes, que ya está encima la implacable Tromba!

Alarido de Guaruna. Grito de Tansín. Se percibe la caída de los cuerpos en el mar. Pero acto seguido silba y ruge la Tromba. Confuso griterío de mujeres y hombres.

GRITO DE MUJER. Volaron y se perdieron las muchachas en los furiosos torbellinos..

GRITO DE HOMBRE. También los muchachos fueron arrebatados por los tempestuosos impulsos. .

GRITO DE MUJER. Gran Abuela de las Grandes Aguas...! Todos damos vueltas sin deseos. ..! ¡Ay! ¡Ay...! ¡Ay…!

Silba y ruge la Tromba sobre los pescadores de la isla de Bonacá. Últimos alaridos. Últimos gritos. La Tromba sigue con su estruendo destructor hacia el país de los Cares. Se aleja. Se pierde. Silencio. Mar tranquilo que modula una tenue sinfonía ilusoria.

GUAYMURAS

PERSONAJES

CRISTOBAL COLÓN — Descubridor de Guaymuras.

BARTOLOMÉ COLÓN — Hijo del Descubridor.

PEDRO — Intérprete indio.

AHUISINAS — Conductor de tribu maya tolteca, guerrero y sabio.

DAMASABAS — Lo mismo.

ZURIMOTZIN — Idem.

COLÓN, ENFERMO, RECIBE A LOS TRES JEFES INDIOS EN SU NAVE.

CANTOS RITUALES, DANZAS SAGRADAS EN LA PLAYA DE GUAYMURAS.

PRÓLOGO

EL NARRADOR. Cristóbal Colón, genio de los descubrimientos terrestres, llegó a nuestro país en el año de gracia de 1502. Preguntó a los nativos por el nombre de esta hermosa región, y ellos le respondieron a una que Guaymuras, parte de la sociedad comunal maya—tolteca.

Solazaos en la entrevista del Descubridor con tres jefes indios, guerreros y sabios, llamados en, esta fantasía. Ahuisinas, Damasabas y Zurimotzín, quienes valiéndose de la magia le hacen descender en el abismo del tiempo diez millones de siglos para que entrevea a la misteriosa Anisias, madre universal de todas las cosas.

Sólo se propone esta relación dramática revelar en algo, con parlamentos simples, el panteísmo filosófico de los maya—toltecas, nuestros antepasados, en Guaymuras.

PRIMER CUADRO

En las proximidades del Cabo Camarón. En su cuarto y último viaje, Cristóbal Colón yace enfermo en la nave del almirantazgo. Le acompaña y atiende su joven hijo Bartolomé Colon.

En visita de cortesía, suben a la nave tres jefes guerreros que llevan los nombres de Ahuisinas, Damasabas y Zurimotzín, quienes lucen vistosos trajes del país y ofrecen presentes de oro, plata, perlas, tejidos, plumeros y preciosas vasijas llenas de maíz, frijol, chile, cacao y resinas y plantas aromáticas.

Entre los europeos y los jefes guerreros, está un indio de las islas del Mar Caribe que desempeña el papel de interprete.

Mientras dura la entrevista, llena de inclinaciones reverenciales y de parlamentos en voz baja de los nativos Visitantes, de la playa llegan los ecos de los cantos rituales y pueden divisarse grupos de ambos sexos en el ejercicio de las danzas sagradas.

ALMIRANTE. (Desde su lecho de enfermo, en plena conversación). Vuestro país es el Paraíso Terrenal. Vuestra tierra, vuestro mar, vuestro clima, son maravillosos. (Pone atención a los cantos de la playa). Vuestras canciones son celestiales. (Abre una cortinilla para ver a los danzantes). Vuestras danzas tienen más gracia que las de España. (Dejando la cortinilla). ¿Cómo es el nombre de vuestro país?

AHUISINAS. (Con inclinación para contestar). Este país lleva el nombre de Guaymuras en lo visible. En lo invisible, lleva otro.

ALMIRANTE (Intrigado). ¿Cómo es su nombre en lo invisible?

DAMASABAS. (Con inclinación reverencial). No te está permitido conocer el nombre invisible, a menos que seas un ahkín, lo que debes probar.

ALMIRANTE. (Todavía más intrigado). Es claro que soy un sacerdote del genio. Toscanelli me instruyó con su doctrina. He confirmado la idea de la esferidad de la Tierra. Nevegando hacia donde se pone el sol, he llegado a la India. He realizado cuatro viajes, este es el postrero. Y de regreso, siempre llevo novedades y riquezas a los reyes españoles. Por consiguiente, puedo conocer ese nombre misterioso que está detrás del nombre de Guaymuras. Deseo saberlo. Hacedme el favor de revelarlo.

ZURIMOTZIN. (Con inclinación para objetar). Debes saber que hablas con jefes que te entienden. La esferidad de la Tierra de que te jactas es una simpleza. Como todo está sujeto a la ley del círculo, la observación más elemental te prueba la redondez terráquea. Y el que hayas navegado desde donde nace el sol hasta donde estamos, es otra simpleza. Consta en nuestros anatés que nuestros antepasados viajaron a tus territorios hace varios katunes. Tú no has hecho nada nuevo. Ahkín es aquel que alimentado por el fuego de la magia, está asistido de los dones de la adivinación y el descubrimiento, teniendo acceso a todos los secretos. Lo que está detrás del nombre de Guaymuras es terrible, te puede exterminar, y no queremos tu exterminio porque somos tus amigos.

ALMIRANTE. (Corrido). Es la primera vez que me empequeñecen en la vida. A fin de cuentas, ni las ideas de Toscanelli ni mis trabajos valen nada. (Dirigiéndose a los jefes). Humildemente declaro mi ignorancia y el poco valor de mi esfuerzo, y humildemente pido el secreto de vuestra sabiduría.

Aparte, los jefes guerreros conversan entre sí, en voz baja, considerando la petición del Almirante. Lo hacen en un idioma extraño, que el intérprete desconoce.

AHUISINAS. (Se dirige al Almirante). Tu carácter en la costa de Guaymuras es la de un huésped, que va de paso. Para conocer el secreto que se esconde detrás del nombre de este país, sería preciso que te quedaras, aceptando ser miembro de la tribu, y luego que al expresar deseo de iniciarte en su sabiduría, te sometieras a todas las pruebas a que se someten los ahkines.

DAMASABAS. (Con imperturbabilidad india). Una vez que llegaras a ser ahkín, bajarías al antro de la Madre Universal, de la Madre Anisias, quien te haría la gracia de su magia; de su esencia maravillosa sólo hablarías con los ahkines guardando absoluto secreto en presencia de demás gentes, no por egoísmo sino porque podrías exterminar con tu palabra mágica, que tendría la fuerza del rayo y el deslumbramiento del relámpago.

ZURIMOTZIN. (Extrae de una vasija ciertas hierbas. Las arroja sobre un comal. Hace brasas con ciertos trozos de madera. Se levanta un humo azulado que se esparce en el cuarto de la nave). Extranjero, queremos que conozcas algo de lo que está detrás del nombre de Guaymuras. Sólo algo, que cuando despiertes, perderás con las caricias de la brisa del mar.

A la sombra de un manzano en flor, los viajeros descansan y conversan.

ZURIMOTZIN. Extranjero, antes habías realizado viajes en el espacio, de España a la India, que tú dices, y de la India a España. El viaje que has hecho con nosotros es un viaje en el tiempo, desde Guaymuras hacia los abismos originales, hasta donde hemos querido que llegues.

ALMIRANTE. (Anonadado). Un viaje en el tiempo. No comprendo...

DAMASABAS. Bien puedes comprender porque eres inteligente. Tú mismo has dicho que te asiste el genio. De estrella en estrella has descendido un alautún que tiene más de medio millón de siglos de tu calendario.

AHUISINAS. Y has descendido veinte escalones en veinte estrellas.

ALMIRANTE. (Horrorizado). Más de diez millones de siglos!

ZURIMOTZIN. Y apenas has empezado a descender.

ALMIRANTE. Me habéis dado la noción de la eternidad!

DAMASABAS. No te envanezcas, que aún no sabes lo que es la eternidad, ni podrás saberlo jamás.

AHUISINAS. Ni los ahkines tienen cabeza para encerrar en ella la eternidad.

ALMIRANTE. Siento espanto de lo que me habéis dicho.

ZURIMOTZIN. Ahora ya puedes imaginar lo que es el infinito en el espacio.

DAMASABAS. Lo infinito en el espacio es hermano de lo eterno en el tiempo.

AHUISINAS. Y ambos obedecen a la ley inexorable del movimiento incesante.

ALMIRANTE. Pero qué son el movimiento, lo infinito, lo eterno...Me estaréis ofreciendo en ellos simples conceptos vacíos...?

ZURIMOTZIN. Mira esos innúmeros gajos de constelaciones.

ALMIRANTE. Los miro. No hay cifras para contarlos.

DAMASABAS. Escucha esas explosiones que vienen de profundidades remotas.

ALMIRANTE. Las escucho. Truenan más que los rayos.

AHUISINAS. Todo descansa en la Madre Universal, en la Madre Anisias. Esas admirables constelaciones que te rodean son obras cuyas. Y esos tremendos ruidos que vienen de los abismos, es que está creando nuevas constelaciones.

ALMIRANTE. Y a la Madre Universal, a la Madre Anisias quién la creó?

ZURIMOTZIN. Nadie.

ALMIRANTE. Tienen algún objeto sus creaciones?

AMASABAS. Ninguno.

ALMIRANTE. Entonces qué es el hombre?

AHUISINAS. Algo por ser parte de la Madre Universal, algo por ser parte del fuego de la Madre Anisias. Nada por su limitación en el espacio, nada por su fugacidad en el tiempo.

ALMIRANTE. (En voz alta). Entonces, todo es la Madre Universal, la Madre Anisias?

ZURIMOTZIN. Todo.

ALMIRANTE. En lo material y en lo espiritual?

DAMASABAS. Sí.

ALMIRANTE. Ahora, reveladme el nombre oculto que está detrás del nombre de Guaymuras.

AHUISINAS. Anisias. Detrás de todas las palabras está la Madre Anisias.

ALMIRANTE. (Casi gritando). Me habéis traído a diez millones de siglos para darme enseñanzas tan horribles! Yo creo en Dios! Y en Nuestro Señor Jesucristo! Y en la Virgen María! Canallas!

BARTOLOME COLON. (Sacudiéndolo). Padre! Padre! Despierta! Despierta! Recemos el rosario!

Despierta el Almirante. Ve a todos lados. Se han ido los tres jefes guerreros. Se apresura a rezar sus oraciones. Le acompaña su hijo. El intérprete indio se ha curvado poniendo la frente en el piso de la nave. Al terminar el rezo, conversan los navegantes con gran susto.

ALMIRANTE. Vagamente recuerdo lo que he visto y he escuchado en un viaje más horrible que el de Dante Alighieri.

BARTOLOMÉ COLÓN. Te dije, padre, que eran brujos. De seguro has visto el Diablo.

ALMIRANTE. No. No he visto el Diablo. Por el contrario, me parece que he visto y oído algo maravilloso.

BARTOLOMÉ COLÓN. (Se dirige al intérprete indio). Verdad, Pedro, que son brujos?

PEDRO. (Con grandes gestos de espanto). Son sacerdotes de Ah Puch.

ALMIRANTE. (Somnoliento). ¿Quién es Ah Puch?

PEDRO. (Cayendo de rodillas). Es el dios de la Muerte!

BARTOLOMÉ COLÓN. Vámonos, padre, que pueden volver.

ALMIRANTE. Di a los capitanes de las naves que es hora de zarpar.

PEDRO. (Obsesionado). Son poderosos los sacerdotes de Ah Puch! Sueltan los huracanes! Disparan los rayos! Enfurecen los mares! Moriremos ahogados!

Gritos marineros. Ruido de cadenas al levantar las anclas, Zarpan las naves descubridoras. En los breves silencios de la navegación, todavía se escuchan los lejanos cantos rituales y se ven los grupos de ambos sexos que siguen danzando en la playa de Guaymuras.

EPÍLOGO

Deslizan las naves descubridoras paralelas a la playa de Guaymuras. El Almirante ha recuperado de salud con el humo azul de las hierbas aromáticas. De pie en la proa, contempla la costa y se solaza en los vuelos caprichosos de las bandadas de pájaros. Admira, medita y sonríe. También, de vez en cuando, contempla el cielo espléndido, y revela en las contracciones de la frente una vaga preocupación.

ALMIRANTE. (En monólogo). Cuantas cosas he aprendido en el país de Guaymuras. .. de hoy en adelante, al maestro Toscanelli, que me dio la noción del espacio humano, debo agregar a los sabios maya—toltecas, que me han dado la idea del espacio infinito. Y la idea del tiempo eterno. .. Y la idea del movimiento incesante. .. Y la idea de la Madre Universal, de la Madre Anisias...

Según Ahuisinas. Damasabas y Zurimotzín, la Madre Anisias es lo que es. .. Creadora, formadora, destructora. En ígneos torbellinos infinitos. .. La madre Anisias es todo el Universo. .. Material, vital, espiritual. . .—Desde los átomos de Demócrito hasta las constelaciones de Lucrecio...

Y todos los objetos son Anisias... Y todos los fenómenos son Anisias... Y todos los conceptos son Anisias... Y todos los juicios son

Anisias... Y todos los raciocinios son Anisias... Y todas las palabras son Anisias...

Tienen dioses, que son juguetes de Anisias... Cielos, caprichos de Anicias.. Infiernos, travesuras de Anisias... Vida social, voluntad de Anisias.

Todo esto es hermoso, pero niega a nuestro Dios. Todo esto es sugestivo, pero no es cristiano. De esta sabiduría de la India misteriosa no diré nada a los reyes. Me puede perjudicar. Tengo hartos enemigos.

BARTOLOMÉ COLÓN. (Gritando). ¡Padre! ¡Abandonad las meditaciones! ¡Advertid que se acerca el demonio del Huracán! ¡Lo han soplado los brujos de Guaymuras!

ALMIRANTE. (Sintiendo las primeras sacudidas y percibiendo la obscuridad creciente). ¡Es Anisias! Es una de las manifestaciones de Anisias!

PEDRO. (El indio intérprete, lleno de terror). ¡Ah Puch! ¡Ah Puch!

El huracán soplando con fuerza incontrolable, disparando rayos y rugiendo con mil fauces, arroja las naves descubridoras a la playa de Guaymuras, y es tan profundo la obscuridad de su presencia que tiene semejanza con el caos.

ANDIRANEL

PERSONAJES

LA NARRADORA

Cuenta la leyenda del Valle de Jamástran, comúnmente llamada "El alma en pena de Quebrada Honda" y que aquí se le llama Andiranel.

ANDIRANEL

La misma "Alma en pena de Quebrada Honda", pero explicada en la trama dramática.

GALENA

Jefe del Consejo de Ancianas.

SOLINA

Miembro del consejo de ancianas.

VERENA

Miembro del consejo de ancianas.

AMARDAL

Guerrero, vocero del consejo de ancianas.

VARGALOS

Guerrero, contador de los votos de las tribus.

Todos los recursos radiofónicos en relación con la leyenda de Andiranel,"alma en pena de Quebrada Honda", en el delicioso valle de Jamastrán.

PRÓLOGO

LA NARRADORA. Quiero llamar a la vieja leyenda de "El alma en pena de Quebrada Honda", del valle de Jamastrán, simplemente Andiranel, por el nombre de la persona que contiene su relación.

Algunos vecinos de los hatos de aquel valle, refieren que han visto a una bella muchacha albeante, en las noches lunarias, como flotando en el aire, subiendo o bajando de las colinas, entrando o saliendo de los boscajes; y que, cuando haciendo arrestos de valor han dado en perseguirla, ha escapado de ellos con la velocidad del pensamiento, perdiéndose en la imprecisa distancia con una fulguración estelar.

A propósito de tan extraña visión, los ancianos de aquellos lugares contaban que habían oído de sus abuelos, que allá en los más remotos tiempos, cuando las mujeres gobernaban las tribus desde los nacimientos del río Guayambre hasta los. límites de los terribles zumos, una muchacha llamada Andiranel había quedado fuera de la costumbre tribal, siendo condenada a vagar sin reposo en los valles, en la imperiosa forma de un fantasma inasible.

Y por su parte, los brujos de aquella comarca —llamados así por saber más que el común de las gentes— estando en el secreto trágico de la desgraciada muchacha, solían repetir el cuadro de Andiranel en sus juntas mágicas, con el patetismo de los hechos antiguos.

Mirad el cuadro de la bella Andiranel, doloroso y matriarcal.

PRIMER CUADRO

El consejo de ancianas delibera sobre los próximos esponsales de varios grupos gentilicios. Según la costumbre sagrada, las votaciones deben ajustarse a la unanimidad. Lo contrario, acusa desgracias.

GALENA. Todo en nombre de nuestros dioses y de nuestros nahuales. En este año tenemos dos tribus con cuatro casas en floración de muchachas y de muchachos.

SOLINA. Ciertamente, la tribu de Daria con las casas de Asira y de Tirena.

VERENA. Y la tribu de Silán con las casas de Cerina y de Kara.

En el fondo, las demás ancianas del consejo afirman con la cabeza y profieren silabeos.

GALENA. Las cuatro casas tienen cuarenta muchachas y cuarenta muchachos.

SOLINA. Diez más diez la casa de Asira. Diez más diez la casa de Tirena.

VERENA. Diez más diez la casa de Cerina. Diez más diez la casa de Kara.

En el fondo, las demás ancianas del consejo afirman con la cabeza y profieren silabeos.

GALENA. Todo en nombre de nuestros dioses y de nuestros nahuales. Son prohibidos los matrimonios de las muchachas y los muchachos de la misma casa, por ser hermanos.

SOLINA. Es lícito el matrimonio de primas y de primos de dos casas que descienden del mismo tronco tribal.

VERENA. Las muchachas de una casa con los muchachos de la otra. Y al revés, las muchachas de aquella casa con los muchachos de esta casa.

Las otras viejas del consejo aprueban.

GALENA. Las muchachas de la casa de Asira con los muchachos de la casa de Tirena. Las muchachas de la casa de Tirena con los muchachos de la casa de Asira.

SOLINA. Las muchachas de la casa de Cerina con los muchachos de la casa de Kara. Las muchachas de la casa de Kara con los muchachos de la casa de Cerina.

VERENA. Matrimonios colectivos en cruz.

Las otras viejas del consejo aprueban.

GALENA. Todo en nombre de nuestros dioses y de nuestros nahuales. Cada muchacha tiene diez esposos. Y cada muchacho tiene diez esposas.

SOLINA. A la mujer no le deben faltar hombres.

VERENA. Al hombre no le deben faltar mujeres.

Aprobación de las ancianas del consejo.

GALENA. Todo en nombre de nuestros dioses y de nuestros nahuales. Lo exige el crecimiento de las tribus.

SOLINA. Es la moral. Necesitamos madres.

VERENA. Es la ley. Necesitamos hijos.

Aprobación de las ancianas del consejo.

GALENA. Ha llegado la hora de votar. Votad. Yo votaré de última.

SOLINA. Que se casen en la próxima luna los Asira y los Tirena.

VERENA. Que se casen en la próxima luna los Cerina y los Kara.

Votan las demás ancianas. Se salva la unanimidad sagrada. Y se dejan oír expresiones de júbilo: Alabadas las futuras madres! Alabados los futuros hijos!

GALENA. Todo en nombre de nuestros dioses y de nuestros nahuales. De la casa de Asira sobró una muchacha que no alcanzó esposos. Se llama Katora. De la casa de Cerina sobró otra muchacha que tampoco tendrá esposos. Se llama Andiranel.

SOLINA. Destínese a Katora al sacrificio de la diosa Korón, que preside los buenos alumbramientos. Destínese a Andiranel al cuerpo de sacerdotisas que alimentan el fuego sagrado.

VERENA. Destínese a Andiranel al sacrificio de la diosa Korón, que preside los buenos partos. Destínese Katora al cuerpo de sacerdotisas que atizan fuego sagrado.

En el fondo, alarido del viejerío del consejo por haberse roto la sagrada unanimidad. Gritos: Maldición sobre las tribus...! Maldición sobre nuestra raza...!

GALENA. (Asustada). Silencio, madres. .

SOLINA. (Chillando). Verena es la responsable!...Verena ha roto la sagrada unanimidad. ..!

VERENA. (Graznando). ¡Miradlo bien...! Solina mañosamente ha ocupado el lugar que me corresponde... ¡Es ella la que ha roto la sagrada unanimidad...!

En el fondo, las viejas del consejo siguen dando alaridos y golpeándose los muslos con desesperación.

GALENA. (Temblando de miedo). Silencio, hermanas..

SOLINA. (Chillando). Apelo al voto de las tribus...! Pido que sean convocadas las tribus para restablecer la unanimidad.

VERENA. Ellas llevarán a Andiranel al sacrificio de la diosa...! Ellas llevarán a Katora al colegio de las sacerdotisas...!

Retumbo de los tambores sagrados que convocan a las tribus para que vengan a poner fin a la disputa suscitada en el consejo de ancianas.

SEGUNDO CUADRO

Las cinco tribus del valle de Jamastrán guardan un silencio grave porque depende de ellas la salvación de la unanimidad tradicional, expresión democrática que garantiza la paz, el progreso y el bienestar tribal. Sin embargo, se teme que las casas gentilicias de Asira, madre

122

de la bella Katora, y de Cerina, madre de la preciosa Andiranel, entren en conflicto por salvar a sus respectivas hijas del sacrificio humano ante la diosa Korón.

AMARDAL. (Guerrero, gritando). Venerables tribus del valle de Jamastrán... Dos muchachas de las casas gentilicias de Asira y de Cerina han sobrado en el cálculo de los matrimonios colectivos que serán celebrados en la próxima luna...! Por tanto, esas dos muchachas, según la costumbre, deben ser destinadas al sacrificio humano que se ofrenda a la diosa Korón, que preside los buenos partos, y al colegio de sacerdotisas que alimentan el fuego sagrado...!

Griterío de las tribus. Retumban los tambores tribales.

Las severas madres del consejo de ancianas están de acuerdo en los objetivos inmemoriales... Mas, resulta que a la hora de la votación en el consejo, la madre Solina votó porque Katora, de la casa de Asira, fuera sacrificada a la diosa, y porque Andiranel, de la casa de Cerina fuera llevada al colegio de las sacerdotisas...

Gritos de aprobación en las tribus. Retumban los tambores tribales.

Por el contrario, la madre Verena votó en el consejo porque Andiranel fuera sacrificada ante la diosa y Katora fuera llevada a atizar el fuego sagrado.

Bárbaro griterío de pánico en las tribus ante las posibles desdichas que las amenazan por haberse roto la unanimidad sagrada en el consejo de las ancianas. Sobresale el alarido de una vieja fanática que pide de inmediato castigo de la Madre Verena por haber atraído el castigo de los dioses del hambre, la peste, los huracanes y los terremotos.

UNA VOZ. (En forma de alarido). Que se cuelgue a la culpable Verena de una rama antes de que suframos la cólera de los dioses infernales.

Gritos desgarrados de la multitud. Tumulto que se acerca con su estruendo. Chillidos v protestas de la madre Verena al ser rodeada y cogida para ser ahorcada. Tumulto que se aleja hasta apararse el estruendo.

AMARDAL. (Elevando los brazos al cielo y clamando a gritos). ¡Dioses infernales, las tribus han enmendado el error cometido...! ¡Verena cuelga ya de la rama de un frondoso guanacaste...! Alejaos, dioses infernales, con vuestros implacables castigos.

Vuelve la satisfacción al pecho de las tribus.

VARGALOS. ¡Amardal! ¡Ha cesado tu función como vocero de las severas ancianas...! ¡Ahora me toca a mí practicar el registro de los votos tribales...!

AMARDAL. Eso está bien, Vargalos, guerrero encargado de tomar las votaciones unánimes!

VARGALOS. (Gritando). Venerables tribus del valle de Jamastrán, pregunto qué muchacha debe ser sacrificada a la diosa Korón...

GRITO CORAL DE LAS TRIBUS. ¡Katoraaa...!

VARGALOS. Qué muchacha debe ser llevada al cuerpo de las sacerdotisas...!

GRITO CORAL DE LAS TRIBUS. ¡Andiraneeel!

Bárbaro griterío de júbilo, más tambores profundos y sonoros.

UNA VIEJA FANÁTICA. (Gritando con espumarajos en la boca). ¡Desgracia..! ¡Desgracia...! Desgracia. Katora ha escapado como veloz venada y ha penetrado en el monte de los terribles zumos...!

UNA VIEJA JUICIOSA. Si se salvó Katora del sacrificio, se modifica la situación, y cabe preguntar a las tribus si Andiranel que no entra en los matrimonios, debe conservarse en el sacerdocio del fuego o debe sacrificarse a la diosa de los buenos partos…

Escándalo en las cinco tribus. Después de deliberaciones que se llevan el día, Andiranel será sometida a la prueba de las carreras circulares. De llegar a ser alcanzada en la primera vuelta por los más famosos corredores de las tribus, conservará el privilegio ya otorgado de sacerdotisa. Pero si por decreto propio, por querer el sacrificio de la diosa, continúa corriendo, y llegara a ser alcanzada en la segunda vuelta, inexorablemente, le será arrancado el corazón en la fiesta de los esponsales próximos.

TERCER CUADRO

AMARDAL. (Con voz suave). ¿Andiranel, quieres vivir?

ANDIRANEL. (Triste). Quiero vivir.

AMARDAL. Déjate coger en la primera vuelta.

ANDIRANEL. Vivir como sacerdotisa es morir.

AMARDAL. De ganar en la primera vuelta y perder en la segunda te arrancarán el corazón.

ANDIRANEL. (Con sonrisa enigmática). Y si no fuera alcanzada?

AMARDAL. (Con sonrisa irónica). No sueñes. Andiranel. Te seguirán los más veloces corredores de las tribus que ostentan las alas del relámpago.

Andiranel está en la pista, vestida con el blanco de las vírgenes.

Diez corredores famosos también están en la pista, listos para alcanzarla, seguros de que lo harán en la primera vuelta. Las tribus se amontonan al borde del inmenso campo circular y se mantienen en un silencio tenso.

VARGALOS. (Gritando). ¡Listos, corredores tribales...! ¡Lista bella Andiranel...! Al primer golpe del tambor, pondrán el pensamiento en la carrera. Al segundo golpe, se dispondrán a la acción. Y al tercer golpe, correrán como los venados, y las aves del cielo y los relámpagos.

Murmullos en las tribus. Suena el primer golpe del tambor. Suena el segundo. Y suena el tercero. Vuela Andiranel. Vuelan los corredores tribales. Bárbaro griterío de las tribus.

UNA VIEJA FANÁTICA. (Chillando). Ya la alcanzan...! Será sacerdotisa…!

OTRA FANÁTICA. No la alcanzan. Entonces será sacrificada..

VARGALOS (Explicando). Los corredores vuelan como el relámpago… ¡Andiranel vuela como el pensamiento...! Dioses de los trece cielos, no la alcanzarán en la primera vuelta.

Griterío de las tribus.

UNA VIEJA FANÁTICA. (Carraspeando). Estúpida, quiere ser sacrificada.

OTRA VIEJA FANÁTICA. ¡Le arrancarán el corazón…!

VARGALOS. (Explicando). No la alcanzaron en la segunda vuelta! Los corredores enfurecidos, siguen corriendo sin objeto! Andiranel como una diosa sigue volando.

Griterío en las tribus.

AMARDAL. (Gritando). A las venerables ancianas les place esta competencia nunca vista. Dicen que el hecho indica que las mujeres seguirán conduciendo a las tribus por miles de años más.

VARGALOS. (Gritando). ¡Ya van cien vueltas…! Todos los corredores tribales han caído muertos. En tanto, Andiranel como una diosa sigue volando.

AMARDAL. (Gritando). ¡Las venerables ancianas declaran sin reservas la victoria de Andiranel! ¡Andiranel, detén ya el sublime vuelo de las águilas!

Griterío en las tribus. Celebran el triunfo de Andiranel los redobles profundos y sonoros de los tambores sagrados.

EPÍLOGO

GALENA. (Con voz quejumbrosa). Pobre Andiranel, no fuiste sacerdotisa.

ANDIRANEL. (Triste). No fui sacerdotisa, Galena.

SOLINA. (Con voz timbrada). Pobre Andiranel, no subiste al glorioso sacrificio de la diosa.

ANDIRANEL (Triste). No subí al glorioso sacrificio de la diosa, Solina.

GALENA. Ni tendrás esposos.

SOLINA. Ni te sentarás con las madres.

ANDIRANEL. Ni amamantaré a mis hijos.

Sale sollozando, y se pierde en la noche, para siempre.

LA HUELGA DEL AMOR

PERSONAJES

FRAY GONZALO

Prior del convento de Trujillo. Amigo de Fray Bartolomé de Las Casas Protector de los Indios.

DON VASCO

Mercader de Santo Domingo, que cambia pellejos de vino por esclavos indios de ambos sexos y adolescentes.

DON DIEGO

Encomendero de Trujillo, Que cambia esclavos indios de ambos sexos jóvenes y adolescentes por pellejos de vino.

CAPITÁN ABREGO

Guarda del puerto de Trujillo.

MALIC

Esposo indio empeñado en la huelga del amor de Taguzgalpa.

TAWARA

Esposa india empeñada en la huelga del amor de Taguzgalpa.

WANKHO

Jefe indio encargado de vigilar el cumplimiento de la huelga del amor de Taguzgalpa.

PUEBLO DE TRUJILLO, SOLDADOS, ESCLAVOS INDIOS.

TAGUZGALPA

Región nororiental de Honduras y atlántica de Nicaragua, que posteriormente llevó el nombre de Mosquitia.

HALACH UINIC

En lengua maya, jefe de una tribu o de una federación tribal.

CACIO

O cacique, jefe de un grupo tribal, grande pequeño. Palabra antillana recogida y divulgada por los españoles en sus posesiones de Indias.

AÑOS

La huelga del amor de Taguzgalpa puede situarse de 1543 a 1563. Pero sólo es una suposición, porque pudo haber sido antes o después de esos años.

PRÓLOGO

NARRADOR. La Huelga del Amor en Taguzgalpa es una leyenda recogida por el historiador guatemalteco Antonio Batres Jáuregui. Los encomenderos del puerto de Trujillo, establecidos por Hernán Cortés, cazaban indios de ambos sexos jóvenes y adolescentes para trocarlos por pellejos de vino con los mercaderes que llegaban de Santo Domingo.

Duró años aquel tráfico infame, sin que pudieran impedirlo, las admoniciones de Fray Bartolomé de Las Casas ni las ordenanzas del emperador Carlos V, hasta que las tribus acordaron por propia iniciativa, en asambleas democráticas, suspender las relaciones matrimoniales para evitar la entrega de nuevas generaciones al horror de la esclavitud en los ingenios azucareros de La Española.

¡La Huelga del Amor! ¡Qué arma tan extraña y débil! Y sin embargo, cuán poderosa! Al fin fueron derrotados los encomenderos de Trujillo porque ya no encontraron indios jóvenes que trocar por pellejos de vino!

Al fin fueron vencidos los mercaderes de Santo Domingo porque ya no llevaron más en sus naves el acostumbrado cargamento humano al infierno esclavista de La Española.

PRIMER CUADRO

Puerto Trujillo. Vocerío en la playa, en español y en lenguas nativas. Han anclado las esperadas naos de Santo Domingo. Los marineros descargan con gran ruido cajas de mercaderías y pellejos de vino. Los esclavos cazados en las regiones de Taguzgalpa están allí, amarrados y enmudecidos por el espanto. Acostumbrados al tráfico esclavista, el pueblo trujillano, hablador y curioso, solo se interesa en las cajas y los pellejos.

FRAY GONZALO. (Gritando). ¡Infamia…! ¡Una vez más la infamia...! ¡En nombre de Nuestro Señor Jesucristo…! ¡En nombre de Su Majestad Imperial, os prevengo que estáis cometiendo un crimen que condenan las leyes divinas y humanas…!

DON VASCO. (Gritando). ¡So, fraile demente…! ¡No he venido con tanto riesgo desde Santo Domingo para escuchar sus dislates que se oponen a los buenos negocios...!

FRAY GONZALO (Gritando). ¡En nombre de su Majestad Imperial te declaro fuera de sus Ordenanzas que prohíben el comercio de indios. .! (Agita unos papeles). Capitán Abrego, haced que ese mal hombre cambie sus pellejos de vino por dinero, que no por seres humanos...

DON VASCO. (Riendo a carcajadas) ¡Fraile endemoniado, ahora se inventa que esos salvajes son seres humanos...! ¡Capitán Abrego, no le hagáis caso que ningún fuero le asiste para expresarse como lo está haciendo…!

CAPITAL ABREGO. (Con acento moderado). En este puerto nada sabemos de las Ordenanzas de Su Majestad. Mientras llegan, valga la costumbre de cambiar telas por dinero y de trocar pellejos de vino por indios de Taguzgalpa.

FRAY GONZALO. (Gritando). ¡Capitán Abrego, tomad las Ordenanzas de Su Majestad. .! (Agita los papeles). ¡Leed los puntos que prohíben la esclavitud de los indios...! (Le entrega los papeles). ¡Ese fenicio debe cambiar todos sus productos por dinero, que no por seres humanos...!

CAPITÁN ABREGO. (Lee, devuelve los papeles al fraile y habla con vacilación). El prior tiene razón. Las Ordenanzas de Su Majestad prohíben la esclavitud de los indios. Por lo mismo, prohíben el tráfico de indianos. (Se dirige a don Vasco). Don Vasco, no se permite más el trueque de pellejos de vino por mozuelos de Taguzgalpa. (Se dirige a don Diego). Don Diego, devuelva esos mozuelos a las selvas de Taguzgalpa.

DON DIEGO. (Gritando). ¡Maldición! ¡Llueva fuego sobre Trujillo…! ¡Un capitanzuelo manosea las barbas de un encomendero instituido por Hernán Cortés; de un viejo soldado que recibió heridas en la conquista de Nueva España; de un caballero que venció el orgullo de Guatimozín…! ¡Capitán Abrego, las milicias de Indias las pagamos nosotros; no las paga Su Majestad Imperial. Por lo tanto, ya debía haber comprendido vuesa merced que las milicias de Indias deben más obediencia a los encomenderos que al Emperador. Ya debía haber comprendido que la riqueza es la fuente del poder de las armas. Ya debía haber comprendido que vuesa merced solo es un alguacil que preserva la persona y la propiedad de los ricos de Trujillo, no siéndole dado inmiscuirse en sus negocios...!

CAPITÁN ABREGO. (Casi corrido). He leído las Ordenanzas de Su Majestad.

DON VASCO. (Gritando). ¡Las Ordenanzas de Su Majestad debe notificarlas el Gobernador de la Provincia. ¡Nadie garantiza la autenticidad de los papeles del fraile…!

DON DIEGO. (Arrogante). Exactamente, vengan las notificaciones del Gobernador al Alcalde Mayor, que soy yo, y el Ayudante las hará cumplir, condicionadas a las situaciones de Trujillo.

FRAY GONZALO. (Con energía). Escribiré a Fray Bartolomé de Las Casas para decirle que os habéis declarado en rebelión contra las Ordenanzas de Su Majestad, firmadas, y selladas en Barcelona el año pasado.

DON DIEGO. (Altanero). Henos en presencia de un criado de Fray Bartolomé de Las Casas. De un fraile arrojado del infierno por Satanás para echar a perder las empresas de los encomenderos en las Indias.

FRAY GONZALO. (Gritando). ¡So sacrílego. ..! Fray Bartolomé de Las Casas es Protector de los Indios por nombramiento de Su Majestad...!

DON VASCO. (Montando en cólera). ¡Matad de una vez al fraile necio...!

DON DIEGO. (Iracundo). Capitán Abrego, retirad esa inmundicia de nuestra vista...!

CAPITÁN ABREGO. (Con voz moderada). Fray Gonzalo, regresad al convento.

FRAY GONZALO. (Gritando). ¡Malditos…! ¡Moveré tierra y cielo...! ¡Escribiré a Fray Bartolomé!¡Escribiré al Emperador!

CAPITÁN ABREGO. (Ordenando). ¡Soldados, llevadlo a su convento y lo encerráis en su celda con candado!

(Tumulto. Los soldados empujan al fraile. Risas de los vecinos de Trujillo. Llanto de los nativos adolescentes, alaridos de las madres indias).

DON VASCO. (Molesto). Como fastidian esas bestias. (Ordenando al capitán de las naves. ¡Capitán marinero, tomad el látigo y haced callar a esos salvaje!

Se escuchan los latigazos). Hacedlos callar. .. (Se hace relativo silencio). Don Diego, mercancías por dinero…

DON DIEGO. (Alza la voz). Criados, entregad las bolsas a don Vasco! El criado entrega con ruido las bolsas a Don Vasco. Don Vasco abre con ruido las bolsas y expresa su admiración.

DON VASCO. (Gritando). ¡Oro…! ¡Oro purísimo…! ¡Oro maravilloso…!, ¡Oro, señor del mundo…! ¿Don Diego, dónde obtuvo vuesa merced esta riqueza...?

DON DIEGO. (Jactancioso). Mis esclavos lo lavaron en las vertientes del Guayape. Son pepitas recogidas en el río Guayape...

DON VASCO. (Curioso). ¿Dónde queda ese río, tan rico como el Ofir?

DON DIEGO. (Ensimismado). Don Vasco, eso es un secreto del Alcalde Mayor. Vuesa merced encontrará pepitas en las bolsas que pesan más de una libra.

DON VASCO. (Delirando). Las Indias. .. Benditas sean las Indias…Hibueras... Benditas sean las Hibueras... (A Don Diego). Ahora pasemos don Diego, al otro negocio. Pellejos de vino por indios tiernos.

DON DIEGO. Tengo de todas las edades.

DON VASCO. Solo tiernos. Se adaptan fácilmente a la vida de La Española. Los demás rinden poco y mueren luego.

DON DIEGO. Recibidlos todos en manada.

DON VASCO. Pues no beberéis vino en Trujillo.

DON DIEGO. Pues volveréis con vuestro vino a Santo Domingo.

DON VASCO. Homes de pro se acuerdan. Por esta vez, trato fecho. Pero para el mañana, don Diego, el compromiso será pellejos de vino por indios de poca edad. Los viejos me los rechazan los compradores de la isla.

DON DIEGO. Trato fecho. A la vuelta de seis meses os llevareis doscientos animales de buen pelo, de ambos sexos y de corta edad.

DON VASCO. (Gritando). ¡Marineros de la mar…! ¡Encended hogueras! ¡Calentad los fierros al rojo vivo...! ¡Ferrad los indios...! ¡Y alistaos al regreso para Santo Domingo…!

Tumulto. Se renuevan los alaridos de las madres indias. Llanto de los adolescentes. Silban los látigos. Un indio ahorca a un español. Un español mata a garrotazos al indio. Aullidos cuando son aplicados los fieras en la carne humana. Traslado de los indios a las barcazas. Horas después, con viento favorable, vuelan las naves hacia Santo Domingo.

SEGUNDO CUADRO

Una aldea india en las remotidades orientales de Taguzgalpa. Una pareja amante conversa en su lengua ancestral. Preciosos cantos de diversos pájaros en la arboleda. Lejanos retumbos de tambores tribales.

TAWARA. (Con dulce voz). Como alaban. Como alaban los pájaros su libertad de amor…

MALIC. (Con voz profunda) Y con severidad recuerdan los tambores la huelga del Amor en Taguzgalpa.

TAWARA. Años y años y años... Y la huelga del amor sigue con la firme intención de extinguir la raza.

MALIC. La huelga del amor se extiende desde donde nace el sol hasta donde se pone... Desde la Estrella Polar hasta la Cruz del Sur... Pero es preferible la inexistencia de nuestros hijos a la esclavitud de los mismos. .

TAWARA. Es cierto. No daremos más esclavos a los encomenderos de Trujillo y a los mercaderes de Santo Domingo.

MALIC. Previsores los caciques, han llegado a decir que si alguna vez el impulso amoroso irresistible llega producirlos, recién nacidos se les debe dar muerte.

TAWARA. (Repitiendo con pesadumbre). El impulso amoroso irresistible… Ya olvidé lo que es eso. .. Recién nacidos se les debe dar muerte... Una madre no tiene valor de hacerlo... Pero si alguna vez viniera la tentación, sin pérdida de tiempo me ahorcaría…

MALIC. (Con ánimo resuelto). Yo también me ahorcaría. Por la huelga del amor, tú y yo dejamos de ser esposos. No somos nada. Acaso tú eres una piedra. Yo soy otra piedra.

TAWARA. No tanto, Malic. Somos seres humanos.

MALIC. Es verdad, Tawara. Somos seres humanos.

TAWARA. Lo que pasa es que nuestra moral es invencible.

MALIC. Superior a la moral de los encomenderos mercaderes.

TAWARA. Qué cosas, hasta del amor nos valemos para combatir a los blancos.

MALIC. Hasta de las raíces de la vida.

TAWARA. Y hasta de la muerte, porque muriendo sin dejar generación, los venceremos.

MALIC. Así sea.

TAWARA. Viene hacia nosotros el cacique Wankho.

MALIC. Nos hallará como piedra y piedra.

TAWARA. (Repitiendo). Como piedra y piedra.

WANKHO. Filosófico). Va contra natura, pero es un arma de lucha. Firmes en la huelga del amor?

MALIC Y TAWARA. (A una). Firmes hasta la muerte... Firmes hasta la extinción de la raza.

WANKHO. Fui a tomar noticias de Fray Gonzalo. Me ha dicho que los encomenderos de Trujillo están desesperados y que los mercaderes de Santo Domingo ya aceptan el cambio de sus pellejos de vino por dinero metálico.

TAWARA Y MALIC. (A una). Admirable… Nos hallamos a las orillas del triunfo… Sólo que ya estamos viejos…

WANKHO. Todos estamos viejos… Esto ha producido un desastre. Continuad en la huelga del amor hasta que el halach uinic ordene su terminación. No hay muerte por la violación del mandato, pero queda el dominio íntimo de haber traicionado a la raza para favorecer la causa de los esclavistas... Ya lo sabéis…Me voy a visitar las aldeas del Paún... (Se va).

TAWARA. Oye, Malic, cómo alaban los pajaritos su libertad de amar.

MALIC. También oye, Tawara, la severidad de los tambores recordando la huelga del amor.

TERCER CUADRO

Puerto de Trujillo. Vocerío en la playa. Han anclado las esperadas naos de Santo Domingo. Los marineros descargan con gran ruido cajas de mercaderías y pellejos de vino. Esta vez no hay esclavos indios de las ásperas regiones de Taguzgalpa.

DON VASCO. (Alborozado). Don Diego, viejo amigo, venga vuesa merced a mis brazos.

DON DIEGO. (Con igual alborozo). Venga vuesa merced a los míos.

Se abrazan y se palmotean las espaldas. (Se separan).

DON VASCO. (Mercader nato). Le traigo a vuesa merced diversas mercaderías baratas que revendidas aumentarán su fortuna.

DON DIEGO. (Encomendero ejemplar). Ya no hay mozuelos cazados en las selvas de Taguzgalpa. Ay, Don Vasco, se acabaron los mozuelos que valen más que los metales

DON VASCO. Pues, Don diego, esa noticia pondrá en igual pesar a los cañeros de La Española.

DON DIEGO. Tienen varios años de no parir las indias.

DON VASCO. Vuesa merced habrá castrado a los indios,

DON DIEGO. Nada de eso. Los malditos hace tiempos han declarado la huelga del amor en la región.

DON VASCO. Debió haberlos forzado al ayuntamiento.

DON DIEGO. No han valido medidas sabias, maliciosas o violentas.

DON VASCO. ¡Bestias! ¿Entonces, Don Diego?

DON DIEGO. Entonces, acabóse la compraventa de indios en Trujillo.

DON VASCO. Y como Alcalde Mayor, he declarado la prohibición.

DON VASCO. Con que ya no hay indios ni para remedio.

DON DIEGO. Me he purificado el alma con repetidas misas y pasaré a las crónicas con las palmas de los bienhechores.

FRAY GONZALO. (Que ha oído la conversación del mercader y el encomendero). Alabado sea Nuestro Señor Jesucristo…! Laureles para Su Majestad! ¡Viva Fray Bartolomé de Las Casas...! Wanhko, hijo mío, haced que retumben los tambores de Taguzgalpa, que la huelga del amor ha vencido a los esclavistas. Llevad la noticia por los ríos y los lagos, por los cerros y los llanos, que ha terminado la huelga del amor y que ahora empieza la vida del amor.

WANKHO. (sombrío). Así lo hare, Fray Gonzalo. Ahora mismo partiré... (Monologando en su lengua ancestral). La vida del amor cuando ya no hay juventud. Cuando casi ha desaparecido la raza. De pronto recuerdo a mis mejores amigos, a Malic y a Tawara, que ya están viejos, cuando bien pudieron haber producido hermosos niños, de no haberse interpuesto la maldita esclavitud de los blancos, con su trueque de adolescentes por pellejos de vino.

LEMPIRA: HEROE DEL COMUNALISMO PRECOLOMBINO

Lempira es la personalidad más vigorosa de las tribus toltecas en Centro América. No hay otro que se le iguale, siquiera que le llegue al hombro, por más ponderaciones que hagan de algunos guías precolombinos. La lucha que emprendió aquel guerrero de la naturaleza contra los invasores españoles no ha sido suficientemente estudiada y por consiguiente no se le ha dado su verdadero valor legítimo.

Las películas yanquis, siempre falsas y mal intencionadas, en las luchas de los indios con los blancos siempre son derrotados los indios, con invención de estratagemas de los artistas de Hollywood. Llegan a formar montañas las películas del Oeste, y seguirían elevándose si no se hubiera dado el caso que los "indios" de Vietnam les ocasionaron una derrota aplastante a los norteamericanos. Así terminó el Oeste de las películas californianas.

Lo anterior da el indicio cierto que los cronistas españoles mintieron a más y mejor en el tema de la conquista americana. Sus combates y victorias les dieron Proporciones gigantescas. No escribieron una línea de sus frecuentes derrotas. Según los cronistas de marras siempre estaban abastecidos de fusiles y metralla. Nunca les faltaron caballos, perros y otros menesteres.

Aquella guerra se libró entre el comunismo precolombino y una nación que medio salía del feudalismo, y no del todo. España casi agotada sostuvo un enfrentamiento que se llevó todo el siglo XVI y parte del XVII porque las insurrecciones y levantamientos fueron numerosos y constantes. La afirmación de que "la Colonia española fue un lago de aceite" es falso. En los tiempos contemporáneos está la evidencia del descontento de los pueblos del mundo que tienen que sufrir determinado sistema.

Con lo dicho creemos que es suficiente para probar la fuerza y la grandeza comunal de Lempira, el hombre más representativo que tuvimos en esta zona en aquel tiempo. Solo nos resta refutar la palabra l-e-n-c-a. Lempira, jefe superior en esta parte central de América, no fue lenca, fue l-e-m-p-a. Los lempas ocupaban los afluentes y las márgenes derecha e izquierda del río que lleva este nombre, río sagrado para ellos que desemboca en el océano Pacífico. Entonces los nombres de Honduras y El Salvador no existían. Las tribus toltecas, a medida que aumentaban de población se iban separando y ocupaban lugares apropiados, pero sin renunciar al parentesco, a la raza que era la misma.

Tan legítima fue la defensa de los americanos que después de arduas discusiones en Europa, de aquel hecho nació el Derecho Internacional.

Con todo, la conquista se realizó para los pueblos comunalistas de América, asentados en la igualdad y en la libertad, conocieron la explotación del hombre por el hombre, la opresión del hombre por el hombre, la clase de los señores y la clase de los esclavos, la propiedad privada, la carencia de propiedad, el Estado policíaco, el Estado terrorista, más las doctrinas de domesticación, desorientación y embrutecimiento.

Con estas razones de peso el gran poeta niquirano, es decir tolteca, increpa:

"A COLON"

¡Desgraciado Almirante! Tu pobre América
tu india virgen y hermosa de sangre cálida,
la perla de tus sueños es una histérica
de convulsivos nervios y frente pálida.

Un desastroso espíritu posee tu tierra;
donde la tribu unida blandió sus mazas,
hoy se enciende entre hermanos perpetua guerra,
se hieren y destrozan las mismas razas.

Al ídolo de piedra reemplaza ahora
el ídolo de carne que se entroniza,
y cada día alumbra la blanca aurora moto
en los campos fraternos sangre y ceniza.

Desdeñando a los reyes, nos dimos leyes
al sOn de los cañones y los clarines
y hoy al favor siniestro de negros beyes
fraternizan los Judas con los Caínes.

Bebiendo la esparcida savia francesa
con nuestra boca indígena semi—española,
día a día cantamos la Marsellesa
para acabar danzando la Carmañola.

¡Las ambiciones pérfidas no tienen diques,
soñadas libertades yacen deshechas.
Eso no hicieron nunca nuestros caciques,
a quienes las montañas daban las flechas!

¡Ellos eran soberbios, leales y francos,
ceñidas las cabezas de raras plumas:
ojalá hubieran sido los hombres blancos
como los Atahualpas y Moctezumas!

Cuando en vientres de América cayó, semilla
de la raza de hierro que fue de España,
mezcló su fuerza heroica la gran Castilla
con la fuerza del indio de la montaña.

Pluguiera a Dios las aguas antes intactas
no reflejaran nunca las blancas velas,
ni vieran las estrellas estupefactas
arribar a la orilla las carabelas.

Libres como las águilas vieran los montes
pasar los aborígenes por los boscajes,
persiguiendo los pumas y los bisontes
con el dardo certero de sus carcajes.

Que más valiera el jefe rudo y bizarro
que el soldado que en fango su gloria finca,
que ha hecho gemir al Zipa bajo su carro

o temblar las heladas momias del Inca.

La cruz que nos llevaste parece mengua
y tras encanalladas revoluciones,
la canalla escritora mancha la lengua
que escribieron Cervantes y Calderones.

Cristo va por las calles flaco y enclenque,
Barrabas tiene esclavos y charreteras,
y las tierras de Chibcha, Cuzco y Palenque
ha visto engalonadas a las panteras.

Duelos, espantos, guerras, fiebre constante
en nuestra suerte han puesto la suerte triste:
Cristóforo Colombo, pobre Almirante,
ruega a Dios por el mundo que descubriste.

COMPRAVENTA DE NEGROS EN EL PUERTO DE OMOA

INDICADOR

Negreros
DON GIL Y DON RODRIGO

Mineros
DON EUSTAQUIO y DON SEVERO

Autoridades
EL COMANDANTE DEL FUERTE DE OMOA
Y UN OFICIAL SERVIL

Auxiliares
TROPA DEL FUERTE

NARRADOR. Compraventa de negros en Omoa. En los siglos coloniales, recién construido el Fuerte sucedió la tragicomedia relatada. Negreros de Ultramar llegaron a Omoa con su cargamento, de ébano con la idea de enriquecerse en un solo viaje. Mineros del interior del país se acercaron a la costa, llevando en mente robar el cargamento, fingiendo que los negreros de Ultramar violaban las Ordenanzas reales.

Entrando en la combinación dolosa el Comandante del Fuerte, fueron robados los negreros y muertos a garrote vil. Con este hecho, los mineros del interior del país quedaron satisfechos y encantados. No contaban hasta allí con la ambición del Comandante del Fuerte, quien pensó que en vez de delinquir en favor de otros, era mejor hacerlo en su provecho. Y fríamente, así sucedió. Siempre usando de la mala fe, ingeniose que los mineros habían robado a los negreros, les siguió juicio y los colgó de un árbol, quedándose él con el oro de los mineros y con el cargamento de negros. Y todo aquello se hizo con naturalidad y simpleza.

PRIMER CUADRO

Día tempestuoso. Silba con violencia un frío viento húmedo. Retumba el mar. Las olas golpean con furia en la playa y se deshacen en encajes blancos.

DON GIL. (Para sí). Tiempo de los demonios. Cuando vino a descomponerse para hacer peligrar la carga (Gritando) Traigan las barcazas en esta dirección! (Gritando con más fuerza). ¡Remen con vigor que ya están cerca.

DON RODRIGO. Bonita cosa que fuéramos a perder la carga estando cerca de la playa. De seguro esos negros no saben nadar.

DON GIL. Como saben lo que les espera, voluntariamente se dejarán ahogar.

DON RODRIGO. No me canso en decir que son peores que bestias.

DON GIL. Y lo más desagradable es que tienen imagen de hombres.

DON RODRIGO. Dios los hizo así para humillarnos.

DON GIL. Son los malditos de la Sagrada Escritura. Son los hijos de Cam, siervos para servir siervos. (Con palabras alteradas). Estos ya llegaron, pero aquellos se hunden, se los tragó el diluvio. (Con satisfacción. Ah, no se hundieron. Bendita sea la Virgen...

Parece que cantan los negros un canto doloroso y monótono en su lengua ancestral.

DON RODRIGO. Qué partida tan hermosa. Cómo ha costado traerla.

DON GIL. Los negros ya están en tierra y los compradores tardan.

DON RODRIGO. ¿Dónde están?

DON GIL. En el Fuerte. Son amigos del Comandante. Allí durmieron.

DON RODRIGO. También es minero el Comandante y compra esclavos.

DON GIL. En guardia, don Rodrigo. Todos los españoles de Indias son bandidos.

DON RODRIGO. No son gente de fiar. Los más tienen cuentas con la justicia del Rey. Antes de todo, acordemos el precio de venta. Ni muy caros ni muy baratos. Verbi gracia, dos mil duros por cabeza.

DON GIL. Eso sería regalarlos. En Africa se encarecen.

DON RODRIGO. Vuesa merced tiene razón, don Gil. Pidamos cuatro mil.

DON GIL. Hagamos algo mejor. Fijemos el precio en cinco mil para llegar a un acuerdo razonable.

DON RODRIGO. Aceptado don Gil.

DON GIL. Entre cinco mil y dos mil guarde la proposición, don Rodrigo. Es que hay negros que valer más que eso, verbi gracia las hembras de vientre, y los hay que valen menos, como los machos que pasan de treinta años.

DON RODRIGO. (Dándose una palmada en la frente). Olvidaba las yeguas hijeras... Pediré ocho mil por cada una.

DON GIL. Se fue muy arriba.

DON RODRIGO. (Riéndose). Es que sirve para todo. Para trabajar, para regocijar, para parir. Bueno las dejaré en seis mil.

DON GIL. (Riéndose). Vuesa merced no les tiene asco, don Rodrigo..

DON RODRIGO. (Riéndose). Cegado por el amor, don Gil, no se echa de menos una castellana.

DON GIL. Los negros que pasan de treinta años valen menos porque acaso duran cinco en las minas.

DON RODRIGO. Un negro de treinta años, acaso rinda dos.

DON GIL. Si pudiéramos llevarnos el millón de duros…

DON RODRIGO. Un millón! Hagamos el esfuerzo de alcanzarlo.

SEGUNDO CUADRO

Aparecen en la distancia los propietarios de minas don Eustaquio y don Severo, acompañados del Comandante del Fuerte de Omoa. Conversan a gritos para dominar el silbido del viento y el rugido del mar. A medida que se acercan, resalta el canto doloroso y monótono de los negros en su lengua ancestral de África.

DON EUSTAQUIO. Decís verdad. El oro está en la entraña de los cerros. Si vierais los del Real de Minas de Tegucigalpa. Tenemos oro para siglos. Estas Indias son prodigiosas.

DON SEVERO. Con tal que jamás falten negros en África. Porque venido a ver el oro y la plata son la sangre de os africanos.

COMANDANTE. Don Severo, cuide vuesa merced de caer en herejías.

DON EUSTAQUIO. (Riéndose). A las sotanas fue a parar el Comandante, sabiendo nosotros que estamos protegidos por sus armas.

DON SEVERO. (Riéndose). Es que ignora el Comandante, don Eustaquio, que a los comisarios del Santo Oficio les pasamos los diezmos de la Iglesia, y les añadimos los personales en barras.

COMANDANTE. Entonces, nada he dicho. Y estoy de acuerdo con que el oro y la plata es la sangre de los negros de África.

DON EUSTAQUIO. Como antes fue la sangre de los indios.

DON SEVERO. En las minas que tengo en Yuscarán, las osamentas de los indios estorbaban los caminos. Pero ahora se trata de negros, y a lo conversado. Comandante.

COMANDANTE. Para eso me pagáis. Todo está listo. Halagadlos con vuestros zurrones de oro… Plata, no. Oro… Oro de altos quilates.

DON EUSTAQUIO. En abundancia, como el que se le manda al Rey para que pierda guerras.

DON SEVERO. Tanto como el que le mandamos al Rey idiota.

COMANDANTE. Me gusta. El anzuelo debe ser grande y de oro fino.

Los mineros de Honduras saludan a gritos a los negreros.

LOS MINEROS. (A una). ¡Bienvenidos españoles de España!

Los negreros contestan gritando el saludo de los mineros.

LOS NEGREROS. (A una). ¡Dios os guarde españoles de Indias!

El canto de los negros domina a veces el ruido de los elementos.

LOS MINEROS. (A una). ¡Hermoso porte tienen los machos!

LOS NEGREROS. (A una). ¡Mirad las hembras, que parecen palmas del desierto!

LOS MINEROS. (A una) ¡Pondremos corrales de cría con buenos padrotes indios!

LOS NEGREROS. (A una). En Cuba y las demás islas los propios dueños las hacen de sementales.

LOS MINEROS. (Riéndose, a una). Se ve que traeis el ingenio vivo!

Los mineros y los negreros se saludan de cerca.

COMANDANTE. Confiad en mi autoridad. Aquí no podréis tratar con silbidos de viento, rugidos de mar y lamentos de negros. ¿Queréis pasar al Fuerte?

MINEROS Y NEGREROS. (A una). Buena propuesta.

COMANDANTE. Allá empezareis brindando por su Majestad.

LOS MINEROS. (A una). Es un caballero de Alcántara.

LOS NEGREROS. (A una). De lejos se advierte por su gentileza.

Parten los cinco bajo la confusión de silbidos del viento, rugidos del mar y cantos africanos.

TERCER CUADRO

En la sala mayor del Fuerte. En una mesa grande luce una garrafa de ron y una bandeja plateada llena de copas. El Comandante en persona sirve a sus invitados.

COMANDANTE. Este ron fue de piratas. Lo hube en la refriega de hace un año.

DON EUSTAQUIO. Fueron corridos.

COMANDANTE. Sí. Pero les tomé una nave. Colgué a cuantos había en ella. Y me quedé con el botín.

DON SEVERO. Bien hecho. Comandante.

COMANDANTE. (Alzando la copa). A la salud de su Majestad.

MINEROS Y NEGREROS. (A una). A la salud de nuestro caro Rey.

Beben y llevan las copas a la bandeja.

COMANDANTE. Comerciantes, dignaos decir vuestros nombres.

DON GIL. Don Gil Ramírez, de un pueblo de Andalucía.

COMANDANTE. Sois noble.

DON GIL. Metido al feo negocio de negrero.

COMANDANTE. Sería peor que fuerais del oficio del alpargatas. ¿Y el vuestro?

DON RODRIGO. Don Rodrigo de Ulloa.

COMANDANTE. Oh, de los Ulloa de Castilla.

DON RODRIGO. A la verdad, mi padre fue criado de los Ulloa. Con el tiempo tomó su apelativo. Soy negrero de carrera. Conozco las costas de África como mis manos.

COMANDANTE. (Señalando a los mineros). Voy presentar a los mineros. Este es don Eustaquio Perrero, del Real de Minas. Y este es don Severo Vacuno, de Yuscarán. Ambos son inmensamente ricos.

Negreros y mineros se inclinan. El Comandante sirve más copas.

DON GIL. En las Indias suelen cambiar los apellidos españoles.

DON EUSTAQUIO. Por el oficio inicial o por esconderse de la justicia del Rey.

DON SEVERO. O por dedicación a un afán muy particular. Yo soy Vacuno porque mis antepasados se dedicaron a la ganadería en Jamastrán.

DON RODRIGO. O por apodo dado en filas. Los españoles somos dados a ponerlos.

Beben y sientan las copas en la bandeja.

DON EUSTAQUIO. Al negocio. ¿Le parece, don Severo?

DON SEVERO. Al negocio, si nos lo permite el Comandante.

EL COMANDANTE. (Satisfecho). Yo solo escucho los términos del contrato de compraventa. De un lado a los mineros don Eustaquio y don Severo. Y de otro a los comerciantes don Gil y don Rodrigo.

DON RODRIGO. Vendemos en conjunto doscientos negros, machos y hembras.

DON EUSTAQUIO. ¿Cuánto valen en conjunto?

DON GIL. Millón y medio de duros.

DON SEVERO. Tendríamos que vender las minas para comprarlos.

DON GIL. Tratamos con mineros en grande. .. No con "güirises".

DON SEVERO. Vuestras bestias acaso valgan cien mil.

LOS NEGREROS. (Sarcástico, a una). ¡Oh! No hagáis bromas, trescientos mil costaron en Guinea.

DON RODRIGO. Carecéis de negros en vuestras minas.

DON SEVERO. Nos llegan partidas de Trujillo.

COMANDANTE. (Inquieto). Españoles, tratad con generosidad.

DON GIL. Ponemos pie fijo en seiscientos mil.

LOS MINEROS. (A una). Trato hecho.

LOS NEGREROS. (A una). Venga el oro.

DON EUSTAQUIO. (Asomándose a la puerta interior). Criado, traed las árganas con el oro!

DON SEVERO. (Siguiendo a don Eustaquio y asomándose a la misma puerta). ¡Caporal, traed los cofres en que guardáis el oro!

Entran grupos de hombres cargados y dejan caer sus pesos en el centro de la sala. Sin decir palabra, se retiran.

DON EUSTAQUIO. Contar pieza por pieza nos llevaría tiempo.

DON SEVERO. Aquí se usa la balanza del Rey, que cuenta de una sola vez diez mil, y así contaríamos sesenta medidas.

DON GIL. Sea. Veamos el oro.

DON RODRIGO. Acepto. Veamos el oro.

Don Severo y don Eustaquio derraman sus tesoros con desdén. Don Gil y don Rodrigo casi llegan a la locura.

DON GIL. ¡Oro puro, don Rodrigo!

DON RODRIGO. ¡Oro puro de las minas del Rey Salomón!

Los mineros y los negreros entregan y reciben el oro, según la costumbre de Indias.

DON EUSTAQUIO. Hemos terminado. Satisfecho, don Gil? Satisfecho, don Rodrigo?

LOS NEGREROS. Estamos satisfechos. El oro es nuestro. Los negros son vuestros.

Palmotea el Comandante. Entra por la puerta interior un oficial seguido de un grupo de soldados.

COMANDANTE. (Ordenando). Prended a los ladrones de negros en las islas del Sur!

DON GIL. (Gritando). ¡Mientes, villano!

DON RODRIGO. (Gritando). Ladrones, nos han robado!

Los soldados toman con fuerza a los negreros y los llevan al interior del Fuerte.

DON EUSTAQUIO. (Riéndose). Bien hecho, Comandante. Es vuesa merced un Rui Díaz de Vivar en tratos con los moros.

DON SEVERO. (Riéndose). Un Gonzalo de Córdoba en aquellos de "picas, palas y azadones, cien millones".

DON EUSTAQUIO. Ladrón que roba a ladrón gana cien días de perdón.

COMANDANTE. (Con frialdad). Debéis saber que los negreros no son ladrones. Obran conforme a las Ordenanzas del Rey. Los ladrones sois vosotros.

DON SEVERO. (Asustado). ¡Comandante! Habíamos convenido en esto.

COMANDANTE. Sí, había os convenido en despojarlos con mala interpretación de las Ordenanzas de comercio.

DON EUSTAQUIO. (Turbado). Lo que es corriente en las Indias..

COMANDANTE. Eso piensan vuesas mercedes.

DON SEVERO. En las Indias es permitido todo con tal sea para ayudar a su Majestad.

COMANDANTE. Se le ayuda con oro, pero pierde las guerras por ser un rey idiota. Hoy empezaremos a interpretar correctamente las Ordenanzas de su Majestad.

LOS MINEROS. (A una). ¿Qué queréis decir?

COMANDANTE. Ya lo entenderéis. (Palmotea). Vuestros esclavos se alegrarán.

Por la puerta interior entra el mismo oficial con sus soldados.

DON EUSTAQUIO. (Aterrorizado). Deshágase lo hecho y quedamos en paz

DON SEVERO. (Espantado). ¡Señor! Señor! Señor!

COMANDANTE. (Al oficial). Ofenden a su Majestad. Llevadlos.

OFICIAL. (A los soldados). Conducidlos al calabozo.

Los soldados llevan con fuerza a los mineros al interior del Fuerte.

EPÍLOGO

El Comandante habla con el oficial en la sala mayor.

COMANDANTE. En las Indias no hay que tener corazón. Me quedo con doscientos negros y con seiscientos mil duros en oro. Los doscientos negros para mis minas. Y los seiscientos mil duros para asordar la justicia de Sevilla. Voy ascendiendo a la Capitanía General de este Reino.

OFICIAL. No olvide vuesa merced a este pobre oficial Le soy y le seré fiel como un perro.

COMANDANTE. Jamás olvidaré a mis cómplices. Reunirás pruebas contra los mineros y los negreros. Fíjate bien: ambos ejercían comercio ilícito, violando las Ordenanzas de su Majestad. Quiero un buen expediente que documente mi celo en favor de la justicia real.

OFICIAL. Vuesa merced conoce mi pericia.

COMANDANTE. A los negreros les aplicas garrote. Y a los mineros los ahorcas.

OFICIAL. A la media noche serán cadáveres... (Saluda y se va).

COMANDANTE. (Monologando). Así nos enriquecemos los españoles en estas Indias. Y así nos elevamos en el servicio del Rey.

EL PIRATA RAVENAU DE LUSSAN EN LA ISLA DEL TIGRE DEL GOLFO DE FONSECA

INDICADOR

TEATRO DE LOS HECHOS:	Isla del Tigre, en la segunda quincena de diciembre de 1687.
RAVENAU DE LUSSAN:	Caballero de Francia, entregado a la piratería en los mares del Norte y Sur de América.
PIRATAS:	Tantos ladrones de mar cuantos necesarios fueran para gobernar diez naves que componía la escuadra de Ravenau de Lussan.
D. GASPAR DE CÓRDOVA:	Cabeza de familia. Hidalgo español con casa y bienes comerciales en la Isla del Tigre.
PETRONA ROJAS DE CORDOVA Y ROJAS	Esposa de don Gaspar. Dama de buen ver, ajustada a la tradiciones peninsulares.

ANA MARÍA DE CÓRDOVA Y ROJAS	Hija única de don Gaspar o y doña Petrona. Bella, amanerada y en la flor de los diecisiete años.
SEVERA:	Aya de Ana María.
CRIADOS DE LA CASA:	Esclavos todos ellos.

RELATOR. El historiador hondureño Rómulo E. Durón, nos dice que en 1687 vinieron naves piratas a la Isla del Tigre, a dar carena. Allí venía el famoso filibustero francés Ravenau de Lussan. En persecución de Lussan y compañeros salió una flota armada de Panamá y Nicaragua. Como ya no les era fácil escapar determinaron poner en práctica la resolución que tenían tomada de pasar al Atlántico por tierra, y se embarcaron en canoas para Choluteca, dejando sus buques minados con pólvora, los que volaron dando fuego a las mechas, a la distancia. El primero de enero de 1688, desembarcaron al oriente de la Villa, pero no se atrevieron a entrar a ella. Tomaron el camino para Nueva Segovia, ciudad cerca de la cual pasaron, asediados y seguidos de cerca por fuerzas destacadas de Tegucigalpa y Choluteca. Francisco Beltrán de Figueroa, jefe de ellas, enviado por el Alcalde Mayor Fernández de Córdova, se propuso cortarles el. paso en la altura llamada El Almorzadero, a donde debían subir con dificultad después de bajar en la montaña del frente una cuesta muy precipitada: los piratas evitaron aquel paso y bajando por ásperos barrancos primero y subiendo por otros después, llegaron el 14 a atacar por la retaguardia las fuerzas de Beltrán de Figueroa, quien pereció en el combate. De allí en adelante no fueron ya perseguidos los piratas, quienes llegaron a la cabecera del río Segovia por el cual bajaron hasta el Cabo de Gracias a Dios.

Agregamos a lo dicho por el historiador Durón, que consta en otros documentos que Ravenau de Lussan, carecía de patente decoroso por lo que era un simple ladrón de mar. Ah, pero siendo un caballero de Francia, título que seguía ostentando, unido a sus dotes varoniles y a su temeridad en la piratería, también era un ladrón de corazones. La escena amorosa de éste en la Isla del Tigre sólo es un relámpago en la vida gentil de tan famoso aventurero francés.

PRIMER CUADRO

Para olvidar la carroña
venga un jarro de Borgoña
Don Diablo…!
¡Alegremos este rato,
que el ahorcado del Atrato
lo ahorqué yo…!
¡Hurraaa…!

Vuela la canción en las alas del viento marino. Los pobladores de la isla huyen enloquecidos. Solo se oye una palabra en plural, y esa palabra aumenta el espanto en el torbellino humano.

VOCERÍO DE LA MUCHEDUMBRE: ¡Los piratas! ¡Los piratas! ¡Los piratas!

DON GASPAR. (Gritando). ¡Los piratas, María Petrona! ¡Qué hacemos con Ana María?! ¡Rayos! ¿Dónde la escondemos?

DOÑA PETRONA. ¡Santísimo Dios! ¡Virgen del Socorro! ¡Me voy a la cumbre con ella! ¡Buscaré un punto para ocultarla mientras se van!

DON GASPAR. ¡Partid de prisa! ¡Que no sepan que existe la muchacha! ¡Ni que existís vos, que todavía estáIs en edad de ultraje!

DOÑA PETRONA. (Gritando). ¡Severa!

SEVERA. Aquí, estoy, mi señora.

DOÑA PETRONA. ¿Te has dado cuenta?

SEVERA. Sí, mi señora.

DOÑA PETRONA. (Amonestándola). Te hago responsable de la suerte de Ana María. Alístala de prisa que vamos para la cumbre.

SEVERA. Todo está al punto, mi señora.

DOÑA PETRONA. (Gritando). ¡Benito!

BENITO. Voy, mi ama.

DOÑA PETRONA. Carga los esclavos con los bultos que vamos para la cumbre. Lleva las jarras de agua. Que no falte nada allá.

BENITO. Como vuestra mercé lo manda, mi ama.

DON GASPAR. Lleva también las armas.

BENITO. Las llevaré, mi amo.

DOÑA PETRONA. ¿Y vos, Gaspar, os quedáis? Mejor es que nos acompañéis. Os puedo perder. Qué hago yo sin vos.

DON GASPAR. No le es permitido a un castellano escapar como una rata. Si perezco, os ruego que me seáis fiel. Guardad como un relicario mi memoria.

DOÑA PETRONA. (Llora). Gaspar mío…

ANA MARÍA. (Suplicante). Padre mío. acompañadnos…

SEVERA. (Gimoteando). Mi señor, es una temeridad la que hacéis…

Un grupo de piratas se acercan a la casa de don Gaspar de Córdova, cantando a gritos su canción de mar: "Para olvidar la carroña, venga un jarro de Borgoña, don Diablo". Dispersión de personas en la casa. Don Gaspar queda en la sala. Doña Petrona huye al cuarto vecino. Severa y Ana María corren hacia el sótano donde se ocultan.

TENIENTE DE PIRATAS. (Con su vozarrón y su impiedad). ¡Arrasad la casa! Recoged cuanto podáis! ¡Matad a todo ser viviente! ¡Hombre y mujer! ¡Niños y viejo! ¡Perro y perra! ¡A la carga! ¡Hurraaa!

LOS PIRATAS. (Entran con los cuchillos y los pistolones listos, gritando a coro). ¡A la carga! ¡Nurraaa!(Se detienen en la sala).

EL TUERTO. ¡Ja, ja, jal ¡Una liebre española!

EL COJO. ¿Qué esperáis? ¡Matadla!

DON GASPAR. (Alzando el brazo y gritando). ¡Un momento! ¡Derramad mi sangre después de haberos dado riquezas!

EL SONTO. ¡Ja, ja, ja! Riquezas para el teniente. ¡Yo quiero una mujer! (Avanza al interior de la casa).

TENIENTE DE PIRATAS. Sí, quiero riquezas para aumentar el tesoro de Meangueral ¿Dónde están las riquezas?

EL COJO. Ja, ja, ja, Buscaré algo mejor en la cueva de este ladrón de tierra (Penetra al interior de la casa).

EL TUERTO. ¡Ja, ja, ja,! Demonios, es mejor una pierna de cerdo, una jarra de Borgoña o una hembra de placer! (Sigue al Cojo).

EL SONTO. (En el cuarto vecino, gritando). ¡Ea! ¡Una hembra cuarentona de buen talante!

DOÑA PETRONA. (Gritando). ¡Nooo! ¡Dejadme!

EL COJO. (Gritando). ¡Mentís que sea mejor la vuestra! La mía anda en los treinta veranos. ¡Ven a mis brazos, yegua andaluza!

SEVERA. (Gritando). ¡Si sois cristiano, en amor de Dios dejadme! ¡Dejadme!

EL TUERTO. (Gritando). ¡Viva el diablo en el infierno que aquí seré cardenal!

ANA MARÍA. (Defendiéndose como una fierecilla). ¡Bandido! ¡Muerta es que seré pasto de vuestro ultraje!

EL TUERTO. (Gritando). ¡Ay! Corran a salvarme! Corran, que me ha sacado el otro ojo! ¡He quedado ciego, ciego, ciego! ¡Gata maldita, pero ahora mismo te ahorcaré! (Se oye la lucha del pirata y de Ana María).

La casa de don Gaspar de Córdova es un infierno de ruidos, gritos, juramentos de piratas, voces ahogadas de mujeres que se defienden bravamente, cuando entra con violencia, látigo en mano, el temible capitán de piratas, Monsieur Ravenau de Lussan, seguido de su guardia personal.

LUSSAN. (Dándose cuenta de lo que pasa). ¡Mon Dieu! (Gritando). ¡Alto miserables en lo que hacéis! ¡Hemos venido a hacer amigos, no enemigos! ¡Os había advertido que trataríais bien a los porteños porque remendaríamos los barcos! ¡Guardias, llevad a estos miserables y los colgáis del palo mayor por haber faltado a la obediencia¡

Los guardias extraen con violencia de la casa a los piratas del abuso y los arrastran hacia los barcos.

DON GASPAR. (Todavía temblando). Sois un gentil hombre, capitán. Os debemos la honra y la vida. Gracias, muchas gracias. (Elevando la voz). ¡Petrona! ¡Ana María! ¡Severa! ¡Estamos salvados, venid!

Llegan las tres mujeres, alisándose los cabellos y estirándose los trajes. Se muestran temerosas y a la vez sorprendidas al ver la gallardía del famoso Ravenau de Lussan.

LUSSAN. (Con una gran inclinación ante las mujeres). Bon jour, madame, madamoiselle, madam.

DON GASPAR. (Aclarando). No parlan francés. Esta es mi esposa, María Petrona Rojas de Córdova. Esta es mi hija única Ana María de Córdova y Rojas. Ella es Severa, aya de Ana María... Y yo, si queréis saberlo, don Gaspar de Córdova, hidalgo castellano. ¿Queréis decirnos vuestro nombre?

LUSSAN. Habláis con el temible pirata Ravenau de Lussan, caballero de Francia.

DON GASPAR. (Volviendo a la tranquilidad, sonriendo). Sentémonos para conversar. No entiendo el que por una parte seáis un temible pirata y por otra parte seáis un caballero de Francia.

LUSSAN. Os lo explicaré.

Se sientan y conversan. Con miradas furtivas Ana María admira la gallardía del pirata, y de su parte, el pirata admira la belleza en flor de Ana María.

SEGUNDO CUADRO

Han pasado varios días. Los piratas reparan las naves, cantan, beben y de vez en cuando se exterminan a puñaladas en lances individuales.

Ravenau de Lussan frecuenta la casa de la familia Córdova, por conversar con gente comedida y admirar el encanto espiritual de Ana María.

LUSSAN. Decís verdad, buen hidalgo. La piratería es una institución de guerra. Sirve a una nación beligerante para diezmar a la nación enemiga en alta mar, en sus costas y en sus colonias.

DON GASPAR. Pero Francia no está en guerra con España, y así es injustificable vuestro constante ataque en el Mar de las Antillas y en el Mar del Sur.

LUSSAN. (Reflexivo). Tenéis razón, señor de Córdova. Soy lo que debo ser. Un despreciable ladrón de mar. No os contaré por qué el destino ha convertido al caballero Ravenau de Lussan en un pirata odioso como los tiburones.

DOÑA PETRONA. Cómo ha de sufrir Vuestra madre, si todavía vive.

LUSSAN. Vive y sufre.

ANA MARÍA. (Curiosa, argentina, divinal). ¿Qué secreto os atormenta?

LUSSAN. (Alcanzando la pasión amorosa de Ana María. No lo diría, dulce niña, si condenado a muerte se me ofreciera la vida con tal de revelarlo. Con cauto atrevimiento). Acaso lo revelaría alguna vez a cambio del amor de la más pura inocencia…

DON GASPAR. (A doña Patrona). Ahí tenéis, Petrona, el estilo de los franceses.

DOÑA PETRONA. No se dicen así las cosas en España y menos en estos montes…

154

LUSSAN. Monsieur. ..Madame...Vuestra hija es la más preciosa criatura que he visto en las costas de las Indias. Es la más nítida flor del orbe que guardan estas montañas. No hay francés ni española que le igualen en divinidad inefable.

DON GASPAR. (Temeroso). Caballero de Lussan, ¿a dónde vais?

DONA PETRONA. (Inquieta). Parece una petición matrimonial..

LUSSAN. Aquietaos. El temible pirata Ravenau de Lussan podría arrebataros vuestra hija porque nada se lo impide... (Guarda un silencio largo). Si Ravenau de Lussan lo quisiera así, lo haría con la rapidez del rayo... (Guarda otro largo silencio). Pero Ravenau de Lussan es un caballero de Francia, y con esta nobleza os pediría la mano de vuestra niña... (Con voz cavernosa). Quisiera hacerla mi esposa, pero la mancharía mi condición indigna...

ANA MARIA. (Fuera de sí). Caballero de Lussan, dejad la piratería.

LUSSAN. (Meditativo). Qué palabras tan dulces en su promesa y tan imposibles en las realidades.

ANA MARÍA. (Cantando como las avecitas). Mi padre es primo de don Diego Fernández de Córdova, Alcalde Mayor de Tegucigalpa, y él puede volveros el honor…

LUSSAN. Niña mía. .. (Le besa la mano).

Gritos en la playa. Un guardia de Ravenau de Lussan llega jadeante a informar los sucesos.

PIRATA. (Gritando en la puerta). ¡Las naves españolas de Panamá!

LUSSAN. (Revelando su sangre fría). ¡Está bien! Parte a toda carrera el pirata.

DON GASPAR. (Alarmado). ¡Peligráis, caballero de Lussan!

LUSSAN. Me gusta el peligro como al pez le gusta el agua.

DOÑA PETRONA. ¡Qué vida tan sobresaltada!

LUSSAN. Así es la verdadera vida.

ANA MARÍA. (Con temblorosa voz). ¿Se va de la isla, caballero de Lussan?

LUSSAN. (Como viendo la imagen de una horca). ¡Cumplid el plan previsto para este caso! Volad! Volveré para hacerla mi esposa, Ana María... (Le besa la mano).

Diez explosiones sucesivas, como diez cañonazos, destruyen las diez naves que componen la escuadra del pirata Ravenau de Lussan. Las explosiones agitan las aguas y estremecen la isla. Los piratas con sus armas y sus fardos llegan y envuelven la casa de los Córdova. El caballero de Francia, Ravenau de Lussan, vuelve a ser capitán de piratas. En la despedida, oprime con dureza la mano de don Gaspar, toca con los labios la diestra de doña Petrona, prende un terrible beso de amor en la boca de Ana María, y ordena el viaje en dirección norte. A la distancia resuena la canción marinera.

¡Para olvidar la carroña
venga un jarro de Borgoña
Don Diablo…!
Alegremos este rato,
que el ahorcado del Atrato
lo ahorqué yo…!
¡Hurraaa…!

Don Gaspar y doña Petrona viendo a la costa.

DON GASPAR. (Contento). Son los galeones del Rey.

DOÑA PETRONA. (Con reproche). Que gustan llegar retrasados. Ana María y Severa viendo hacia el norte.

ANA MARIA. (Llorando en secreto). Aya, es pecado amar a un pirata?

SEVERA. (Suspirando). Pecado es no amarlo, niña.

ANA MARÍA. (Ingenua). ¿Por qué no me robó el caballero de Francia?

SEVERA. (Resentida). Es que se dicen piratas y sólo asustan…. ¡Yo quedé como si no hubieran pasado!

INSURRECCIÓN DE ESCLAVOS EN EL REAL DE MINAS DE TEGUCIGALPA

INDICADOR

BUTUCO — Jefe de los esclavos mineros de El Corpus y del levantamiento insurreccional de El Real de Minas en 1779, según el historiador guatemalteco Antonio Batres Jauregui. (Butuco es un personaje imaginado para darle vida a este trozo de la vida nacional, en el tempestuoso siglo XVIII).

MILLARES DE ESCLAVOS — Indios, negros y zambos de las explotaciones de El Real de Minas de San Miguel de Tegucigalpa: El Corpus, San Martín, Langue, Barajana, Reitoca, Curarén, San José de Yuscarán, San Antonio, Santa Lucia, San Salvador, San Juan de Cantarranas y San José de Cedros.

CAPATACES — Déspotas peninsulares En las explotaciones mineras.

DRAGONES — Soldados a caballo que representaban la autoridad real, asesinos de los esclavos mineros.

PERROS — Animales feroces adiestrados para cazar y acometer esclavos fugitivos y rebeldes.

PROPIETARIOS MINEROS	Dueños de las grandes Explotaciones de El Real de Minas.
CLASE MEDIA DE TEGUCIGALPA.	La población situada entre los esclavos y los propietarios mineros, dedicada a la pequeña agricultura, al pequeño comercio, a los oficios, a las profesiones y a la burocracia menor.
ALCALDE MAYOR	Posiblemente en ese tiempo don Ildefonso Ignacio Domezain.
REGIDORES	Integrantes del Ayuntamiento por nombramiento real.
PUEBLO DE TEGUCIGALPA	La misma clase media, de condición libre en la Villa de San Miguel de Tegucigalpa.

NARRADOR. Los historiadores nacionales han olvidado la investigación social por preferir la política. Por ello, nada hay publicado en el país de los movimientos de los esclavos indios, negros y zambos contra sus amos mineros. Es el historiador guatemalteco. Antonio Batres Jauregui, quien informa de la insurrección esclavista que hubo en El Real de Minas de San Miguel de Tegucigalpa en 1779, que empezó en el mineral de Ei Corpus, se extendió a los otros minerales, movilizó a millares de esclavos y amenazó a la población de Tegucigalpa. Pero al final, la insurrección fue vencida por los vecinos de la Villa y exterminada después por las tropas reales.

PRIMER CUADRO

Riquísima mina de El Corpus. Intenso trabajo minero. Golpes de hierro en las rocas con una monotonía mortal. Voces confusas y cavernosas. Silbidos de los látigos al caer en las espaldas de los esclavos. Y de pronto un estruendo, como si se hubiera venido el mundo abajo. Es el derrumbe de un áspero cerro en la parte que se halla la explotación minera. Se han desplomado millares de toneladas de tierra. Las Grandes piedras ruedan, dando tumbos, a los abismos. Gritos llenos de espanto y alaridos ahogados como si estuvieran degollando seres humanos. Al primer derrumbe horrísono siguen otros igualmente espantosos.

CHAPETON. (Español metropolitano, jefe de capataces, gritando). Capataces! Acudid pronto, que el derrumbe ha alcanzado la boca—mina!

Hombres que corren dando saltos hacia donde los llaman.

PRIMER CAPATAZ. (Hablando a gritos). infierno de los infiernos! Don Pelayo Montero de Fuenrabía y Torquemada andaba adentro!

SEGUNDO CAPATAZ. (Hablando a gritos). Le andaba mostrando el antro a don Melecio de la Rosa Toro y Cornejo!

TERCER CAPATAZ. (Gritando de lejos). ¡Corred, que han caído toneladas de cascajo en la boca—mina!

Acuden los capataces al llamado que se les hace.

CHAPETON. (Exaltado). ¡Dios Santo! Han quedado sepultados los propietarios Toro y Cornejo y Fuenrabía y Torquemada! Hay que salvarlos como sea posible! (Dando órdenes). ¡Pronto traed a los trescientos esclavos para que aparten esa montaña de tierra y aclaren la boca—mina!

Corren los capataces hacia donde están los esclavos.

LOS CAPATACES. (Gritando a una). ¡Bestias! ¡Venid a ver los destrozos que ha dejado el derrumbe! Aprontaos a ver que no ha quedado nada de lo que había antes...!

PRIMER CAPATAZ. (A sus compañeros). ¡No les digamos que van a trabajar porque entonces tendremos que usar la fuerza!

SEGUNDO CAPATAZ. (En tono natural). En esta ocasión nos valdremos del engaño!

TERCER CAPATAZ. (En el mismo tono). Lo importante es salvar a don Pelayo y a don Melecio.

PRIMER CAPATAZ. Debemos tener cuidado con esos malditos Han perdido la docilidad que trajeron de sus lugares! Ahora se les nota cierta rebeldía encerrada!

SEGUNDO CAPATAZ. ¡Es cierto! ¡Mirados que han cesado de golpear las rocas! ¡Pero no acuden al llamado!

TERCER CAPATAZ. ¡No se mueven ¡Pero mirad al camino! ¡Allá, detrás de ellos, aparecen los dragones con sus armas y los perros!

PRIMER CAPATAZ. Ya los vieron los esclavos y empiezan a moverse! Ya vienen…!

SEGUNDO CAPATAZ. Por el horror que le tienen a las armas y a los perros...!

TERCER CAPATAZ. (Gritando). ¡Corred al trote, bestias! ¡Más ligero para que veáis el derrumbe!

Son trescientos esclavos. Se acercan en tumulto, hablando en las distintas lenguas de Babel. Detrás de ellos se perciben las voces de los dragones y a los ladridos de los perros adiestrados. Llegan, y capataces, esclavos, dragones y perros marchan pesadamente hacia el derrumbe, hacia la parte en que está la boca—mina.

CHAPETON. (Gritando para ser oído). ¡Mirad qué horror! ¡Los dueños de la mina, don Pelayo Montero Fuenrabía y Torquemada y don Melecio de la Rosa Toro y Cornejo han quedado enterrados y hay que desenterrarlos! Exclamaciones de los dragones. Ladridos de los perros. Sordas voces de los esclavos en las lenguas de Babel.

PRIMER CAPATAZ. (Gritando). Animales, apuraos a remover la tierra para que salvéis a vuestros amos!

SEGUNDO CAPATAZ. (Gritando). ¡Arre! ¡A limpiar la boca—mina!

TERCER CAPATAZ. (Gritando). ¡Arre! Para salvar a don Melecio y a don Pelayo! (Hace silbar el látigo en las espaldas de un esclavo).

VERDUGO. (Jefe de dragones, gritando desde su caballo). ¡Apuradlos, que urge salvar a don Melecio y don Pelayo! ¡Decidme si resisten para soltarles los perros! (Llama a los perros más feroces). Fierabrás! ¡Tutiráis! ¡Novendráis! (Ladridos de los perros). ¡Listos que hoy tendréis carne fresca!

Tumulto en los trescientos esclavos, armados de barras, picos y palas. Altas voces de rebeldía en lenguas indianas y africanas.

Verdugo, con velocidad, mide la relación de sus fuerzas, cincuenta dragones con armas de fuego y veinticinco perros bravos, frente a trescientos esclavos jóvenes y fornidos, armados de instrumentos de trabajo, situados ambos grupos en las sinuosidades del derrumbe.

BUTUCO. (Un zambo joven, bajo y musculoso, con brillos del sol en la piel, salta sobre un peñasco derrumbado, con una barra en la diestra y habla a gritos al jefe de los dragones). ¡Conozco vuestra lengua! ¡Escuchad lo que voy a decir Estos hombres y yo no limpiaremos la boca—mina ni sacaremos a los amos, porque el Diablo los ha llevado a su Infierno! ¡Le habíamos pedido que los llevara cuanto antes y ha escuchado nuestro ruego! ¡Ahora le pedimos que os lleve a vosotros, perros, dragones y capataces! (Gritando a sus hombres). ¡Mirad aquel precipicio y aquellos peñascos a punto de caer! En cuanto disparen o suelten los perros, empujad los peñascos sobre la vida de esos bandidos! (Varios hombres suben veloces al precipicio).

CHAPETON. (Desconcertado ante la actitud de los esclavos y temblando ante el peligro de que sean rodados los peñascos). ¡Jefe de dragones, se han rebelado contra su Majestad!

VERDUGO. (Igualmente desconcertado ante la actitud de los esclavos y viendo temeroso el peligro de los peñascos en el precipicio). ¿Qué hacemos en este caso, Jefe de capataces?

PRIMER CAPATAZ. (Temblando). ¡Parlamentemos con Butuco, Jefe de los rebeldes!

SARGENTO DE DRAGONES. (Inquieto). ¡Qué nos Perdone la vida Butuco! ¡Han perdido su fuerza los españoles, las armas, los caballos y los perros!

CHAPETON. (Gritando). Jefe de rebeldes ¡Os garantizamos la vida a todos! Platiquemos!

BUTUCO. (Gritando con sarcasmo). ¡Yo soy quien os garantizo la vida en estos momentos, y nada tengo que platicar con la pobre blanca!

VERDUGO. (Gritando). ¡Valiente Butuco, salgamos al campo llano para tomar un acuerdo honorable!

BUTUCO. (Con santa cólera). ¡Cobarde! ¡Queréis hacer uso de la traición, del engaño vil! ¡Este es el lugar de tomar acuerdo! (Gritando a los hombres del precipicio). ¡Empujad los peñascos sobre esos miserables españoles!

Gritos de terror. Bárbaro estruendo de los peñascos que ruedan, saltan y caen. Alaridos entre las densas nubes de polvo. Relinchos de caballos y aullidos de perros en medio de aquel caos minero. Gritos de triunfo de los esclavos recién liberados, que rematan con sus instrumentos de trabajo a los españoles agonizantes y recogen las armas de fuego.

SEGUNDO CUADRO

Asamblea de los insurrectos en la mina de El Corpus. Disponen como de un centenar de armas de fuego, que saben manejar, entre escopetas y pistolones, y esta posesión les produce júbilo, que expresan en sus distintas hablas.

BUTUCO. (Con voz de mando). Estamos condenados a muerte porque ellos son más poderosos, pero les haremos estragos antes de morir! Doce son las explotaciones de El Real de Minas; seremos levadura para levantar a los demás mineros! Necesito hombres resueltos para que vayan allá a darles la nueva de El Corpus.

Se le acercan varios voluntarios entusiastas.

¡Está bien...! ¡Así se hace...! ¡Al sur están las explotaciones de San Martín, Langue y Barajana! ¡Iréis allá a decirles que sean hombres, que se levanten, que desarmen a los dragones con astucia, que tomen las armas y que se nos junten para ir a la Villa de Tegucigalpa, a cobrarles las cuentas a los mineros y a colgar los Alcaldes!

Vosotros iréis con las mismas noticias a San José de Yuscarán, San Antonio, Santa Lucía y San Salvador! ¡Deben actuar con la velocidad del relámpago!

¡Vosotros volaréis a Reitoca y Curarén! Les diréis que actúen con valentía porque esto es mejor que acabar bajo el látigo, en los derrumbes de los subterráneos o en las tripas de los perros.

¡Vosotros, los últimos, vais más lejos: A San Juan de Cantarranas y a San José de Cedros, con las mismas noticias y exigencias!

¡Como en el centro de los minerales está la Villa de Tegucigalpa, la atacaremos por los cuatro rumbos para tomarla, y entonces ya podremos enfrentarnos a los batallones que vengan de Comayagua y de otros lugares!

¡Como algunos de vosotros no llegareis con los informes de El Corpus, otros correos os seguirán, y otros marcharán detrás de éstos para asegurar el propósito que acariciamos!

¡Y ahora, todos a vencer o morir! ¡Mientras tanto, vamos a tomar posesión del pueblo! ¡A sentirnos sin amos! ¡A ser amos de los amos! ¡A comer en las mesas de los amos! ¡A cubrirnos con los trajes de los amos!

UN INDIO. (Con delirio). ¡A disfrutar las esposas de los amos!

UN AFRICANO. (Con regocijo). ¡A averiguar a qué saben las hijas de los amos!

UN ZAMBO. (Con odio feroz). ¡A cortarles la lengua y sacarles los ojos a los amos!

BUTUCO. (Jubiloso). ¡Es la hora de la dicha y la venganza! ¡Pero a una voz mía debéis obedecer! ¡Ya no somos esclavos! ¡Viva la libertad!

Estruendo de los libertos. Se dirigen al pueblo de El Corpus a hacer lo que más desean. Ordenadamente se alejan de la mina, a la que no volverán nunca más.

TERCER CUADRO

Alarma en la Villa de San Miguel de Tegucigalpa por la insurrección de los esclavos en las explotaciones de El Real de Minas. No hay tropas defensoras, porque el Batallón de la Villa ha tenido que ir a reforzar el Ejército del Capitán General don Matías de Gálvez, quien se dirige a recuperar el Puerto de Omoa, tomado por los ingleses.

ALCALDE MAYOR. (En su casa particular, agitado el ánimo, paseándose con las manos atrás). ¡Esto es nuevo en la Alcaldía Mayor! Nuevo en la Provincial ¡Nuevo en el Reino de Guatemala! ¡Nuevo en las Indias Occidentales! ¡Hasta allá llego en mis consideraciones!

¡Se levantan las tribus indias! Llegan hasta las puertas de la Villa! Tienen la audacia de escupir en las goteras de Comayagua. ¡Pero que se levantaran los esclavos en los minerales no se habían visto ¡Y lo más sorprendente es que lo hagan en concierto, pues todos se levantan a la vez, sorprenden a las milicias locales, les toman las armas y como si obedecieran a una sola voz de mando avanzan sobre la Villa por los cuatro rumbos!

¡Colijo que los cazadores de indios y los compradores de negros bozales no ponen esmero en lo que cazan y compran! ¡Qué sabemos si entre los indios y los negros vienen agentes ingleses! Ahí tenéis que estalla la insurrección de los esclavos mineros de Tegucigalpa a la vez que los piratas toman el Fuerte de Omoa. ¡Y notad la diferencia: mientras el Capitán General del Reino, señor de Gálvez, va con lujoso ejército a arrojar a los piratas de la Costa, llevando en cuenta el Batallón de la Alcaldía Mayor, yo quedo aquí atenido a la buena voluntad de los propietarios mineros, a los mercaderes, a los artesanos, a la población civil, sin armas, sin coraje y sin posible ayuda de los vecinos! ¡Tal es la verdad, fría y desnuda!

REGIDOR PRIMERO. (Informando). Excelencia, han salido cuatro batallones de milicianos en dirección de los cuatro puntos de El Real de Minas. Como van mal armados, se valdrán de estratagemas. Les harán emboscadas, y ahí acabarán con los insurrectos.

REGIDOR SEGUNDO. (Informando). Españoles, criollos y mestizos van confundidos en los batallones, con deseos de pelear hasta la muerte.

REGIDOR TERCERO. (Comentando). Hasta la muerte, y así debe ser, porque según noticias, los insurrectos vienen repitiendo las monstruosidades de los godos...

Entran como un huracán la esposa del Alcalde Mayor, gritando y lamentándose.

LA DAMA. ¡Ay! ¡Ay! ¡Ay! (Se sienta). ¡Presentía estos sucesos! ¡Por eso os dije, Ildefonso, que me resistía a venir a las Indias! ¡Ya veis lo que está pasando! ¡Ay! ¡ay! , ¡ay!

Entra como una ráfaga la hija primogénita del Alcalde Mayor, con la chismografía de la Villa.

LA PRIMOGÉNITA. Padrecito, vienen ultrajando sin respeto de color ni tamaño! Vienen robando, asesinando, haciendo mil diabluras.

Entran tres solteronas vecinas, de la aristocracia minera, hablando a gritos.

LAS SOLTERONAS. ¡Virgen de los Ardores! Virgen de los Dolores! ¡Virgen de los Consuelos! Vienen forzando mujeres de todas las edades! Jesús, María y José! ¡Hágase, Señor, tu santa voluntad!

El revuelo en la casa particular del Alcalde Mayor, es el mismo revuelo en todos los hogares de la Villa de San Miguel de Tegucigalpa.

EPÍLOGO

En el Ayuntamiento. El Alcalde Mayor. Los Regidores. Los eclesiásticos de la localidad. Los viejos propietarios de minas. Matronas y señoritas de las familias propietarias. En los corredores del Ayuntamiento, la clase media de la Villa ansiosa de saber noticias.

ALCALDE MAYOR. (Poniéndose de pie, habla con arrogancia). ¡Dignatarios y vecinos de la Villa de San Miguel de Tegucigalpa! ¡Quiero usar pocas palabras para daros grandes noticas! ¡Escuchad! ¡El Capitán General del Reino, don Matías de Gálvez, ha desalojado a los ingleses del Fuerte de Omoa y los ha arrojado al mar!

¡Por ello, aplaudamos las armas de su Majestad!

Aplaude sonriente, y le acompañan unos aplausos débiles.

¡Nuevas informaciones! Los batallones de milicianos de Tegucigalpa, han aniquilado la insurrección que comandaba el esclavo Butuco...!

Aplausos estruendosos en la sala y en los corredores del Ayuntamiento. Delirio en los dignatarios y en los vecinos de la Villa. El Alcalde Mayor, siempre sonriendo, alza la mano en demanda de silencio.

Los esclavos de la insurrección tenían programa de gobierno! ¡Ellos serían los amos y nosotros sus servidores! ¡Fundarían un Estado en el Real de Minas y en la Provincia y demandarían la asistencia de los ingleses!

Interpretación de la noticia de diversos modos. Algunas risas.

¡Ahora, vamos todos a la iglesia a darle gracias al Señor por habernos salvado de la esclavitud!

Abandona el Ayuntamiento en gran tumulto. Entran a la iglesia. Alegres repiques de campanas. Cohetes que se levantan y estallan. Música en la Plaza Mayor.

LA ILUSTRACIÓN: BROTES POPULARES EN TEGUCIGALPA

Siglo XVIII. Vasto y poderoso movimiento de la Ilustración, favorecido por los príncipes progresistas. Reinado de Carlos III— 1759—1788—. Las ciencias y las letras invaden las Indias Occidentales. En el Real de Minas de San Miguel de Tegucigalpa ha habido varias insurrecciones de esclavos, debido a los malos tratos. Los perros feroces se comen a los indios y los negros. Los propietarios de minas están en quiebra, a causa de las sublevaciones y de la baja de los metales preciosos en los mercados de Europa. La desesperación de los mineros se acerca a la locura. Tan ignorantes como las bestias no buscan causas y efectos. Solo esgrimen el látigo en las espaldas desnudas y requemadas con una brutalidad incomparable.

Solo los artesanos de Tegucigalpa, libres la mayor parte, sin excluir la existencia de esclavos, de vez en cuando sentían las brisas de la Ilustración, que llegaban de lejos, de muy lejos. Los maestros de los numerosos oficios celebran las fiestas de sus santos patronos, como decir San Miquel Arcángel y otros de renombre milagroso. Tales maestros corrientemente son jefes de cofradías, motivo suficiente para que la Iglesia no desconfiara de ellos. Leen a los autores ilustrados de Francia, discretamente pasan los textos de mano en mano, y con la disculpa del comercio, aprenden idiomas vivos y muertos.

Esto se puede llamar la parte oculta, secreta, de la lucha de la liberación de América.

Los maestros artesanos se reúnen con el pretexto de preparar la fiesta del patrón San José. Bajo sus capas llevan libros condenados por la Iglesia).

TEODORO ARGÜELLO, maestro constructor, informando al grupo en número de treinta.

Cofrades, empecemos por alabar al rey de España, nada importa que no seamos realistas, porque está cambiando el rumbo de las Españas y de las Indias. Nosotros, los últimos en una región tan remota vemos —al fin tenemos ojos— los cambios admirables que está realizado el rey Borbón.

Se debe, desde luego, tanta novedad a la presencia en el Ministerio del Conde de Aranda. Aunque la iniciativa del rey es indiscutible, la fecunda imaginación del Conde lo ha llevado a lugares antes desconocidos.

Como la minería ya no es negocio, en la Península está impulsando la agricultura, la industria, el comercio, pasa la escoba en todo lo que significa la vieja España, país reaccionario, más papista que el papa, más venenoso que el veneno.

Y en las Indias ha concebido leyes para devolver sus tierras a los indios, está fundando "sociedades económicas" que sirven para empujar el avance en agricultura, en industria y en comercio.

En las Indias, ¿cómo se explica tanto favor? Se explica de la siguiente manera. Gabriel Tupac Amaru, gran caudillo peruano, levantó en insurrección a las indiadas, que derrotaron una y otra vez a los colonizadores, y si no hubiera sido por el error el futuro inca habría restablecido el comunalismo de sus mayores.

Fue entonces que el conde de Aranda aconsejó al rey Carlos que le diera la libertad a las Indias, y lo habría hecho el rey si los grandes de España no hubieran protestado furiosos y los propietarios de Indias no hubieran hecho lo mismo. El Conde de Aranda, enemigo de la Iglesia, enemigo del poder absoluto oscurantista, y amigo personal de Voltaire, y amigo de la Ilustración hasta el punto de volverla gobierno en nuestras Indias y en la odiada España tuvo que refugiarse en Francia para evitar que acabaran con su bella existencia.

ANACLETO ANTÚNEZ, carpintero, miembro de la Directiva.

Permítame el cofrade Argüello que diga unas cuantas palabras, aunque no con la sabiduría de las suyas. Yo no sé a ciencia cierta de donde arrancó el movimiento cultural de la Ilustración. Posiblemente fuera de Copérnico, o del descubrimiento del Nuevo Mundo, o de Galileo. A saber de dónde arrancó. Lo cierto es que nosotros tenemos nuestro punto de partida, con características insurreccionales. Nuestra Ilustración, que es conocimiento de las ciencias y de las letras, más revolución armada por la independencia de España y de cualquier otro Imperio, arranca de Tupac Amaru, de la sublevación de Tinta, del ahorcamiento de un Corregidor, que significaba que en él se estaba ahorcando al régimen absolutista. Aquel impulso insurreccional fracasó, y ahora a pesar de los mandatos favorables del rey Carlos, el terror, desatado por los encomenderos y los miteros a lo largo del

Continente es sencillamente espantoso. Llegan a millones los hermanos muertos víctimas de la barbarie de los españoles criollos y los españoles peninsulares. En América tenemos una fecha que vale más que las de todos los santos. 1780 es un año sagrado, es el año del comienzo de nuestra libertad.

JUAN CARDONA, herrero. Perdonen, queridos cofrades. Las disertaciones han resultado largas. No olviden que nos hallamos a pocos meses de los acontecimientos de Tupac Amaru y que el espionaje de los encomenderos, aunque no del rey, vuelve sospechosos hasta los más fieles vasallos de la monarquía.

Pido, queridos cofrades, que juremos con la mano puesta en el texto de "El Contrato Social" que seguiremos hasta la muerte el ejemplo del peruano Tupac Amaru y de los Comuneros del Socorro.

Se ponen de pie los 30 conjurados y van de uno en uno a la mesa donde está el texto del Contrato Social, diciendo:

—¡Juro por mi honor seguir el ejemplo libertador de Tupac Amaru y de los Comuneros del Socorro!

Han terminado de jurar cuando pasa una escolta por la calle, y los conjurados con destreza inesperada cantan a coro en voz alta:

Alabado sea el Santísimo,
Sacramento del altar
y María concebida
sin pecado original.

En la Villa de San Miguel de Tegucigalpa no ha habido ninguna novedad. Solo que la Ilustración revolucionaria anda en el pensamiento de los maestros artesanos, de los compañeros, de los aprendices, de las cocineras, de las lavanderas, de las aplanchadoras, de casi todas las gentes. Y al señor Alcalde Mayor le llama la atención el hecho que todo mundo quiere aprender a leer y escribir y que se multiplican las escuelas privadas, en forma que allí donde hay un sastre, allí hay de tres a cinco niños silabeando o decorando; allí donde hay una costurera, allí hay varias niñas en el mismo aprendizaje. Pero el Alcalde Mayor, que es medio tonto, dice entre dientes:

—Son las épocas…

LOS 70 AZOTES DE PEDRO SIERRA, SARGENTO MAYOR DEL BATALLÓN DE OLANCHO

PERSONAJES

DON JOSÉ DE MEDINA VALDERAS	Alcalde mayor de la Villa de Tegucigalpa.
UN ESCRIBANO	
DON PEDRO SIERRA DE LAS VIÑAS	Sargento Mayor del Batallón de Olancho.
DOÑA SOLEDAD FIGUEROA	Esposa de don Pedro Sierra
LINO CRUZ	Artesano, Testigo.
ALEJO REYES	Artesano, Testigo.
QUITERIA SÁNCHEZ	Amante de Pedro Sierra.
LORENZA TORRES	Lavandera y aplanchadora.
ALGUACILES, PÚBLICO.	

AÑO DEL SUCESO: 1776

RELATOR. El hecho es rigurosamente histórico. Tuvo lugar en la Villa de San Miguel de Tegucigalpa, en 1776, año de la independencia de los Estados Unidos, que ya sacudía los corazones indohispanos, y que empezando a encenderse en coraje revoltoso, mostraban altanería ante las autoridades españolas, en cuenta su Excelencia el Alcalde Mayor.

Villa de San Miguel de Tegucigalpa, un día de abril de 1776. En la sala principal de la Alcaldía Mayor, las autoridades ven el caso de don Pedro Sierra, acusado de ser esposo de doña Soledad Figueroa, a quien abandonó en el lugar de las Queseras de Arriba, Olancho. Está llena de curiosos la audiencia por ser pública y resonante.

ALCALDE MAYOR. (Desde su asiento, en voz alta). ¡Reo de la justicia del Rey, decid vuestro nombre! ¡Vuestra profesión! ¡Vuestro servicio! ¡Vuestra residencia habitual! ¡Vuestra religión! ¡Todo cuanto os concierne…!

DON PEDRO. (Desde su lugar, en voz alta). ¡Me llaman Pedro Sierra de las Viñas, hijodalgo del reino de Aragón, tercio de Italia, trasladado en servicio del Rey a estas indias, Sargento Mayor del Batallón de Olancho para contener las invasiones orientales de los ingleses y los zambos, residente en la Villa de San Miguel de Tegucigalpa por caso de enfermedad, de la religión de Nuestro Señor Jesucristo, honrado hasta decir "basta don Pedro", casado a la manera indiana con la criolla Quiteria Sánchez del Barrio Abajo, mujer de buenas costumbres y sin ningún desliz, pues cuando yo vine a ella la encontré como nuestro padre Adán encontró en los días del Paraíso a nuestra madre Eva....

Se despierta un rumor en la sala. Cuchicheos y risas sofocadas.

ALCALDE MAYOR. ¡Deteneos...! ¿Qué esas son las generales de la criolla? ¡Decid si antes habéis tenido esposa conforme al rigor de la Santa Madre Iglesia...! ¡Y si hubistéis generación con ella..!

DON PEDRO. (Emocionado). Excelencia, hube una esposa que son pocas las letanías, para ponderarla. ¡Fue lirio del campo, rosa de Jericó, torre del Rey David, estrella de la mañana, gloria de los ángeles, reina del Cielo, madre de Dios Hijo! ¡No, no, no...! Aquí digo mal porque no tuvo hijo ninguno... ¡En este punto se fue virgen la pobrecita al desconocer los dones de la maternidad…! Porque su Excelencia ha de saber que son dos las virginidades que honran o desdoran a la mujer... La una, cuando todavía no ha conocido varón, conocimiento que espera con ansia loca, y la otra, cuando todavía no ha arrojado aquel fruto que sale con un ¡Güererés! ¡Güererés! ¡Güereres! Endemoniado que…

Carcajadas en la sala. Huracanes de risa que contagian a los alguaciles.

ALCALDE MAYOR. (Dando golpes con el martillo de madera en la mesa y reprimiendo la risa). ¡Reo Pedro Sierra de las Viñas, por vuestras letanías estoy en camino de entender que fuistéis casado…!

DON PEDRO. Sí, Excelencia, digo que fui casado con doña Soledad Figueroa, quien tenía un corazón..

ALCALDE. (Atajándolo, siempre alegre). En amor de Dios, no sigáis... ¡Concretaos a la pregunta! ¡Según lo que explicáis, doña Soledad Figueroa ya es difunta, porque habláis en pretérito, al decir que se fue!

DON PEDRO. Sí, Excelencia, se fue en vida con Genaro Juárez Remolino, embarcada en una canoa, aguas abajo del Paún, buscando asilo para su amor…

Delirio en la sala. Golpes del martillo de madera en la La Alcaldía Mayor se ha vuelto un circo de mesa. maromeros.

ALCALDE MAYOR. (Arrogante para dominar el regocijo popular). ¡Quiénes pueden declarar acerca de que sois vos el marido abandonado y no ella!

DON PEDRO. (Como empujando una carretilla), Mauricio Flores, Pablo Andino, Lorenzo Cerrato, Lino Cruz, Juan García, Pío Rodas, José Aguilar, Pedro Matamoros, Hermenegildo Flores, Alejo Reyes, Apolinario Sierra…

Carcajadas como relinchos y bramidos en la sala principal de la Alcaldía Mayor. Golpes del martillo de madera.

ALCALDE MAYOR (Gritando). ¡Todo el Batallón de Olancho…!

DON PEDRO. ¡No, Excelencia…! Todos los artesanos de la Villa de Tegucigalpa a quienes he contado el abandono de que he sido víctima. Todos los honrados curtidores de pieles, zapateros, talabarteros, hilanderos, tejedores, sastres, sombreros, herreros, cuchilleros, cerrajeros, armeros, carpinteros, adoberos, picapedreros, tejeros.

Admiración en la sala por la facilidad del reo para citar los oficios artesanales de la villa en una forma veloz.

ALCALDE MAYOR. (Gritando). ¡En amor de Dios, no sigáis...! ¡Con esa retahíla podéis llegar al cerro…! ¡Estoy entendido que no son los números del Batallón de Olancho los que conocen vuestro abandono matrimonial sino los vecinos de la Villa de Tegucigalpa porque vos se los habéis contado!

DON PEDRO. (Suplicante). ¡Excelencia! ¡Perdonad!

ALCALDE MAYOR. (Gritando). ¡Basta de letanías...! ¡Vuestros testigos no son testigos. ¡Carecéis de testigos de conocimiento...! ¡Vuestros testigos en caso de ser llamados darán fe de vuestras referencias interesadas y falsas...!

DON PEDRO. (Suplicante). Excelencia, llamad siquiera dos, para que declaren que me han visto llorar el abandono en que me dejó aquella dulce ingrata, aquel corazón de piedra, aquella alma cruel, aquella yegua rijosa, aquella vaquilla en brama, aquella perra…

ALCALDE MAYOR. ¡Un momento...!¡Que ya empezáis el rosario en lágrimas de San Pedro! ¡Alguaciles, sacad de la sala al reo y que vengan a declarar los testigos Lino Cruz y Alejo Reyes!

Curiosidad en la sala por conocer el testimonio de los testigos nominados.

DON PEDRO. (A punto de salir de la sala, con palabras quejumbrosas). Excelencia, también hay mujeres que pueden declarar por conocerme de cerca... Quiteria Sánchez, Jimena López, Martina Campos, Basilia Funes, Lorenza Torres, Ciriaca Alonzo, Petra Martínez, Ramona Santos, Lucila Cuéllar, Brígida Ríos, Rosa Jiménez, Carmen Gutiérrez...

Risas en la sala por ser muchas de las citadas de generales conocidas.

ALCALDE MAYOR. (Gritando). Eaaa., Alguaciles, ¿qué esperáis...? ¡Llevadlo luego, que nos dejará sin santoral, y que vengan después a declarar Quiteria Sánchez y Lorenza Torres, para que no vaya a decir el reo que se le niega la justicia del Rey...!

DON PEDRO. (Saliendo de la sala y dirigiéndose al alcalde mayor y al público a voz en grito). ¡Sabed que si me condenáis haréis una doble víctima, porque soy yo el abandonado por doña Soledad Figueroa de Sierra de las Viñas...! ¡Sabed que ella se fue aguas abajo del Paún a tierras de dominación inglesa, dejando esposo, Rey y nuestra santa religión...! ¡No merezco la cárcel ni el castigo...! ¡Quién es digna del convento es ella...!

Sale el reo y entran los testigos Lino Cruz y Alejo Reyes.

ALCALDE MAYOR. (En voz alta). ¡Qué lengua de maldito...! ¡Es peor que la lengua de Pantaleón Uclés, de La Plazuela…! ¡A ver qué dicen los testigos...! Juráis ante Dios y prometéis ante su Majestad el Rey decir verdad en todo lo que se os pregunte...?

LINO CRUZ Y ALEJO REYES. (A una). ¡Juramos y prometemos…!

ALCALDE MAYOR. (Amenazante). ¡Si mentís, cargaréis cadenas en el Fuerte de Omoa, para después pasar a fas hoguras del infierno, donde el cornudo Satán os mostrará la lengua mientras goteáis manteca desde unas parrillas candentes...! ¿Lino Cruz, qué sabéis del reo de la justicia del Rey, Pedro Sierra, Sargento Mayor del Batallón de Olancho, casado con doña Soledad Figueroa de aquella región de víboras, lagartos, zambos y británicos...? ¡Decid verdad, que si no os pillaré una oreja…!

LINO CRUZ. (Confiado). Excelencia, yo le temo a las prisiones del Rey, y más le tengo miedo a las torturas del infierno... ¡Aunque diciendo verdad me libro de las primeras y con doctrinas doctas me libro de las segundas, las cuales dicen que no hay tales hoguras ni tales patas de muerto, que solo sirven para engañar tontos...!

ALCALDE MAYOR. (Interrumpiéndolo). ¡Las luces...! ¡Las luces...! ¡El siglo de las luces…! ¡Estáis oyendo al hereje...! Lástima grande que su Majestad Carlos III haya arrojado a los jesuitas de sus reinos y haya disuelto el Tribunal del Santo Oficio para escarmentar en el quemadero a este negador de la existencia del infierno…! ¡Seguid…!

LINO CRUZ. (A la ofensiva). ¡Excelencia, perdonad...! ¡Si yo me expreso como lo hago es porque me apoyo en sus propias palabras expresadas en el Ayuntamiento, cuando fueron arrojados los jesuitas de la Provincia! ¡Su mercé dijo entonces, loando a su Majestad Carlos III, que no había tales llamas infernales ni tales patas de muerto!

Sordo rumor en la sala. Afirmaciones anónimas de que si lo había dicho.

ALCALDE MAYOR. (Corrido). ¡Eso se llama lapsus en latín, errores de oratoria; hasta el mismo Cicerón, príncipe de los oradores romanos los cometía, según lo cuenta Quintiliano en sus Instituciones...!

LINO CRUZ. (Interrumpiéndolo). Excelencia, algunos artesanos leemos obras en romance y en la lengua del Lacio... Malamente, pero leemos... Me sirven de cabecera las Instituciones de Quintiliano, y allí no he visto nada que hable de los errores de Cicerón en sus discursos. Al contrario, se deshace en alabanzas para el autor de las Catilinarias.

ALCALDE MAYOR. (Golpea la mesa con el martillo de madera). Basta, que esto no es una Academia sino una audiencia pública para averiguar la inocencia o la culpabilidad de don Pedro Sierra. ¡Concretaos al caso...!

LINO CRUZ. (Con sorna). Es que dicen, Excelencia, que de donde menos se espera salta la liebre... Opino que Pedro Sierra, Sargento Mayor del Batallón de Olancho, es hablador pero es un honrado súbdito del Rey. No me consta, sin embargo le he oído decir antes que se le fue la mujer con un desalmado, y debe ser cierto porque ya lo había sentenciado el sabio Salomón en el Eclesiastés, que la mujer es una víbora, cuando más la quiere el hombre más le hinca los dientes en el alma…

Sorda protesta de las mujeres que asisten a la audiencia.

ALCALDE MAYOR. ¡Basta ya predicador sin púlpito...! Que se acerque el testigo Alejo Reyes…! ¿Qué sabéis del caso de Pedro Sierra con la ausente Figueroa...? ¿Sois testigo de vista o de oídas…?

ALEJO REYES. (Rudo). De oídas, Excelencia... Y agrego que siendo querella privada de los esposos Pedro Sierra y Soledad Figueroa, no sé qué andan haciendo, metidos en pleito ajeno, su Señoría el Alcalde Mayor, don José de Medina Valderas, y el herrero del barrio de La Ronda, Alejo Reyes…

ALCALDE MAYOR. (Gritando). ¡Bribón...! Grandísimo ¡Bribón..! ¡Escribano, leed las ordenanzas que le permiten al Alcalde Mayor hacer justicia real en el abandono conyugal…!

ESCRIBANO. (Removiendo papeles y hablando). La ley 8ª. título 3º., libro 7º. de la Recopilación de Indias, previene a los Virreyes, Presidente, Audiencias y Gobernadores que con mucho cuidado procuren en Indias que todos hicieren vida con sus mujeres, haciéndoles ir y cohabitar con ella. Y la ley 14, título 1º., libro 2º. dispone que los Virreyes y Alcaldes del crimen pueden conocer sobre lo contenido en las Reales cédulas y provisiones para que los casados residentes en las Indias fueren desterrados.

Hay también disposiciones del Arzobispo de Guatemala que mandan que "en consideración a los gravísimos perjuicios que resultan a la Iglesia y al Estado de que las personas casadas vivan en distintos lugares, separadas sin causas legítimas ni justos títulos, se les manda, ya sean hombres, ya sean mujeres, se delaten ante el Arzobispo para que se les compele a la obediencia de sus obligaciones, bajo las penas establecidas en el Edicto publicado inter missarum solemnia".

ALCALDE MAYOR. (A Alejo Reyes). ¿Qué decís ahora pícaro? ¿Grandísimo pícaro?

ALEJO REYES. (Siempre rudo). Lo dicho anteriormente, que muchas veces los que hacen las leyes se meten abusivamente en lo que no les importa. ¡En el caso de Pedro Sierra y Soledad Figueroa matrimoniados, ni a su Señoría le va como Alcalde Mayor ni a mí me viene como testigos, por mandato de una ley mal hecha…! ¡Con permiso…!

Sale el herrero Alejo Reyes entre la sorpresa de la sala.

ALCALDE MAYOR. (Justificándose). ¡Gandul...! ¡Grandísimo gandul...! ¡Que te valga que sois el herrero de mi casa, y que sin vos faltarían frenos y espuelas para mis caballos.... ¡Además, no lo permita Dios que me meta con artesanos leídos, pendientes de la revolución de Norteamérica y de las ideas Rousseau!

Alboroto regocijado en la sala de la audiencia.

ALCALDE MAYOR. ¡Que venga la testigo Lorenza Torres a declarar en el caso de Pedro Sierra y Soledad Figueroa...!

LORENZA TORRES. (Con desenfado). Es poquito, poquitito, una "mirruñita", lo que tengo que decir. ¡Que haga su señoría el Alcalde Mayor que Pedro Sierra, vago, mentiroso y desleal, me pague un año de lavados, aplanchados y remiendos en la camisa, la casaca y las pedorreras…!

ALCALDE MAYOR. (Riéndose). ¡Y qué otra cosa más le cobráis...!

LORENZA TORRES. ¡Por honestidad me guardo el cobro de otros emolumentos…!

Tempestad de risas en la sala. Toses y ahogos en la audiencia.

ALCALDE MAYOR. ¡Marchaos, porque sois parte y no testigo…! ¡Que venga la declarante Quiteria Sánchez…! ¡Con esta dijo Pedro Sierra que estaba casado a la manera indiana…! ¡Debe ser…!

QUITERIA SÁNCHEZ. (Atajándolo). ¡Un momento, señor Alcalde…! ¡La honra de las mujeres no se grita en las audiencias en pleno día…! ¡Honra, secreto, discreción y misericordia son la misma cosa…! ¡La honra resguardada es honra! ¡La honra publicada es deshonra porque se le arroja a los perros del comentario…! ¡Dios ha hecho muchas cosas para conservarla: los ojos se apagan, los labios se pliegan, las ropas ocultan, las puertas se cierran, las sombras de la noche descienden, el silencio ampara, la dicha de retener el tesoro mujeril anda entre una mordaza, y al buen entendedor pocas palabras…!

Regocijo en la sala, sobre todo en las mujeres.

ALCALDE MAYOR. (Sonriente). Tenéis razón… Sin embargo, Pedro Sierra habló de amores indianos con vos…

QUITERIA SÁNCHEZ. ¡Los amores indianos son los más secretos del mundo porque carecen de importancia para las partes concurrentes! Fijaos en la conducta de los indios. Los amores indianos no van a las iglesias ni vienen a las audiencias… Excelencia, Pedro Sierra es un pobre diablo español que publica como realidades sus delirios. No creo que haya mujer en la Villa que ponga su honra a merced de semejante truhan…

ALCALDE MAYOR. (Siempre sonriente). Muy bien. Pero os ha dicho que lo abandonó su mujer Soledad Figueroa, porque os ha citado como testigo.

QUITERIA SÁNCHEZ. Es verdad que me lo ha dicho. Y siendo todos testigos de oídos en Tegucigalpa, no hay razón para enjuiciarlo…

ALCALDE MAYOR. (Con burla). Quiteria Sánchez, sois una fiera… Nada se le puede probar al reo.. Le devolveré su libertad… (Alzando la voz). ¡Alguaciles, traed a Pedro Sierra para que oiga su absolución…! (A Quiteria Sánchez). ¿Tenéis algo que reclamar?

QUITERIA SÁNCHEZ. ¡Sí, que Pedro Sierra me devuelva el honor que ha mancillado…! ¡Que me lo devuelva en esta audiencia retractándose…!

Entra el reo Pedro Sierra. Se abre una puerta lateral. Entra a la vez una mujer con un papel en la mano, más siete niños de pan llevar. Sorpresa en la sala. Grandes risas del Alcalde Mayor.

ALCALDE MAYOR. ¡Se acabó la comedia…! ¡Allí tenéis a Soledad Figueroa..! ¡El papel que trae en la mano es copia del acta matrimonial con Pedro Sierra…! ¡Los niños que la acompañan son hijos de ambos...! ¡Viene de las Queseras de Arriba, de Olancho, donde la dejó el ingrato! ¡No viene de ninguna tierra de zambos! Pedro Sierra en sus viajes a la Villa conoció a Quiteria Sánchez! ¡En su último viaje se quedó definitivamente amancebado con ella! ¡Esto se llama ostensible y público abandono conyugal!

En nombre de Dios Todopoderoso y de Su Majestad Carlos III, Yo, Alcalde Mayor de la Villa de San Miguel de Tegucigalpa, condeno a Pedro Sierra de las Viñas, Sargento Mayor del Batallón, a "sufrir la pena de setenta azotes en la plaza pública y a tres años de prisión en el Castillo de Omoa, por no haberse sacrificado al amor con su mujer legítima", durante el tiempo que ha estado amancebado con Quiteria Sánchez... ¡Y ahora digan que no hay Alcalde Mayor en la Villa de Tegucigalpa.

Escándalo en la sala. Pedro Sierra quiere hablar pero no lo dejan.

SOLEDAD FIGUEROA. (Suplicante). Excelencia, sería suficiente con que yo lo amonestara en privado… ¡Bien castigado estaría pagándome los sacrificios amorosos que me debe…!

Risas.

QUITERIA SÁNCHEZ. (Desesperada). ¡Con qué me tapo las vergüenzas…! ¡Me han quitado los trapos en plena audiencia...!

Carcajadas.

MOTÍN POPULAR EN LA VILLA DE TEGUCIGALPA, ENERO, 1812

PERSONAJES

PROTAGONISTAS

JOSÉ MANUEL MÁRQUEZ	Insurgente
JOAQUÍN ESPINOZA	"
MIGUEL EUSEBIO BUSTAMANTE	"
CAMILA DE MÁRQUEZ	"
PRESBÍTERO JUAN FRANCISCO MÁRQUEZ	"
SOROTA	Esclava
FIDELIO	Liberto

ANTAGONISTAS

JOSÉ SERRA	Alcalde Mayor
JUAN JUDAS SALAVARRIA	Teniente del Alcalde
JOSE IRIBARREN	Justicia Mayor

NOTA: Los personajes señalados como antagonistas pretendían continuar en sus cargos por cuatro años más, contra lo establecido en las leyes reales.

RELATOR: El motín popular para deponer unos Alcaldes en la Villa de Tegucigalpa el 1º. de enero de 1812 se lee en cualquier texto de Historia Nacional. Aquí sólo se agrega la dramatización de aquel glorioso acontecimiento, precursor de la independencia del 15 de septiembre de 1821.

PRIMER CUADRO

Villa de San Miguel de Tegucigalpa, capital de la Provincia del mismo nombre, a las seis de la mañana del 10. de enero de 1812. Gran agitación en los barrios y en las vecindades. Los tegucigalpenses llevan varias noches de no dormir, empeñados en responderles como se debe a los insurgentes de San Salvador, León y Granada, que en los meses de noviembre y diciembre del año anterior se habían levantado contra el "mal Gobierno", y dispuesto a impedir que José Serra, Juan Judas Salavarría y José Iribarren continuaran por cuatro años más desempeñando las altas funciones de Alcalde Mayor, Teniente del Alcalde Mayor y Justicia Mayor, respectivamente, en la citada Villa. El presente cuadro tiene lugar en la casa de José Manuel Márquez.

DOÑA CAMILA. (Poniendo atención). Qué griterío en la plaza.

SOROTA. (Esclava). Son los jacaleapas que vienen llegando, y los reciben con gritos los ladinos de los barrios.

DOÑA CAMILA. ¿Son numerosos los ladinos?

SOROTA. Muchísimos. De la Cuesta del Río, de la Joya, de la Plazuela, de la Ronda y del Barrio Abajo.

DOÑA CAMILA. ¿Llegaron los comayagüelas?

SOROTA. Fueron los primeros en llegar a altas horas de la madrugada y ocupan la parte trasera de la Casa del Ayuntamiento.

DOÑA CAMILA. ¿Están armados los ladinos?

SOROTA. Con navajas, puñales, machetes, martillos, barras de minas, hondas y piedras, arcos y flechas. Hasta dicen que disponen de armas de fuego.

DOÑA CAMILA. ¿Pasaste por el cuartel?

SOROTA. Pasé. Aseguran que los mosqueteros del Batallón han caído en desobediencia porque se niegan a disparar contra el pueblo.

DOÑA CAMILA. No habrá sangre. Y los esclavos de las Casas grandes ¿qué dicen?

SOROTA. Ama, todos están con los insurgentes. Solo que guardan silencio. Pero se les advierte la alegría en que andan con más garbo.

DOÑA CAMILA. Debe ser grande el sobresalto en las casas de los españoles de España...

SOROTA. Temen los "Chapetones" mil cosas. Que los esclavos abran las puertas al peso de la noche para que entren los ladinos a asesinarlos. Que los mismos esclavos les den "canjura" en la comida y los envenenen. O que dispongan a matarlos cuando estén dormidos en la siesta.

DOÑA CAMILA. Todo marcha bien. Tú serás libre en cuanto venzamos a los Alcaldes. José Manuel y yo seremos tus padrinos cuando te cases con Fidelio...

SOROTA. (Con fingido susto). ¡Con Fidelio el nigüento...! ¡Ama, no sea ingrata...!

DOÑA CAMILA. (Alegre). Ingrata, ¿por qué? Todo irá bien. Tú le sacarás las niguas y él te sacará los piojos. (Seria). Lávate las manos y tiendes la mesa que ya vienen los "infieles americanos"...

Entran José Márquez, Joaquín Espinoza y Miguel Eusebio Bustamante. Se quitan las capas, las cuelgan y se sientan junto a la mesa del comedor.

DON MIGUEL EUSEBIO. Doña Camila. Bien oímos que nos llamó infieles americanos...

DOÑA CAMILA. Tómelo usted como un honor, pues esa fue la intención don Miguel.

DON JOAQUÍN. Honor de ser colgados si perdemos el pleito, doña Camila?

DOÑA CAMILA. Don Joaquín, no se aflija que lo ganarán, y el deshonor será soga en el cuello de los perdidos.

DON JOSÉ MANUEL. No bromeo. Si con desdén nos llamas infieles americanos, Camila, considera que existe un principio de prueba para proponerte la separación de cuerpos…

DOÑA CAMILA. (Con arrumacos de esposa). José Manuel… ¡Serías capaz…!

DON JOSÉ MANUEL. La independencia, por la cual luchamos significa mil cosas. En cuenta infidelidad americana en el matrimonio…

Todos ríen.

DOÑA CAMILA. No me asusto, porque en eso, sobre todo, piensan los hombres…Voy a traerles el desayuno para que luchen con más vigor por su pretendida libertad…

Nuevas risas. Se va doña Camila.

DON JOAQUÍN. Son divertidas las mujeres.

DON MIGUEL EUSEBIO. Son la sal y la pimienta de la vida.

DON JOSÉ MANUEL. Con tal que no la pases…Vamos a lo serio. En América seguimos siendo Colonia. Pero hay una lucha revolucionaria que va desde el radicalismo con las armas en la mano hasta el cabildeo con las leyes reales. En Nueva España, Venezuela y Buenos Aires la rebelión armada se encamina a la independencia monárquica republicana, según el gusto de los rebeldes. En otras zonas americanas han puesto mucha fe en que arrojados los francés del territorio español y al volver Fernando el Deseado a Madrid, la Constitución de Cádiz hará el milagro de que se mantenga la Monarquía constitucional en los dos mundos. Y todavía en otras porciones continentales creen que no triunfará la revolución de independencia monárquica, republicana; no habrá monarquía constitucional en ambas orillas del mar Océano, sino que seguiremos en las mismas casillas de la monarquía absoluta y la colonia, y que a lo único que podemos aspirar los criollos es a lo que estamos emprendiendo, a accionar contra el "mal Gobierno" colonial, siempre dentro de las leyes reales, y sin salirnos de ellas una pulgada para no perder la cabeza. Propongo esto porque deseo instruirme sobre el punto hacia donde vamos en esta cosa de la villa…

DON JOAQUÍN. Hago esta pregunta. ¿Hacia dónde se encaminan los insurgentes de San Salvador, León y Granada…?

DON MIGUEL EUSEBIO. Tal vez a la independencia monárquica o republicana, aprovechando las promesas de una monarquía constitucional y aun los procedimientos cabilderos, porque al fin y al cabo todo sirve.

DON JOAQUÍN. Me gusta tu opinión. Una revolución que se funda en hechos y principios, va conquistando posiciones enemigas y va arrancando concesiones al enemigo, unas veces en el Congreso de Cádiz y otras en los motines cabilderos de la Villa de San Miguel de Tegucigalpa.

DON JOSÉ MANUEL. Insisto en mi pregunta inicial. ¿Estamos cometiendo demencias porque siempre quedaremos aplastados por la Colonia y la monarquía absoluta o volamos en alas de una revolución.

DON MIGUEL EUSEBIO. Pero José Manuel, ¿entonces para qué se hizo la Revolución Francesa…?

DON JOAQUÍN. ¿Y para qué Napoleón invadió a España…?

DON JOSÉ MANUEL. Pregunto esto para afirmar mis conceptos.

DON MIGUEL EUSEBIO. ¿Para qué se han alzado en el Septentrión y en el Mediodía. ..?

DON JOAQUÍN. ¿Y para qué se han levantado en la Capitanía General los insurgentes de Granada, León y San Salvador...?

DON MIGUEL EUSEBIO. España está entre dos fuegos. El fuego de Napoleón allá y el fuego de América acá.

DON JOAQUÍN. Cuando acabe el fuego de allá estará tan débil que no resistirá el fuego de acá.

DON JOSÉ MANUEL. Pero están los ingleses. Ya los tenemos en las islas y en Tierra Firme.

DON MIGUEL EUSEBIO. Cuando alcancemos la independencia, ya nos enfrentaremos con los ingleses.

DON JOSÉ MANUEL. ¿Con qué, si seremos débiles..?

DON JOAQUÍN. Con el pueblo. Con esas turbas descalzas que van gritando por la calle.

DON JOSÉ MANUEL. Es verdad. No desayunemos. Vamos a incorporarnos. (Gritando). ¡Camila, volveremos a desayunar!

DOÑA CAMILA. (Desde el fondo de la cocina). ¡No se vayan, que está el desayuno!

DON JOSÉ MANUEL. (En voz alta). ¡Volveremos…!

Pasa por la calle un gruesa manifestación, cantando a coro:

Si quieren que no haya guerra
y todo sea alegría,
renuncia Salavarría
con su compañero Serra.
Si no quieren ver lo peor
cuando los machetes barren,
renuncie José Iribarren
como Justicia Mayor.

La gruesa manifestación visita los barrios de la Villa y vuelve a la plaza central, gritando y coreando ¡Viva Francia! ¡Muera España! ¡Viva Napoleón Bonaparte! ¡Mueran los Chapetones!

SEGUNDO CUADRO

Las doce horas del mismo día. La casa del Ayuntamiento está rodeada por el pueblo de Tegucigalpa, turbulento y volcánico. En la Sala de Actos, José Serra, Juan Judas Salavarría y José Iribarren entregan los cargos de Alcalde Mayor, Teniente del Alcalde y Justicia Mayor, que pretendían retener arbitrariamente por cuatro años más, a los criollos José Manuel Márquez, Joaquín Espinoza y Miguel Eusebio Bustamante. Gritos, vivas, mueras, risotadas, música de acordeones y dulzainas se levantan del tumulto. Las mujeres más ingeniosas de los barrios, expertas en la invención de "bombas" se burlan en sus recitados de los Alcaldes depuestos, haciendo reír a la muchedumbre.

SERRA. (De pie, sudoroso, limpiándose con un pañuelo). Siendo que el pueblo lo pide, renunciamos.

UNA VIEJA DEL BARRIO ABAJO. (Adelantándose, causa sorpresa y risa con una "bomba").

Pues renuncien cuatrerizos[32]
y se van sin que los veamos,

---

[32] CUATRERIZOS o cuatreros les llamaban, precisamente, a los alcaldes depuestos por frecuentes robos de ganado mayor.

186

porque si no, los picamos
y los hacemos chorizos...

Carcajadas unánimes en la sala consistorial. José Serra se sienta desconcertado.

SALAVARRIA. (De pie, nervioso, con voz ronca, que no es la suya, por ser aguda). En nombre de su Majestad el Rey, dimitimos.

OTRA VIEJA DEL BARRIO DE LA RONDA. (Avanzando con atrevimiento y arrojándole una '"bomba"):

El caco habla de monarcas
para añadir, dimitimos...
Gracias a Dios que pudimos
arrebatarle las arcas…

Renovadas carcajadas unánimes. Juan Judas Salavarría se sienta anonadado.

IRIBARREN. (De pie, quiere y no quiere atreverse a sufrir burla pública. Pero al fin se decide, pronunciando estas palabras). Me separo y entrego el sello de la justicia…

OTRA VIEJA DEL BARRIO DE LA PLAZUELA. (Corre a situarse en medio de la sala y grita):

¡Justicia ha dicho el taimado...!
¡Cómo andaría la justicia
en manos de la malicia
que encarna este renegado…!

Ya no son risotadas. Son gritos los que retumban en la Sala de Actos del Ayuntamiento. José Iribarren bufa, y es mavor el sarcasmo delirante.

OTRA VIEJA DEL BARRIO DE LA JOYA. (Avanza retadora al centro de la sala, más por demostrar su ingenio en las "bombas" que por zaherir a nadie):

Alcaldes de nueva audiencia:
No me dejen sin mi parte,

no me gusta mucho el arte
de hablar a la concurrencia.
Esta idea que no emigre.
que el pueblo ya no es un buey;
y a los que violan la ley,
se los come como el tigre.

Delirio en la Sala de Actos. Alegres repiques en la iglesia mayor.

TERCER CUADRO

Vida normal en la Villa de San Miguel de Tegucigalpa. Normal se dice en el sentido de que ha vuelto a los chismes y a los cabildeos diarios. También ha vuelto al comentario de las noticias que traen los correos particulares de León, Comayagua, San Salvador, Guatemala y ultramar. La revolución de independencia es todavía más rigoroso en muchos lugares de América. Los diputados americanos y españoles deliberan los títulos, capítulos y artículos de la Constitución monárquica de Cádiz. Fernando el Deseado sigue prisionero, bordando calceta, en el palacio de Talleyrand, en Francia, Napoleón está a punto de abandonar la dominación de España y avanza con un gran ejército a conquistar el Imperio Ruso. Son las noticias que vienen de afuera. Entre tanto, doña Camila de Márquez cumple su palabra de dar la libertad a Sorota, con el estilo de costumbre.

DOÑA CAMILA. Los hombres de verdad tienen palabra de hombres. Nosotras las mujeres de verdad también tenemos palabras de mujeres. Es mi voluntad que la esclava Sorota[33] sea libre por los servicios que le prestó a la revolución contra los Alcaldes. Hágalo constar así, en el papel sellado, don Miguel Eusebio.

DON MIGUEL EUSEBIO. (Sorprendido). ¿Cuáles servicios fueron esos, doña Camila?

DOÑA CAMILA. Servicios de información. ¿Cree ser poco el que me tuviera al tanto de lo que pasaba en la Villa? Para una esclava es mucho.

---

[33] SOROTA en lengua nativa significa cabellera alborotada por el descuido.

Don Miguel Eusebio Bustamente, Justicia Mayor de la Villa, redacta la escritura. La firman la otorgante, los testigos y el escribano. Doña Camila abraza a Sorota, diciéndole:

—Tú eres libre —y se dejan oír los pitos, las zambumbas, los tambores y los cohetes del festejo.

DOÑA CAMILA. Padre Juan Francisco… ¡Ahora le corresponde a usted! Cáseme a esta mulatilla con el indio Fidelio…! (Riéndose). Véalo cómo está de alegre… ¿No le dan ganas de casarlo…?

PADRE JUAN FRANCISCO. Pues como lo quieres, te lo casaré, Camila. Vengo listo. Lo haré en el oratorio de la casa.

SOROTA. (Suplicante). Ama, en amor de Dios, con Fidelio no…

DOÑA CAMILA. Ya no soy tu ama... Me dirás Doña Camila. Fidelio es buen muchacho. Vas a ver cómo va a mejorar casado… Tú le sacarás las niguas y él te sacará los piojos… (Alzando la voz). ¿Verdad, Fidelio?

FIDELIO. (Tímido y sonriente). Sí, señora…

DOÑA CAMILA. ¿Te gusta Sorota...?

FIDELIO. Sí, señora…

DOÑA CAMILA. ¿La quieres...?

FIDELIO. Sí, señora…

DOÑA CAMILA. ¿Y tú Sorota? ¿Quieres a Fidelio...?

SOROTA. (Puja). ¡Ehh! Un poquito…

DOÑA CAMILA. Así me gusta…Después lo vas a querer un "pocote".

El Padre Juan Francisco Márquez casa a los esclavos. Los sientan juntitos en la sala regada de pino y olorosa a jazmines. Los recién casados sonríen ingenuos y dichosos. Hay música, y reparten horchata, confites, pan de rosa y huevos de faltriquera. Doña Camila de Márquez es una gran mujer, es un gran corazón, tiene pensado proteger al nuevo matrimonio, pero nunca ha podido renunciar a la broma picaresca.

DOÑA CAMILA. (Con fingida gravedad). Bueno, hijos, ya están casaditos. Les deseo la mayor felicidad del mundo. No vayan a pelear. Y como dice el refrán que "el que se casa, a su casa", que les vaya bien…

Fidelio y Sorota se ven las caras, asustados. Fidelio baja la cabeza y Sorota pega el barquinazo.

FIDELIO. (Suplicante y desconcertado). Doña Camila, ¿a qué casa vamos a ir si no tenemos...?

SOROTA. (Llorando a gritos). Si yo lo hubiera sabido, no le "aceito" la libertá.

DON JOSE MANUEL. (Con severidad). Camila, ve lo que has hecho con esas almas de dios.

DON MIGUEL EUSEBIO. Me arrepiento de haber autorizado la escritura...

DOÑA CAMILA. (Alegrísima de su broma). ¡Ya vieron que no hay libertad sin bienes...! ¡Pero yo hago el favor completo...!

¡Acompañemos el matrimonio al Barrio Abajo, que allá tiene casa sin que le falte nada para vivir cien años...!

Risas de todos. Pitos, dulzainas, tambores y cohetes. El grupo se encamina al Barrio Abajo. Fidelio y Sorota vuelven sonreír. Son las bromas de la Villa de San Miguel de Tegucigalpa y Heredia para romper la diaria monotonía.

LOS AMORES DE LA ESCLAVA FLORENCIA

PERSONAJE

DON FERNANDO FABREBAS
PUETRREDON.

Rico propietario de minas y de esclavos de San José de Cedros.

DOÑA INES MEZQUITA Y
URMENETA DE FÁBREGAS
PUEYRREDON

Esposa del anterior

FERNANDO FABREGAS
Y AMEZQUITA

Hijo de Don Fernando y Doña Inés.

NUMEROSAS HIJAS E
HIJOS.

De los prolíficos Don Fernando y Doña Inés.

FLORENCIA

Esclava de la Familia Fábregas y Pueyrredón, Amézquita y Urmeneta.

DON SILVERIO AGURCIA
DE LOS PEDREROS Y POR-
TILLO, OFICIAL DE LA
ALCALDIA MAYOR ENCAR-

GADO DEL ASEO DE LA
VILLA DE SAN MIGUEL
DE TEGUCIGALPA Y HE-
REDIA

Negociante en esclavos.

DON MIGUEL DE
IRIBARREN

Escribano Mayor del Real de Minas de San Miguel de Tegucigalpa y Heredia.

AMANUENSES, TESTIGOS

En la Escribanía de Don Miguel de Iribarren.

AÑO DEL SUCESO

1815

TODOS LOS RECURSOS TEATRALES PARA LOGRAR UNA OBRA ROQUELADA CON LA PLATA DE ESTE REAL DE MINAS. TAN AMADO DE LOS REYES ESPAÑOLES POR SUS CUANTIOSOS QUINTOS.

NARRADOR. ¡Florencia! ¡Estrella de la mañana en San José de Cedros! ¡Madre de los mulatos! ¡Puerta del Cielo! ¡Qué agregar sino repetir lo que decían los amos esclavistas en tu alabanza! ¡Que eras honrada de las manos! ¡Que eras hacendosa! ¡Que eras obediente! ¡Que eras de buen ver! ¡Una reina de Saba! ¡Una palmera del desierto! ¡Una hembra del Cantar de los Cantares!

PRIMER CUADRO

En el pueblo del mineral de San José de Cedros. Casa señorial de don Fernando Fábregas y Pueyrredón, gran propietario minero y esclavista. Media noche blanca por la luna llena y perfumada por los parrales en flor. Silencio completo. De vez en cuando, ladridos lejanos que vienen del lado del Valle de Siria. Solo doña Inés Amézquita y

Urmeneta de Fábregas y Pueyrredón anda levantada en el interior, en traje de dormir, con una vela de cebo en alto, visitando los aposentos de sus trece hijas, casaderas las más, y de sus siete hijos, de los que han quedado en el hogar, muchos de los cuales ya están en edad de tomar estado. La matrona anda en puntillas, entra y sale de los aposentos, y habla en voz baja.

DOÑA INÉS. Veinticuatro hijos llevo ya... Y este que me viene... Ave María, con Fernando que no se cansa.

Tan agotada que me siento... Y de sereno todas las noches, hasta el amanecer, con estas niñas... Y con los niños, si también quieren cuidado...

Entra al dormitorio de las muchachas.

A la simple vista parece convento de monjas... ¡Qué mujeral, Dios Santo! Voy a contarlas: una, dos, tres, cuatro, cinco, seis, siete, ocho, nueve, diez, once, doce... (Sobresaltada). ¿Y la trece? ¿Dónde está la trece? ¿Dónde está la trece? (Con alivio). Allá en aquel rincón está... A cada rato me asusto... Me volvería loca si se perdiera una... (Admirándolas). Qué cuadro tan hermoso ofrecen mis trece hijas... Tan lindas... Ahora voy a ver si están bien cubiertas... Que van a estar... Miren ésta... ¡Puerca! Miren esta otra... ¡Cochina! Pero esta otra merece una nalgada... (Se la da). ¡Deshonesta! (La muchacha reacciona con un débil, ¡ay!, sin despertarse). Ahora voy a ver los varones...¡Jesús! Aquí sea mi calvario...

Abandona el dormitorio de las muchachas. Avanza por un largo pasadizo.

Aquí no hay novedad. Estos son los pequeños... Voy contarlos... Uno, dos, tres, cuatro, cinco...Están completos... Y qué grandes están... De seguro los dos que están junto a la pared ya hacen sus "travesuras". ¡Ja! Me hago la tonta pero a mí no me engañan... Mauricio me pidió pieza aparte... Se la di porque ya es mocetón... Pero voy a verlo... Puede saltar por la ventana y hacer viaje a Siria... Dios me bendiga a estas criaturas...

Sale del dormitorio de los mozuelos y pasa al de Mauricio. Empuja la puerta con sigilo y entra.

Está profundamente dormido. Tan hermoso mi muchacho. Todos mis hijos son hermosos. Lo que no me gusta de Mauricio es que tiene inclinación a los libro. En vez de ayudarle a su padre en el manejo de los esclavos mineros, látigo en mano porque es fornido, se pasa el día hojeando papeles, que venido a ver no alimentan a nadie. Este heredó, seguramente, los dislates de un antepasado de Fernando, Fray Lino Fábregas, jesuita para más señas... Por andar metido en política contra su Majestad el Rey Carlos III, lo arrojaron de la Provincia hacia México y de México lo tiraron al mar. Nadie... Fernando me ha dicho que era un sabio...Pero con toda su sabiduría, vean lo que le pasó... Ahora voy a ver al más grande... Si me siente, me rezonga, porque así es de cierto tiempo acá. No le gusta que entre a su dormitorio... Pero a Roma por todo.

Sale del cuarto de Mauricio y se encamina al de Fernando, el mayor que ha quedado en la casa, pues los que están en edad arriba de él, se casaron con buenas muchachas ricas, formaron hogar aparte y son padres de familia. Nerviosa empuja la puerta con suavidad. Entra, alza la vela y ve lo increíble.

¡Liiii...!¡Que veo... ¡Es posible semejante cuadro...! ¡No, tal vez estoy viendo visiones...! ¡Tal vez estoy calumniando al hijo de mis entrañas...! (Se acerca con cautela y alumbra temblorosa). ¡Liii...! ¡Sí mis ojos no me engañan...! ¡Hijito de mi alma...! Fernandito querido! (Ahogada por los sollozos). Abrazado con una negra esclava... ¡Durmiendo en los brazos de la esclava Florencia...! (Sale del cuarto, cerrando la puerta). Nosotros los Amézquita y Urmeneta, de noble raza por ambas ramas...¡Y los Fábregas y Pueyrredón, también de noble origen por viejos pergaminos...! (Eleva el llanto y la voz en el pasadizo). ¡Mezclados en nuestra descendencia con negros esclavos...! ¡Venir a San José de Cedros a tener nietos pardos...! (Eleva más el llanto y la voz). ¡No puede ser...! ¡No puede ser castigo de Dios porque somos honrados! ¡Somos honrados! Somos virtuosos. ¡Nadie nos gana en virtud. ..!

Don Fernando sale de su dormitorio, alto y seco en su camisón.

DON FERNANDO. (Hablando a gritos). ¿Qué os pasa, Inés...? ¡De qué venís llorando y profiriendo...? ¿Algún malnacido nos ha robado una hija...? ¿A Serapia...? ¿A Dorotea...? ¿A Martina...? ¿A Bartola...?¿...A...A...? ¡Rayos! ¡Son tan numerosas que hasta olvido sus nombres...!

Las muchachas que han oído el vozarrón de don Fernando, salen al pasadizo con la creencia de que las llama. Y viendo que llora doña Inés, inquieren la causa con chillona voz.

LAS TRES HIJAS. Mamita, ¿qué os ha pasado. ..?

Los muchachos que han oído al mismo tiempo el vozarrón de don Fernando, corren al pasadizo, y al ver a doña Inés convertida en un mar de lágrimas quieren saber el motivo.

LOS SEIS HIJOS. Mamita, ¿tenéis algún dolor...?

DOÑA INÉS. (Ordenando entre gimoteos). Traed más velas encendidas y luego veréis la desgracia de los Fábregas, Pueyrredón, Amézquita y Urmeneta...

La bandada de camisones vuela a traer velas encendidas y regresa para integrar un cuadro iluminado y fantástico.

DON FERNANDO. ¡Diablos, qué será! ¡Ahora traigo mi pistolón! (Va y regresa). ¡Debe ser aventura de guerra y muerte!

DOÑA INÉS. ¡Os ruego, Fernando, dejar el pistolón en esa mesa! ¡Solo es cosa de ver! ¡Venid todo en silencio!

La rara procesión de camisones avanzan en puntillas por el largo pasadizo en dirección del cuarto de Fernando hijo. Doña Inés, adelantada abre la puerta. Entra la curiosa procesión, alargando el cuello y ve con espanto aristocrático a un Adán blanco abrazado con una Eva negra, dormidos ambos en el más profundo sueño.

TODOS LOS FÁBREGAS Y MEZQUITAS. ¡Qué horror!

LAS ENCAMISONADAS. ¡Qué estómago de sinvergüenza...!

LOS ENCAMISONADOS. ¡Es la esclava Florencia...

DON FERNANDO. ¡Fernandooo...!

DOÑA INÉS. ¡Florencia!

Despiertan los amantes. Se dan cuenta del contenido del momento. Se sienta, salen de la cama y quedan en pie, apareados.

FERNANDO. (Ante lo irremediable). Es verdad...Es verdad...

DON FERNANDO. ¡Sí, es verdad...! ¡Será echada a los perros al amanecer...! ¡Y vos partiréis a España, sin contemplaciones ni súplicas...!

DOÑA INÉS. ¡La justicia debe hacerse sin que lo sepa el vecindario...!

LAS ENCAMISONADAS. (A una). ¡Con que la maten los perros a ella es suficiente...!

LOS ENCAMISONADOS. (A coro). Que no vaya España, que la familia debe estar junta...!

FERNANDO. (Amenazante). Juro ante Dios que si la matáis con tanta crueldad. .. (Saca del camisón un objeto). ¡Me suicido con este puñal…!

TODOS LOS FÁBREGAS Y MEZQUITAS. ¡Qué baldón para la familia…!

FLORENCIA. (Hincándose). Mis amos, ya sé que estoy condenada a muerte.

DON FERNANDO. ¡Sí estáis…!

FLORENCIA. Al menos, dadme una gracia…

DON FERNANDO. ¿Cuál...?

FLORENCIA. Dadme seis meses de vida... Dejad que nazca mi hijo… (Señalando a Fernando): Hijo de Fernando... (Inclinándose a don Fernando y a doña Inés): Nieto vuestro... (Dirigiéndose a los demás encamisonados): Sobrino de vuestras gracias…

Torbellino de camisones, alaridos, gritos. El vozarrón de don Fernando. Caen las velas y se apagan. Huida por el pasadizo. Solo se oye la palabra "vergüenza". Obscuridad. Silencio. Paz.

SEGUNDO CUADRO

En la Villa de San Miguel de Tegucigalpa y Heredia. Es la casa del Escribano Mayor don Miguel Iribarren. Ante los oficios de este alto personaje del Reino, don Fernando Fábregas y Pueyrredón, vecino del mineral de San José de Cedros, conviene y firma una escritura pública de compraventa de bienes semovientes con don Silverio Agurcia de los Pedreros y Portillo, Oficial Mayor Encargado del Aseo de la Villa.

DON FERNANDO. No había tenido antes la satisfacción de conoceros y trataros, don Silverio.

DON SILVERIO. Entre gentiles hombres, no importa que se hallaren en los estercoleros de Indias, son permitidas las enmiendas. Para que todo vaya con el más perfecto aseo en la lengua de Ruy Díaz de Vivar, del Gonzalo de Berceo, del Marqués de Santillana, de Fray Lope de Vega Carpio y otros encumbrados hablistas del Siglo de Oro, llamadme Señoría en vuestro tratamiento, en atención al alto cargo que desempeño en servicio de su Majestad el Rey, Oficial de la Alcaldía Mayor de San Miguel de Tegucigalpa y Heredia, Encargado de la Limpieza de la Villa.

DON FERNANDO. (Con disimuladas burlas). Alto cargo en verdad, su Señoría.

DON SILVERIO. (Satisfecho). ¿Qué hace la madre sino asear al recién nacido en sus cuidados? ¿Qué hace el maestro sino asear las mentes ignorantes? ¿Qué hace el sacerdote sino asear las almas pecadoras? ¿Qué hace su Majestad sino asear todos sus reinos de malandrines y follones?

DON FERNANDO. (Interrumpiéndolo). Permita Señoría advertirle que la aseada tarde se está ensuciando con los primeros entenebrecimientos de la noche, y que debemos ganar tiempo.

DON SILVERIO. Tenéis razón, don Fernando. Ganemos tiempo. Os dije en los comienzos que necesito una esclava ni cara ni barata, ni vieja ni mozuela, ni blanca ni prieta, ni de una mezcla ni de muchas mezclas.

DON FERNANDO. (Lo vuelve a interrumpir). Su Señoría una esclava, que de ofrecerla en subasta con pregón, y en la puja entran hartos compradores, el Alcalde Mayor daría una mina por ella.

DON SILVERIO. ¡Me dais a entender que es una esclava aseada…?

DON FERNANDO. Como la desea su Señoría.

DON SILVERIO. ¿Tanto en el alma como en el cuerpo…?

DON FERNANDO. Como su Señoría la desea.

DON SILVERIO. ¿Quiere decir que sigue siendo una rosa en botón...?

DON FERNANDO. (Perplejo, sabiendo lo que sabe). Señoría, el contenido de la pregunta no me consta porque ni malos pensamientos tengo con esclavas.

DON SILVERIO. (Defendiéndose). Hablo en términos de las Siete Partidas del Rey Alfonso el Sabio, que defienden al comprador con los remedios de la evicción y el saneamiento, quien debe poseer legal y pacíficamente la cosa comprada y sin que tenga ésta vicios o defectos ocultos. Si hay gravámenes anteriores o los vicios ocultos de la cosa vendida la hacen impropia para el uso a que se le destine, procede, mi querido don Fernando, la rescisión del contrato.

DON FERNANDO. (Recurriendo a la astucia). Su Señoría verá la cosa, y dirá después si la compra o la desecha... (En voz alta). Florencia! ¡Entrad a la sala…!

Florencia, esclava de la casa de don Fernando Fábregas y Pueyrredón sorprende con su africana belleza a don Silverio Agurcia de los Pedreros y Portillo, a don Miguel Iribarren, Escribano Mayor de la Villa de San Miguel de Tegucigalpa, y a los amanuenses de la Escribanía.

DON FERNANDO. Es honrada de las manos.

DON SILVERIO. (Entusiasmado). Es una reina de Saba…De buen ver…

DON FERNANDO. Es hacendosa.

DON SILVERIO. Es una palmera del desierto... Y de buen ver…

DON FERNANDO. Es obediente.

DON SILVERIO. Es una hembra del Cantar de los Cantares...Por el buen ver…

ESCRIBANO MAYOR. ¿Estáis de acuerdo en la compraventa?

DON FERNANDO. Con tal que su Señoría acepte el precio. Vale trescientos pesos.

DON SILVERIO. Acepto el precio. Pero don Fernando Fábregas v Pueyrredón debe obligarse al saneamiento por si la esclava llegara a tener el principal defecto de ser impropia para el uso que pudiera interesar al comprador, en consonancia con el texto de las Siete Partidas.

Don Miguel Iribarren dicta la escritura de compraventa de la esclava Florencia, de diecinueve años, honrada de las manos, hacendosa, obediente, y de buen ver. Una vez redactada la escritura, la firman los contratantes, los testigos y el Escribano Mayor, que da fe. Entrega don Silverio trescientos pesos a don Fernando y, a su vez, don Fernando entrega la esclava Florencia a don Silverio. No lloran los trescientos pesos por el cambio de dueño. Pero sí Florencia por muchas cosas, por muchísimas cosas.

TERCER CUADRO

En la casa de don Silverio Agurcia de los Pedreros y Portillo, para más señas Oficial de la Alcaldía Mayor, Encargado del Aseo de la Villa de San Miguel de Tegucigalpa y Heredia. El joven Fernando Fábregas y Amézquita visita al amo de la casa pocas horas después de haberse autorizado el contrato de compraventa de la esclava Florencia.

DON SILVERIO. ¿Con que sois hijo de don Fernando Fábregas y Pueyrredón…? ¿Y qué os ha traído con tanta prisa…?

FERNANDO. Señoría, vengo a ofreceros seiscientos, novecientos, mil doscientos pesos por la esclava Florencia.

DON SILVERIO. Me halagan vuestras sumas. Pero acabo de comprarla v no la vendo.

FERNANDO. Señoría, no os amenazo. Simplemente la venderéis al conocer sus vicios ocultos.

DON SILVERIO. No digáis. ¿Tiene vicios ocultos?

FERNANDO. Señoría, dignaos perdonar la franqueza. Es mi mujer.

DON SILVERIO. (Sorprendido). Vos, hijo de don Fernando Fábregas y Pueyrredón, os atrevisteis a yacer con una esclava?

FERNANDO. Al yacer yo, hombre libre, con una esclava, esa esclava, por el mismo hecho, es mujer libre. Comprended que vuestro contrato de compraventa es nulo. Puedo pedir gracia del rey.

DON SILVERIO. (Repasando en los dedos). Me ofrecéis mil doscientos por ella. .. Me decís que ya no es lo que suponía porque es vuestra mujer. .. Puede rescindirse el contrato celebrado con vuestro padre por haber vicios ocultos…Esto puede olvidarse porque vuestro padre solamente devolvería los trescientos que le di… Encima, habláis de que habéis vuelto libre a la esclava con vuestro amor, y que clamaríais gracia del rey, con lo que habría un escándalo en la Villa en desdoro de mi persona…

FLORENCIA. (Hablando desde un rincón penumbroso). Pronto seré madre.

DON SILVERIO. (Exaltado). ¡Demonios! ¡Vengan los mil doscientos y llevad vuestra mujer!

FERNANDO. (Entrega varias bolsas a don Silverio). Esta misma noche salimos para la provincia de Nicaragua.

Europa y África se abrazan furiosamente en las personas de Fernando y Florencia. Y salen enlazados de la casa de don Silverio Agurcia de los Pedreros y Portillo.

FERNANDO (Lleno de dicha). ¡Amor! Mi tierno amor, al fin salisteis del infierno, ya sois libre, somos iguales, viviremos lejos, donde nadie sepa que existimos.

FLORENCIA. Fernando, vuestro amor es más que amor... Y mi sueño, más que sueño... Me siento en la gloria, y no sé explicarlo... Alabado sea Dios, por nuestro hijo común, que es de esta tierra...

LA NAVIDAD DE 1820

PRIMER CUADRO

Sala espaciosa de casa grande. Iluminación de una lámpara de araña que pende del centro del techo. Hileras de sillas pegadas a las paredes. Pino regado en el piso. En el fondo de la sala un Nacimiento primorosamente adornado.

Doña Blanca Paredes de González, vestida de luto, hace rueda con su señora madre doña Eulalia de Paredes, con su señora suegra doña Jimena de González y con las señoritas Marta Laso y Teresa Serra. A cierta distancia se halla sentada la vieja Casilda, india, encargada de cuidar a doña Blanca.

Lugar: Tegucigalpa, Año: 1820.

TERESA Oigan... oigan... cómo estallan los cohetes en la Plaza Mayor... debe haber mucha gente…

MARTA Cuando se hace el silencio, se percibe la música en la casa de las Rosa, donde ya deben estar bailando.

DOÑA BLANCA Les agradezco que vengan a estar un rato conmigo... Pero no las corro, váyanse, ustedes deben estar allá, la alegría las llama, sólo una Noche Buena hay en el año...

TERESA (Rápida): ¡Blanquita! ¿Por qué dices eso? ¡He venido para estar contigo hasta los doce!

MARTA (Contrariada): ¡Yo digo lo mismo! ¡A menos que quisieras estar sola! ¡Que te molestara mi presencia!

DOÑA BLANCA: (Pausada): Les ruego que no me mal interpreten. Yo debo estar aquí. Ustedes allá. Yo en mi dolor. Ustedes en su alegría. Cada quien en lo suyo.

MARTA y TERES (A una): ¡Blanca!

DOÑA EULALIA Dice bien Blanca. Son las diez,

Ustedes están sacrificando su Noche Buena, que sólo hay una en el año…

DOÑA JIMENA (Con voz dolorida): Sí, hijitas, ya estuvieron aquí un tiempo suficiente, el regocijo las llama, las esperan sus novios…

Entra Mateo, indio, correo de la casa de los González.

TODAS (Con admiración y levatándose de sus asientos): ¡¡¡Mateo!!!

MATEO (Cabizbajo): ¡Nada!

DOÑA JIMENA (Con desesperación): ¿Nada?

El indio mueve la cabeza, y nada más.

DOÑA BLANCA (Cae en su asiento con lentitud): Nada...

Casilda está presta a levantar con suavidad a Doña Blanca y la conduce despacio a la pieza vecina. Doña Eulalia toma del brazo a Doña Jimena y la lleva. Marta y Teresa no saben si seguirlas o quedarse con Mateo para saber algo más. Por fin se quedan.

MARTA (Con fuego): Mateo, ¿nada?

TERESA (Acercándosele): ¿Nada Mateo?

MATEO (Moviendo la cabeza): Nada, mis amas.

Inclinan la cabeza. Guardan silencio largo.

TERESA (A Marta): ¿Qué hacemos? ¿Nos quedamos? ¿Nos vamos?

MARTA: (A Teresa): Eso mismo te pregunto. ¿Nos vamos? ¿Nos quedamos?

Sale Casilda y avanza con la mirada puesta sobre Mateo.

CASILDA (Con los brazos en jarras frente al indio): Ajá, armua?

MATEO (Con lentitud): Apasqueri Trujillo ja...Tatajuá apagmuá... Yea, acatis carí chugua...

CASILDA (Curiosa): ¿Ainji tecupé?

MATEO (Llevándose el índice a la boca para indicar silencio): Yascan inragua..

MARTA (Contrariada): ¿Para qué hablan así? Solo entendí que dijeron Trujillo...

TERESA (Irritada): ¡Eso se llama mala crianza!

CASILDA (A las muchachas): Perdonen amas. Le hablé en nuestra lengua paya a Mateo para saber la verdad, y luego decirla a ustedes. Dice que viene desde Trujillo. Que viene cansado. Y que del niño perdido no supo nada.

MATEO (Subrayando): ¡Está muerto!

TERESA (Se les acerca, agitando los brazos y casi gritando): ¡No les vayan a decir eso, para que mantengan la esperanza de que volverá!

MARTA (Arrastrando a Teresa): ¡Vámonos a casa! ¡No resisto! ¡Voy a acostarme! ¡Qué Noche Buena tan noche mala!

TERESA (Con llanto desgarrado): ¡Pobre Blanca! ¡Pobre Doña Jimena! ¡Han corrido cinco noches malas con ésta, que es la peor por el desengaño que sabemos!

Viendo salir a las jóvenes, Mateo y Casilda, apretados los labios, sonríen con los ojos.

MATEO (Sentándose, hablando suavemente, solo para Casilda): Hablando del indio malo…

CASILDA (Con voz suave): Y de la india mala…

MATEO (Con vivacidad): Pero te has fijado, Casilda, que cuando están en apuros confían en el indio malo y en la india mala?

CASILDA (Dolida): Sólo a Blanca le tengo lástima.

MATEO: Ciertamente, casada y sin conocer el amor como si estuviera soltera.

CASILDA: Y sin esperanza de conocerlo…(Se detiene): está en sus manos suspender el castigo….Lo puedes, porque eres un gran jefe...

MATEO: ¿Un gran jefe?

CASILDA: Sí, un gran príncipe, como dicen los españoles de sus amos coronados.

MATEO: Olvidas que los grandes secretos se piensan, pero no se dicen? Casilda dobla las rodillas, dobla la columna, lleva la frente hasta tocar el piso.

CASILDA (Atribulada): Perdóname, no me vayas a matar, ahpop.

MATEO (Áspero): Levántate, que pueden venir.

Casilda se levanta con humildad y adopta una actitud reverente ante Mateo.

CASILDA: Olvida mi falta, ahpop.

MATEO: El indio no olvida nada. Todo lo recuerda, porque lo repasa de noche, lo vuelve a repasar en la mañana. Y luego va sumando, va sumando, y cuando tiene una cuenta larga, se venga, castiga, destruye.

Piensa: "Todos estos españoles, de allá y de acá, están en mis manos. No saben de donde les viene el daño. Y porque ignoran su procedencia tiemblan. Son unos pobres niños".

Con misterio: "Fernando González, marido de Blanca Paredes, hijo de Ciro González y de Eulalia Granados, me seguirá sirviendo, ya de un modo, ya de otro".

Se levanta y avanza hacia la puerta. Casilda lo sigue con humildad: "Tengo hambre. Llévame a la cocina".

Por la otra puerta entran don Ciro González, don Cruz Pérez, más tres jóvenes. Se sientan en la sala.

DON CIRO (Dirigiéndose a don Cruz): Mateo, el indio que me sirve con fidelidad de perro fue a Trujillo a hablar con el Comandante, y de regreso me ha traído una noticia fatal. Fernando, mi hijo Fernando, mi tierno Fernando ha muerto.

DON CRUZ (Inclinándose): Le doy mi más sentido pésame, don Ciro, y hágame el favor de comunicar mi condolencia a su esposa doña Jimena, así como a la apreciable viuda doña Blanca Paredes de González.

PRIMER JOVEN: Pobre Fernando…

SEGUNDO JOVEN: Pobre Blanca, esposa, viuda, virgen y mártir.

TERCER JOVEN: ¿Y cómo fue el suceso, don Ciro?

DON CIRO: Joven, fue algo sorprendente. Quise yo que el matrimonio de Fernando y Blanca se pareciera con las bodas de Camacho. Para ello dispuse que el enlace se efectuara en una hacienda, de mi propiedad situada a inmediaciones de Talanga. Intenté cuanto pude hacer para que aquello fuera nunca visto. Llevé todo lo que se podía necesitar para el acto. Invité a la gente grande de aquí y de Comayagua con tiempo anticipado. Convoqué a los vecinos de los pueblos pequeños, para que todos saborearan por primera vez las viandas que se sirven en la mesa de un rico hombre como soy yo.

Pausa.

En el acto estuvieron presentes el señor Obispo, el Capitán de la Provincia de Comayagua, el Alcalde Mayor de Tegucigalpa, todo lo bueno y grande que tenemos en esta región del Reino. La pena que sufro me impide contarles los detalles de las nupcias de mi hijo, ya muerto, en paz descanse, y de mi nuera, ya viuda, sin conocer el lecho conyugal, pobrecita.

Pausa.

Fueron tres días de fiesta repartidos en comilonas, bailes, cabalgatas a las aldeas, cuando de repente gritaron, los indios! Hubo desconcierto, pánico, huida. Temimos por las mujeres que casi se volvieron locas, y nosotros pensamos que venían por ellas, cuando reparamos en que una vez que nos habían asustado con las armas inglesas que traían, de todos, hombres y mujeres, solo habían cargado con mi hijo Fernando.

Pausa.

Justamente, esta desgracia sucedió en la Navidad de 1815.

DON CRUZ (Moviendo la cabeza): ¡Malditos indios!

TERCER JOVEN (Majadero): ¡Nuestros antepasados debían haberlos destruido a todos!

SEGUNDO JOVEN (Menos majadero): en parte los destruyeron con los trabajos forzados en las minas y en otras actividades!

PRIMER JOVEN (Inteligente): Sin herir los sentimientos de don Ciro, los indios toman venganza de cuanto les hicieron nuestros antepasados y les seguimos haciendo nosotros!

DON CRUZ (Con enojo): Esas ideas no son suyas, joven Esas ideas las ha aprendido en los libros malditos que vienen de Francia! Con tales libros la juventud se está corrompiendo! Así la juventud terminará por reconocer nuestra igualdad con esos indios piojosos, sucios y hediondos!

PRIMER JOVEN (Vivaz): Somos iguales, don Cruz. Solo que falsamente, nosotros somos los amos y ellos son los esclavos. Si no fueran esclavos no serían hediondos, sucios y piojosos. No lo fueron cuando construyeron esa maravilla que se llama la ciudad de Copán, de la cual solo han quedado ruinas…!

DON CIRO (Se levanta irritado): Joven, en esta casa de dolor, no tolero esas insolencias! Así es que me hace el favor de retirarse, y le advierto que pondré en conocimiento de sus padres las ideas desastrosas que sustenta!

El joven se levanta y sale. En el momento de salir se topa con Mateo, quien apretados los labios le sonríe con los ojos. Mateo al llegar, baja la cabeza, y entrega un pliego a don Ciro, quien lo abre y lee.

MATEO: Amo, me entregaron esto para usted.

DON CIRO (Lee y se asusta): ¡Dios Santo, Dios Santo! ¡Señores, oigan esto!: "Don Ciro González. A toda prisa, convoque a las familias de su amistad, que en su casa habrá un acontecimiento notable. No diga nada a las autoridades, porque pondría en peligro su preciosa vida. Felices pascuas…". Hay una firma ilegible... ¿Qué será esto, vecinos? ¿Qué acontecimiento podrá ser? ¿Se relacionará esto con Jimena, con Blanca, con mi persona? ¡Dicha no puede ser, después de haber muerto Fernando...!

DON CRUZ (Desconcertado): ¿Qué podrá ser? ¡Misterio! Hace cinco años en Tegucigalpa están sucediendo cosas raras! ¡Los indios que nos amenazan por el Oriente! ¡Los piratas que desembarcan en el Norte y en el Sur! ¡Los pasquines que se multiplican con ofensas para los españoles y los criollos, y que deben proceder de esos malditos artesanos de los barrios! En fin...

MATEO (A don Ciro): Amo, no pierda tiempo...

DON CIRO: Si, Mateo. Hago lo que dice el papel. Manda que los criados de la casa convoquen a las familias amigas. Que les digan que quiere que vengan con urgencia. Aquí les hará saber el contenido del papel.

Sale Mateo. Los cuatro hombres se han levantado y se pasean en la sala.

SEGUNDO CUADRO

Familias principales de la Villa de San Miguel de Tegucigalpa, amigas de la familia González—Granados. No son muchas, acaso cinco parejas, con uno o dos descendientes. Allí se ve a doña Blanca Paredes ahora viuda de González, a doña Eulalia de Paredes, madre de la anterior, a doña Jimena Granados de González, suegra de aquélla, a las jovencitas María Lazo y Teresa Serra y a la india Casilda. También se ve a don Ciro González, a don Cruz Pérez y a los dos jóvenes de la escena anterior, más el indio Mateo, que se mantiene alejado de la "gente bien", sentado en un taburete.

Todos conversan en voz discreta unos con otros. Solo don Ciro está autorizado, por ser dueño de la casa, a hablar alto, en tono oratorio. Quienes dialogan con él lo hacen con atenuado volumen en la emisión de la palabra.

DON CIRO: Juro por mis barbas que nunca me he visto en un trance igual... sin saber de qué se trata...ignorando qué cosa se propone el autor de este papel... (lo agita). ¿Qué dicen ustedes?

DOÑA JIMENA (Llorosa): Yo creo que algún ser malhadado hará llegar los restos de nuestro hijo.

DOÑA EULALIA (Compungida): Para acabar de matar a mi hija... (Dirigiéndose a doña Blanca): ¿Qué dices tú, Blanquita?

DOÑA BLANCA (Joven, pálida y bella en su traje negro): No creo que nos reúnan para una escena desagradable.

DON CRUZ: Buen pensamiento... no nos han reunido para algo espantable... La estimable viuda dice bien... ¿Y ustedes qué dicen, muchachas?

MARTA (Rápida): A mí se me hace difícil creer (Señala a doña Blanca): que a la viudita, ser inocente, le agreguen un sufrimiento más...

TERESA (Vacilante): Será que Fernando está vivo...Risas discretas y miradas punzantes sobre Teresa. Luego las miradas se descargan sobre Mateo.

DON CIRO: Sería desmentir la carta que me trajo Mateo de mi amigo el Comandante del puerto de Trujillo, coronel don Ildefonso Fuenrabía..No... eso no...Fernando está muerto. .. Por su rescate he ofrecido treinta mil onzas de oro, y nadie ha querido ganarlas. .. como si el dinero ya no tuviera el precioso valor de que se adorna...

MARTA: Mateo nos dijo que estaba muerto...

TERESA: Lo que les dije me vino así, (mueve el brazo) como una nube... Pero los hechos son los hechos...Es posible.

UNO DE LOS JOVENES: No piensen en cosas tristes. Hoy es Noche Buena. Pudiera ser que los piratas quisieran devolverle a don Ciro en este día el oro que le robaron en Omoa el año pasado.

DON CIRO (Alegre): Dios te oyera, hijo. .. Dios te oyera...

DOÑA JIMENA: No pienses en eso, Ciro... Eso no traería goce a esta casa en el momento que sabemos la muerte de nuestro hijo.

OTRO DE LOS JÓVENES: Sí, doña Jimena... no traería regocijo. .. pero como supongo que Fernando tiene años de haber muerto, una nueva así reduciría el dolor. Yo no creo que se trate del oro que se robaron los piratas, sino que a las doce de la noche, justamente, su excelencia el Alcalde Mayor le traerá la nueva a don Ciro de que Su Majestad le ha dado el título de marqués por su lealtad a la Corona, como se lo tenía ofrecido.

DON CIRO: Dios te oyera, hijo... Dios te oyera...

DON CRUZ: Ciertamente, don Ciro, como fiel vasallo del rey no tiene igual en la Villa. Yo que en ese punto no le cedo el puesto a nadie, me descubro ante él. Merece marquesado.

Alegría general.

CORO DE VISITANTES: Todos somos fieles vasallos de Su Majestad!

CORO DE MUJERES VISITANTES: ¡Ya debíamos decirle a don Ciro Señor Marqués...!

EL JOVEN DE LA IDEA DEL MARQUESADO (Con picardía): Parece que el título nobiliario se da por la propiedad, y entonces, don Ciro sería don Ciro González, Marqués de Talanga...!

DON CIRO (Casi creído de lo que se habla): No hijo, mis propiedades están en Las Queseras, en Los Pataxtes y en Los Mojones...

EL MISMO PICARO DE LA IDEA DEL MARQUESADO: ¡Entonces sería don Ciro González, Marqués de los Mojones...!

Risas mal disimuladas.

DON CIRO: Suena feo... no suena bien... pero una vez acostumbrada la gente, ya no oiría el mal sonido...

EL MISMO PÍCARO (En voz baja): Ni sentiría el mal olor...

Marta pellizca al pícaro y le sacude el brazo para que se calle.

DON CIRO (Alzando los ojos y los brazos): Ay, no existe cosa mejor que la aristocracia...! ¡Quisiera el cielo que viniera ese título...! A todo esto, ¿qué hora es?

DON CRUZ (Sorprendido): lili...! ¡Faltan pocos minutos para las doce...!

DON CIRO: Atentos todos a lo que viene... (Se desabotona). Si es cosa de daño, aquí está mi pistolón. Trajiste el tuyo, Cruz y usted don Felipe, y usted don Alfonso, y usted don Recaredo, y usted don Inés?

CORO DE HOMBRES (A una): Hemos venido sin armas...!

CORO DE MUJERES (Con reproche): ¡Armados cuando nace el Niño Dios. .

DON CIRO: Ya me avergonzaron. .. Voy a dejar ésto... (Se levanta, va a una mesa, abre la gaveta y deposita en ella el pistolón. Vuelve, y se sienta). ¡Al Niño Dios me encomiendo por si es cosa de temer...!

TODOS (A coro): ¡Así sea. ..!

Son las doce de la noche. Repican en vuelo las campanas de la Catedral. Se escuchan el estallido de los cohetes y la música en los Nacimientos próximos. Pasan las gentes en carrera hacia las iglesias.

Solo en la distinguida casa de don Ciro González hay silencio y curiosidad angustiosa en los circunstantes.

DON CIRO: Son las doce, exactamente...Las campanas de la Catedral suenan al vuelo…

Con sutileza se presentan en la puerta cinco indios de la montaña, con sus diademas de plumas, con sus taparrabos de piel de tigre, quemadas por el sol las partes visibles del cuerpo, armados con armas de fuego. Avanzan lentamente, embrazadas las armas en la diestra, listos para disparar si son atacados.

Con rapidez se levantan de sus asientos los blancos. Sin pensarlo, forman un semi—círculo, quedando en el centro don Ciro y doña Jimena, doña Blanca y doña Eulalia. Los demás, hombres y mujeres, a uno y otro lado, forman las terminaciones del semi—círculo. Todos tienen el corazón en la boca, llenos de pánico. Don Ciro quiere hablar, y no le sale la voz.

PRIMER INDIO: Cuidado con gritar...

SEGUNDO INDIO: Cuidado con correr…!

TERCER INDIO: ¡Somos amigos…!

CUARTO INDIO: ¡Feliz Navidad…!

DOÑA JIMENA (Con voz débil): Ciro, siéntame que me caigo...!

El quinto indio avanza rápido, toma del brazo a doña Jimena, la conduce a una silla, la abraza, la besa y la sienta.

DON CIRO (Protestando con miedo): ¿Por qué has hecho eso con mi mujer…?

El mismo indio se acerca a doña Blanca, la toma del brazo, la lleva a una silla, la abraza, la besa y la sienta.

Y lo repites con la viuda de mi hijo Fernando para que sea mayor el abuso.

El mismo indio se acerca a don Ciro, quien retrocede un paso, le toma la mano derecha y se la besa.

¡Debe ser alguna ceremonia de la montaña que nunca he visto ni entiendo...!

El indio retrocede hasta donde están sus compañeros. Entre el grupo de indios y el grupo de blancos hay un trecho regular. Por él avanza Mateo con lentitud. Saluda con una inclinación a los indios, quienes le contestan levantando con energía los fusiles. Luego les da la espalda para enfrentarse con los blancos.

MATEO (Con voz canturreada): Amo, es sorprendente que la familia González—Granados, ni sus amigos, ni sus amigas que están aquí no hayan comprendido el regalo que les ha traído el Niño—Dios...!

DON CIRO (Con ambigüedad): ¡No te entiendo, Mateo…!

MATEO (Sentencioso): ¡Eso digo yo. ..! ¡Si viniera vestido de marqués, lo reconocería...! ¡Como viene vestido de indio piojoso, no lo reconoce…!

DON CIRO (Casi en grito): ¿Fernando...?

Se retira Mateo del centro de los grupos.

EL INDIO (Da un paso al frente): ¡El mismo Fernando…!

DOÑA JIMENA (Levantándose): ¡Mi hijo. ..!

DOÑA BLANCA (Levantándose): ¡Mi esposo…!

CORO DE HOMBRES Y MUJERES (Con duda): ¿Fernando…?

Doña Jimena, don Ciro, doña Blanca, quieren avanzar hacia él para observarlo de cerca. Pero Fernando alza la mano para detenerlos.

FERNANDO: Soy Fernando González Granados..... no soy una suplantación porque yo mismo no puedo suplantarme...No he estado preso…y menos estoy muerto. Don Ciro González y doña Jimena Granados no han perdido a su hijo. .. Doña Blanca Paredes no ha perdido a su esposo...

Pausa.

He permanecido libre en el cuerpo y en el espíritu... He estado contento como hijo adoptivo de una tribu... He aprendido cuanto jamás me habrían enseñado las escuelas de la Villa, de Guatemala, de Salamanca…

Pausa.

El hombre debe ser para los demás, después para sí mismo. El amor es una ley universal, y no una pasión mezquina. Los seres humanos son iguales, sin haber inferiores ni superiores. Vale más el altruismo que el egoísmo, es loable la generosidad y vituperable la mezquindad. El odio, el dolo, la falsía, el crimen solo se explican por la lenta evolución espiritual del blanco, que de otra parte ha avanzado enormemente en las conquistas materiales…Los indios algún día vencerán a los blancos, no por ser blancos, si no por ser injustos y brutales. Con ello triunfarán la igualdad de los hombres, la justicia, la paz y el amor entre todos….

Pausa.

Blanca, acércate...

Doña Blanca obedece. Se le aparea. Fernando le echa el brazo sobre el hombro. Ella le tiende el brazo por la espalda: "Soy feliz viendo a mis padres. .. Soy feliz teniendo a mi esposa al lado... Soy feliz viendo a todos mis viejos amigos. .. Soy feliz en esta Noche Buena, que en realidad es buena... Pero soy más feliz siendo indio... Soy más feliz perteneciendo a una tribu, raíz de la humanidad. Y soy más feliz volviendo a ella, llevando a mi esposa, que tanta falta me hace...".

Todos los circunstantes están petrificados con las palabras de Fernando, quien avanza hacia don Ciro y le besa la mano; abraza y besa en la mejilla a doña Jimena; abraza a doña Eulalia, su suegra. Retrocede y se inclina ante los demás.

Despídete, Blanquita...

Doña Blanca lo hace. Gran alboroto. Llanto en la despedida: "¡Adiós, padres...! ¡Adiós, amigas y amigos...!".

Salen los cinco indios, con doña Blanca que les sigue encantada.

TELÓN

EL ENTIERRO

Fue en los tiempos en que no había Bancos, pero si botijas. Las botijas de arcilla bien cocidas y resistentes, las enterraba el potentado con tanto sigilo y en lugar que solo él conocía, que el enterrador quedaba más que satisfecho. El dinero tenía que ser en monedas de oro y plata, y algunas veces de lingotes.

Don Miguel Henríquez era un ganadero de incontables cabezas. De gruesos hatajos de yeguas. De platanares y cañales de gran extensión, con amplias casas en cada finca. Pero la fama de rico le venía de suponer que tenía un entierro cuantioso en onzas españolas, porque solo se le veía vender y acumular, y nadie le conocía un gasto. En sus posesiones solo se comía tortilla y frijoles, a las cansadas un huevo y a finales del año un pedazo de carne.

Los hijos de don Miguel, hermanos, hermanas, sobrinos, sobrinas, ahijados, ahijadas, trabajadores todos desde la madrugada hasta entrada la noche, en el fondo de su corazón le vivían deseando la muerte al viejo y todos acariciaban la idea del fabuloso entierro.

A todos les voy a dejar, y todos van a quedar contentos de las bondades de este viejo, les solía cantar don Miguel. Esto no es mío; eso es de ustedes; así es que trabajen de buen modo.

Un día amaneció enfermo don Miguel. Otro día más enfermo. Y el tercero grave de muerte. Las hermanas le trajeron el sacerdote, que rechazó porque nada tenía que confesar. ¿Sacerdotes a mí? Se oyó que decía con su media vocecita de agonizante. Al diablo con ellos. .. Los hermanos vinieron con el juez de paz, el secretario y los testigos de un testamento. A estos si lo recibió y empezó a decir con su voz quebrada.

A Miguelito, mi hijo mayor, le dejo la hacienda de Las Majadas. A Pedro, todas las yeguas de El Chagüite. A Josefa la casa de El Tejar con todo lo que tiene. A Timotea los cañales y los trapiches de La Vega, desde Los Encuentros hasta los cercos de Tata Lupe. Así con monotonía fue dejando sus bienes a todos, sin dejar por fuera a sus ahijados y ahijadas.

Los herederos mostraban tristeza y satisfacción, y solo esperaban ansiosos que el testador llegara al entierro y a la forma en que sería repartido. Con señas le decían al juez notarial que le preguntara donde escondía el tesoro y cómo lo iba a dividir.

—Ya todo está testado, don Miguel. Ahora pasemos al entierro.

Don Miguel guardó silencio.

Volvió a decir el notario:

—Véame con la pluma levantada para escribir y detallar el punto donde se encuentra la cantidad escondida y cómo la va a repartir.

Don Miguel siguió mudo.

—Don Miguel, en amor de Dios, dónde está el entierro.

Don Miguel, medio sonriente, alzó a ver al notario para decirle con voz resuelta:

—El que lo encuentre se "encaba".

Y ¡pum! se murió.

EL SABIO VALLE Y EL SANTO OFICIO

El Sabio Valle y el Santo Oficio es como decir la luz y las tinieblas. Muerto el rey Carlos III, monarca de la Ilustración, un año antes de la Revolución Francesa y ascendido al trono su hijo Carlos IV, éste hizo regresar a los jesuitas desterrados de los reinos españoles, hacia más o menos unos veinte años.

Los jesuitas regresaron siendo los mismos jesuitas: reaccionarios, ultramontanos, fanáticos, crueles, sin alma. Si ayer sirvieron para exterminar el protestantismo y las demás creencias deístas aunque no católicas, hoy llegaron para arrancar hasta la última raíz de la revolución democrática que se estaba desarrollando en Centro América.

Vigilaban a todo el mundo por medio de agentes especiales, situados en los distintos estratos de la sociedad. Había veedores y oidores desde las altas esferas hasta los bajos fondos. El confesor tenía entrada libre a cualquier hora del día y de la noche, con pretextos. La servidumbre de cada familia, por regla general, bajo promesas de salvación y gloria, tenían al tanto a los inquisidores de lo que se decía y pasaba en los hogares de su servicio.

El Santo Oficio llevaba libros en que anotaba diariamente los informes de los sospechosos. También levantaba por cuantos, claro está, en el mayor secreto. Hablamos en Derecho Canónico, desde luego. Eran delitos de presidio o reclusión mayor, y hasta de muerte en la hoguera, los culpables de materialismo, ateísmo y divulgaciones de doctrinas parecidas. La quema de personas no se llevó a cabo en el tiempo a que refiere este relato. Los sentenciados eran conducidos a México.

Especialmente el Santo Oficio perseguía a la ilustración en el renombre de los Ilustrados. La Ilustración fue un movimiento cultural europeo del siglo XVIII, caracterizado por una gran confianza en la razón, en la crítica de las instituciones tradicionales y la difusión del saber. José Cecilio del Valle era un Ilustrado de renombre. En el reino de Guatemala nadie le llegaba a la altura del hombro. Por ese motivo era el centroamericano más conocido en el exterior, y era el más visitado por los viajeros del segundo descubrimiento, es decir de los investigadores en los campos de las ciencias naturales.

Como a su casa llegaban ingleses, franceses, italianos, con quienes conversaba en estos idiomas y con los alemanes y escandinavos en latín, Valle era estrechamente vigilado con la servidumbre y seudo amigos de la familia. El hecho de conversar con los viajeros en lenguas distintas enfurecía a los miembros del Santo Oficio. Sus espías gracias podían decir que hablaba en jerigonza con sus visitantes. Y una criada vieja con más audacia se atrevió a afirmar que "todas sus peroratas se reducían a hablar mal de Dios".

Se hizo constar en los libros esta declaración, pero no se le creyó porque la vieja apenas hablaba quiché.

Al darse cuenta Valle del acoso de que era objeto de parte del Santo Oficio, recurrió a una argucia ingeniosa. Se valió del cura de su parroquia para invitarlo a él y a los inquisidores a que comparecieran a su casa de habitación, donde les haría conocer un hecho digno de ser visto. La visita tendrían que hacerla a las cinco de la mañana en punto, con mucha cautela. El los esperaría en la puerta principal, entrarían sin hablar y sin hacer ruido. Y hombres aquellos que cultivaban su ocio, fueron puntuales en la cita. Entraron en puntillas a la biblioteca, hasta que Valle, en voz baja, les dijo:

—Vengan...

Anduvieron buen trecho entre numerosos y gruesos naranjos, viendo que en aquel momento se levantaba el disco magnífico del sol glorioso. Luego Valle les dijo:

—Ahora bajen la vista y conozcan a los adoradores del sol.

Cinco indios, en cuenta la vieja chismosa de la Inquisición estaban de rodillas, con las manos en alto, y luego se inclinaban con gran reverencia, por una, por dos, por tres y por más veces, mientras modulaban un canturreo entre dientes...

El cura y los inquisidores estaban pasmados. Nada habían hecho contra el paganismo del reino. Y aquellos indios que estaban adorando al Sol eran los espías de la Santa Inquisición.

Al notar los indios que habían sido vistos huyeron dando gritos. Había sido sorprendido su rito religioso. Y los jesuitas, confundidos de lo que habían, visto, sin decir palabra, regresaron a su Santo Tribunal.

EL VERDADERO ENEMIGO DE MORAZÁN

Hay cosas que con el tiempo se saben. Propiamente, Morazán no luchó contra una agrupación de majaderos que sentían orgullo de llevar sangre española, no importa que esta sangre fuera de porquerizos.

Como los tercios de España se quedaban en Europa con su emperador, los soldados que venían a América eran los condenados a galeras que liberó Don Quijote con su lanza, y pagándole el favor con pedradas, huyeron, se lanzaron al mar y nadando llegaron a las costas de América.

Era la sangre noble española de que se gloriaban los americanos criollos del comienzo del siglo XIX.

Detrás de los majaderos que combatían a Morazán estaba Inglaterra, la gran potencia de la época, superior a cualquiera otra y superior a todas.

Inglaterra que había sufrido el fiasco de los Estados Unidos que se independizaron definitivamente en la batalla de Yorktown (1781), pensaba apodarse de la América Española en su conjunto, o por partes, para lo cual contaba con agentes bien adoctrinados en todo el continente.

En Centro América, los majaderos de Guatemala formaban el principal grupo anglófilo, que obedecían órdenes del Superintendente de Belice y más tarde del Cónsul Frederic Chatfield, verdadero jefe de la legión de majaderos.

Tan luego llegó este pícaro a la ciudad de Guatemala, asumió el mando y dirigió las operaciones que cumplían al pie de la letra los majaderos.

Chatfield, que había conocido en las revoluciones de Europa la fuerza descomunal de las masas, halló esta fuerza en las indiadas de Rafael Carrera, y la contrapuso a la habilidad jesuítica de los criollos terratenientes y comerciantes asentados en la capital, para que no fueran éstos a abrigar pretensiones indebidas.

Así, la semicolonia inglesa estaba asegurada en Centro América, según los cálculos de Chatfield, y habría sido cierto sin el error del golpe de Estado, desde el poder, de José Manuel Arce, que dio lugar para que se levantaran las masas, y Morazán, haciéndose cargo del gobierno centroamericano y corriendo aún los años de la ilustración en América, proyectó una pequeña revolución francesa en la parte central del continente, que atrasó por unos años los planes colonialistas de Inglaterra.

El Ejército Protector de la Ley, cuyo jefe supremo fue el general Morazán, fue un ejército que a la vez de bien disciplinado gozaba de la iniciativa que le daban sus comandantes divisionarios. Propiamente era un ejército revolucionario que seguía las enseñanzas que le había dado el ejército popular francés en la batalla de Valmy. Sus oponentes en diez años siempre resultaban simples patrullas derrotadas.

Aquel ejército era eficaz como el rayo, veloz como el relámpago, estrepitoso como el trueno, pero tenía su talón de Aquiles, que vio Chatfield, egresado de una escuela militar inglesa.

El Ejército Protector de la Ley era una briosa columna de arrojo temerario, pero sin fuerzas coadyuvantes ni reservas. En un combate o batalla se jugaba el todo por el todo, y dado el impulso revolucionario corrientemente salía victorioso. Pero no siempre iba a ser así.

Chatfield, a un equipo bien adiestrado opuso el peso abrumador de las masas indias que atacaban en movimientos envolventes y en oleadas. Así sucedió que en la toma de Guatemala, la última vez, Morazán quedó prácticamente rodeado de enemigos, se hallaba en medio de un cerco de masas.

A duras penas pudo romper el cerco, salvar la vida, retirarse a El Salvador, y de allí partir al Perú.

De regreso del Perú, fue recibido con entusiasmo en Costa Rica, pero el estratega inglés Federico Chatfield, más corriendo que andando se trasladó a San José a disponer por medio de los majaderos josefinos la muerte del gran patriota. Así sucedió que mientras Morazán se preparaba para emprender la campaña unionista, los majaderos del lugar aprontaron su acción, bajo órdenes estrictas del Encargado de Negocios inglés, que ya lo era, levantaron al pueblo, provocaron un tumulto inmenso en el que campeaba el falso fanatismo anglófilo, y de resultas de aquello, cayó Morazán en las redes de la traición y fue fusilado el 15 de septiembre de 1842.

El calificativo es pesado, pero fueron los majaderos de Centro América los autores del asesinato de Morazán, del aniquilamiento de la República Federa!, del resquebrajamiento de la Federación en cinco Estados, del semicolonialismo inglés, del Tratado Clayton—Bulwer (condominio de la zona canalera entre Inglaterra y los Estados Unidos), de las guerras intercentroamericanas bajo los poderes norteamericanos—británicos.

El gran poeta Pablo Neruda, con sobrada razón, le dedicó en el Canto General un poema comprensivo de su grandeza:

MORAZAN (1842)

Alta es la noche y Morazán vigila.
Es hoy, ayer, mañana? Tú lo sabes.

Cinta central, América angostura
que los golpes azules de dos mares
fueron haciendo, levantando en vilo
cordilleras y plumas de esmeralda;
territorio, unidad, delgada diosa,
nacida en el combate de la espuma.

Te desmoronan hijos y gusanos,
se extienden sobre ti las alimañas
y una tenaza te arrebata el sueño
y un puñal con su sangre te salpica
mientras se despedaza tu estandarte.

Alta es la noche y Morazán vigila.
Ya viene el tigre enarbolando un hacha.
Vienen a devorarte las entrañas.
Vienen a dividir la estrella.
Vienen,
pequeña América olorosa,
a clavarte en la cruz, a desollarte,
a tumbar el metal de tu bandera.

Alta es la noche y Morazán vigila.

Invasores llenaron tu morada.
Y te partieron como fruta muerta,
y otros sellaron sobre tus espaldas
los dientes de una estirpe sanguinaria,
y otros te saquearon en los puertos
cargando sangre sobre tus dolores.

Es hoy, ayer, mañana? Tú lo sabes.
Hermanos, amanece. (Y Morazán vigila).

DON JUAN LINDO (a) EL ZORRO

A muchos presidentes mediocres de Honduras les ha gustado y les sigue gustando que digan que se parecen con Don Juan Lindo, a quien llamaban "El Zorro" por su exagerada astucia natural.

Se ignora que clase de diablillo fue Don Juan en el Colegio de Infantes de Guatemala. Pero debe haber sido lo mismo por aquello del refrán que "genio y figura hasta la sepultura".

Adquirió el título de abogado en México, y perteneciendo a la casta de los "marranos", es decir llevando en sus venas sangre judía, su padre Don Joaquín obtuvo en el Ayuntamiento de Comayagua una certificación en que constaba su "limpieza de sangre". Así lo autorizó la Audiencia de México para que ejerciera la carrera del Derecho.

Es claro que Don Juan fue un hombre de la Ilustración, simpatizaba con la rebelión burguesa y con la independencia americana, pero se decía monarquista, fiel lacayo de Carlos IV y obediente servidor de los Borbones.

Era Alférez Real del Ayuntamiento de Comayagua cuando llegó la noticia de que se había firmado la Constitución de Cádiz, a la que la población debía jurar. Para este acto Don Juan preparó unas fiestas tan fastuosas que fueron recordadas por muchos años.

Al volver Fernando VII al trono, Don Juan pensó con mucha frescura que debía recoger sus banderas desplegadas.

Al producirse la independencia de Centro América, Don Juan la celebró, pero fiel a su doblez pensó que la independencia debía unir a Centro América y México. Y fue diputado de la Provincia de Honduras en el Congreso de México.

Al operarse la separación de Centro América y México, Don Juan se instaló en el partido conservador, y se declaró enemigo del partido liberal. Combatió a Morazán, pero dijo que lo hacía "por la envidia de no ser él".

Don Juan era rico, y sus relaciones eran con los ricos (es decir con los señores feudales); pero investigaciones sutiles que fueron seguidas con diligencia, dieron con el hecho que Don Juan siempre había mantenido relaciones ocultas con los "fiebres" de Tegucigalpa, "nido de la revolución".

Don Juan se raptó a Josefita Pineda y la trajo a Tegucigalpa, donde los casó el Padre Márquez; pero este matrimonio se puso en duda porque el sacerdote que pertenecía a la Ilustración, era considerado hereje.

En los vaivenes de Centro América, Don Juan fue jefe de Estado de El Salvador y fundó la Universidad Nacional y el Colegio de Señoritas de la Asunción de Santa Ana.

Posteriormente fue jefe de Estado y Presidente de Honduras, fundando la Universidad Nacional de este país.

Fundó numerosas escuelas primarias; Don Juan en persona preparaba a los maestros.

Como buen "Zorro" que era usó, abusó y se rio de los principales del país. A Francisco Ferrera lo desterró, y murió borracho y llorando en Suchitoto de El Salvador.

A Santos Guardiola lo mantuvo alejado del poder y vigilado, en el entendido que al menor movimiento perdería la vida.

Pero lo más sorprendente fue que dejó a los principales políticos de Comayagua desvanecidos de sorpresa, pues en vez de entregarle la Presidencia a uno de ellos, llamó al general Trinidad Cabañas para que la desempeñara.

Y lo más sorprendente fue que el vengador de Morazán, víctima de Federico Chatfield, fue Don Juan Nepomuceno Fernández Lindo, al batir y derrotar las tropas inglesas de la Costa Norte, que fueron "a echar pulgas a otra parte" y al invocar la Doctrina de Monroe para arrojar a Chatfield de la Isla del Tigre, quien asistido de mercenarios llegó a ella y corrió a las autoridades hondureñas.

El cónsul norteamericano Mr. Squier situado en León, Nicaragua, comunicó la invocación que hizo Don Juan Lindo a Washington, en la que ponía la isla bajo la protección de la Doctrina de Monroe por seis meses.

Con este motivo se cruzaron notas diplomáticas entre las dos potencias, y el resultado fue que un almirante inglés partió de un punto del Pacífico y llegó a la Isla del Tigre solo a regañar a Mr. Chatfield por su descabellada aventura que puso a la Gran Bretaña al borde de una guerra.

En 1850 fue destituido Chatfield.

Don Juan en su testamento dejó destinados cinco pesos para pagar cuatro mozos que al morir lo llevaran "al lugar común conocido".

Como había sido tan noble, mejor se aseguraba de este modo su enterramiento.

TRINIDAD CABAÑAS, EL SANTO DE LA REVOLUCIÓN FEDERALISTA

Trinidad Cabañas, general de división del Ejército Federal de Centro América, fue un auténtico militar. No fue un general de "cerro" porque lo iluminaba el ideal de la revolución antifeudal y democrática. Tampoco fue de los generales "que les dicen" porque estaba bañado de cicatrices adquiridas en los cien combates en que cargó contra el enemigo para garantizar la vida de la Federación.

Los maestros de Cabañas eran Napoleón, Bolívar, Morazán. De Napoleón sabía cuánto le había informado el general Raoul, soldado del emperador francés. Había leído los discursos y proclamas de Bolívar, que le llenaban el espíritu de fe revolucionaria. Lo propio, que no le había dado nadie, era la virtud militar.

Cuando Don Juan Lindo, Presidente de Honduras, mandó a Don León Alvarado, acompañado de otros, al departamento de San Miguel a decirle a Cabañas que la Asamblea lo había elegido para la primera magistratura, Cabañas estaba trabajando como simple jornalero en una mina.

Vino a Comayagua hasta que doña Petronila Barrios, su esposa, fue al pueblo a empeñar sus joyas con que el prócer pudiera hacerse de un vestido nuevo.

Siempre vivía Cabañas en la mayor pobreza. Cuando volvió al país y se instaló en Comayagua, personalmente hacía sus milpas y sus frijolares y cortaba leña para mandarla a vender en burros.

Viéndolo anciano el gobierno le ofreció una pensión, y la rechazó diciendo que era él quien debía darle a la Nación, y no a la inversa.

Honduras ha producido diablos en abundancia. No ha dado santos religiosos ni laicos. Solo ha dado uno: Cabañas, que tiene altar en el corazón de los hombres de bien.

El general Trinidad Cabañas está enterrado en la iglesia de San Sebastián, de la ciudad de Comayagua.

DE LA AHORCANCINA DE OLANCHO A LA REFORMA LIBERAL DE HONDURAS

Así fue. Las reformas y las revoluciones no se importan. Nacen, se desarrollan, crecen en el terreno que les pertenece. Y allí, a hora señalada, dejan caer sus frutos maduros.

La gran farsa de que la reforma liberal fue traída de Guatemala por dos "catrines" que se hicieron abogados allá y llegaron a ser Ministros en los Gobiernos de García Granados y Justo Rufino Barrios, se ha mantenido tan inalterable, que a estas horas tiene dureza de piedra.

Y es una gran farsa, que los historiadores serios deben denunciar constantemente para que desaparezca. Como el mundo es interconexo, las partes de él no están totalmente separadas, aisladas unas de otras. Entonces, siendo esto así, la revolución europea de 1848, y la Guerra de Secesión de los Estados Unidos de 1862—1865, conmovieron todos y cada uno de los componentes territoriales de América Latina.

Además, acababa de pasar la guerra de William Walker en Nicaragua, y se le había fusilado en Trujillo el 12 de septiembre de 1860. De modo que Centro América era un hervidero. A las ambiciones esclavistas de la Confederación del Sur les habían substituido las ambiciones comerciales de los Estados industriales del Norte.

El peso del conservatismo centroamericano iba disminuyendo; en cambio el del liberalismo iba aumentando. Con la derrota de los Estados del Sur, la influencia de Inglaterra en Centro América casi quedaba reducida a cero. Además, Carrera, viejo y enfermo, ya era una ruina completa. El 14 de abril de 1865 murió de fiebre pútrida. Los funerales del indio de Mita fueron los de un rey. No se daban cuenta los enterradores que en aquella caja mortuoria llevaban los despojos del cachurequismo que por largos años había alimentado y sostenido Inglaterra en Guatemala y en el resto de Centro América.

Mientras sucedían estos hechos, al doctor Francisco Dueñas, Presidente de El Salvador y asesino del general Gerardo Barrios, se le puso que debía dominar el escenario centroamericano, comenzando por Honduras, para lo cual había instalado en el departamento de San Miguel al general Florencio Xatruch, como comandante de armas con una tropa de 800 hombres, lista para invadir el país, mientras en Olancho se levantaban Manuel Barahona, Bernabé Antúnez y Francisco Zavala, jefes rebeldes de reconocida valentía y pericia.

Según los cálculos de Dueñas, el Presidente José María Medina de Honduras tenía los días contados.

Sucedió que la guerra procedente de El Salvador estaba en manos de dos vacilantes, que más le temían a una insurrección popular que a las balas del enemigo frontal. Llegada la fecha señalada para el levantamiento, Xatruch no se movió de San Miguel, y los olanchanos se lanzaron a la acción. Cabe agregar que las miras de los olanchanos eran distintas a las de Dueñas por medio de Xatruch. Los olanchanos proyectaban la reforma. Dueñas pretendía la simple dominación cachureca. Así es que los olanchanos se empeñaban en una guerra legítima. Dueñas, en una simple aventura, como se vio después con una salida que hizo Xatruch a Choluteca, donde fue derrotado.

La guerra de las facciones como se le llamaba había empezado a finales de la década 20 del siglo XIX. En la década 30, el general Morazán logró contenerla accediendo a las peticiones de los facciosos. La paz olanchana duro a lo largo del gobierno morazánico. Pero al venir el nuevo orden del separatismo, las facciones volvieron a aparecer, alimentadas por los ingleses instalados en la Mosquitia.

Se dejaron ver las facciones en los gobiernos de Ferrera y de Guardiola. Dejaron de manifestarse cuando el Presidente Fernández Lindo corrió a los ingleses de la Costa Norte. Y esa situación se mantuvo durante el gobierno del Presidente Cabañas. Pero la situación se volvió más áspera con los estímulos socio—continentales de Europa y los Estados Unidos, en el gobierno del general José María Medina, a quien de nada le sirvieron los halagos y promesas de la construcción del ferrocarril interoceánico.

La guerra olanchana adquirió más fuerza, con sus recursos humanos más numerosos y seguros. Siempre esperando la cooperación de Xatruch, que nunca llegó, porque Xatruch fue un general cobarde, a pesar de la fama que le dieron en la guerra de Nicaragua contra Walker. Empezó la citada guerra con golpes por sorpresa en los primeros meses de 1864. Se mantuvo con más vigor en 1865, saliendo entonces del departamento con el proyecto de tomar la capital de Comayagua.

Los insurrectos Antúnez y Zavala (Barahona había sido fusilado en Juticalpa el año anterior) se instalaron en Cedros, y allí pequeñas diferencias de que Antúnez quería engrosar sus fuerzas con la gente de Tegucigalpa, para lo cual debía ir a dicha ciudad, y Zavala opinaba que de Cedros debían ir a Comayagua, seguros de que el Presidente Medina no resistiría el impacto revolucionario. Esto que se discutió en mesa de jefes, llegó a la tropa, que se dividió y el resultado que Zavala y Antúnez, peleados regresaron a Olancho, cada uno con sus soldados.

Medina, ni corto ni perezoso, aprovechó la división de los jefes insurrectos. Organizó un gran ejército (para aquel tiempo) de 800 hombres bien equipados. Dejó en la Presidencia Provisional al Designado Crescencio Gómez. Publicó un manifiesto que decía, "las leyes de la guerra son terribles y les aplicaré con todo el peso de mi voluntad, poque así lo quiero y puedo". Partió con destino a la región oriental. En zonas distintas de Olancho lo esperaban otros jefes militares como el general Juan López, el general Juan Antonio Medina (Medinita) y el general Mariano Álvarez. Con las fuerzas de resistencia divididas no le fue difícil a Medina imponerse por medio del terror.

Así tuvo inicio la famosa Ahorcancina que fusiló a 400 rebeldes y ahorcó a 800. Este dato lo desmintió Marco Aurelio Soto en una entrevista con Froylán Turcios. Le dijo que aquella matanza había sido mayor, de la estadística que habían ofrecido el propio Medina y sus socios en la delincuencia, y que de París, donde tenía su archivo le iba a mandar el dato exacto. Lo cierto es que aquel genocidio practicado en los habitantes que se habían sublevado contra el exceso en el pago de los diezmos, las primicias y los tributos del Estado, fue conocido en toda Honduras, que aumentó el hervor revolucionario y en toda Centro América, donde la rebeldía popular había aumentado. Medina se regaló con un período presidencial más, pero no lo dejaban dormir la Ahorcancina y la amenaza permanente de Dueñas, que seguía listo para la guerra a través del general Xatruch en San Miguel.

El régimen cachureco de Medina estaba condenado a desaparecer a corto tiempo; pero no como creía él que sería el suceso sino como lo dictara la historia.

Veamos.

Había en aquel tiempo un hombre de gran personalidad y prestigio. Se llamaba Celeo Arias. Era abogado en ejercicio. Liberal morazanista. Diputado de la Asamblea Nacional Constituyente. Después, elegido Magistrado de la Corte Suprema de Justicia con sede en la ciudad de Comayagua, capital de la República. Arias, pues, era un personaje de renombre y prestigio.

Un día lo llamó el Presidente Medina para pedirle que le ayudara en el conflicto con El Salvador. Arias vio el futuro con claridad de adivino, y le contestó que con gusto le ayudaría.

El político y escritor ecuatoriano, doctor Antonio Grimaldi que escribió una semblanza de Celeo Arias, dice: "Como resultado de la entrevista de Arias y Medina, tres días después estaba en camino para San Salvador, asociado de don Teodoro Aguiluz, a quien él mismo designó para su adjunto en aquella representación. Arias comprendía que del choque entre los dos caudillos del conservatismo, debería resultar el triunfo de los liberales de Centro América. Y así fue.

Recibidos los dos comisionados por el Gabinete salvadoreño, expusieron el objeto de su misión, reducido a celebrar un tratado que garantizase la paz de ambas Repúblicas, exigiendo como condición precisa la remoción del general Xatruch de la Comandancia de San Miguel, su concentración a la capital y la de los demás emigrados hondureños y nicaragüenses que había en aquella frontera.

Inútiles fueron los repetidos esfuerzos de la comisión en las varias conferencias que tuvo al efecto con el Ministro salvadoreño, Doctor Zaldívar. Dueñas creía necesaria la caída del Gobierno del General Medina, su correligionario en ideas políticas. Creía que Xatruch le ofrecería mayores garantías en el gobierno de Honduras por ser más retrógrado.

Perdida toda esperanza, los comisionados se retiraron de El Salvador, no sin formular una protesta enérgica, preludio de un rompimiento entre ambas Repúblicas, que debían modificar el aspecto de Centro América, pues Arias preveía las complicaciones y comprendía que un estallido en cualquiera de los cinco Estados rompería el equilibrio de los conservadores, y una vez armados los liberales por Medina y para su conveniencia, irían más allá de lo que éste imaginaba, pues si los conservadores formaban una liga de intereses, los liberales aspiraban a una renovación general.

Al llegar a Comayagua los comisionados dieron cuenta al Gobierno del Estado de las cosas en El Salvador, y del inminente peligro de una guerra que Dueñas proyectaba y cuyos preparativos en Oriente no podían ocultarse.

Honduras tenía que aceptar la guerra y defenderse, pero el señor Arias fue de opinión que se anticipara a declararla, haciendo teatro de ella el territorio salvadoreño, cuyos habitantes, exasperados como se hallaban. Se levantarían contra el Gobierno de Dueñas desprestigiado completamente.

El mismo día que Arias ingresó a Comayagua fijando las bases de la guerra, se le propuso una Cartera en el Gobierno, que aceptó sin vacilación bajo la precosa condición de que su primera firma en el Ministerio, sería declarando la guerra al desastroso Gobernante de El Salvador.

Todo esto pasó a fines de febrero de 1871, en menos de cuatro días, después de la llegada de Arias, pues ante aquel hombre tan activo e inteligente, que en aquellos momentos fue la rueda motora de Centro América, ningún obstáculo debía medirse.

Partidario y consejero de aquélla, cuyo apostolado ejerció con la entereza de un héroe, no excusó compromisos en los momentos supremos y de mayor incertidumbre, habiendo enfrentado los trabajos y peligros de aquella época con toda la energía de su poderosa voluntad y con la fe inquebrantable que solo saben inspirar las convicciones y el amor a la patria.

La guerra terminó con el sangriento combate de Santa Ana, el 10 de abril de 1871.

Medina se reservaba el grueso del ejército en la frontera y por vía de ensayo, aventuró cuatrocientos hombres que avanzaron hasta Santa Ana y allí esperaron las fuerzas bien equipadas y numerosas de que disponía el asesino del General Barrios, que había usurpado el poder sobre torrentes de sangre.

Tres mil hombres mandados por los más valientes jefes del desmoralizado partido dueñista, se atrincheraron en el cementerio de Santa Ana con buena artillería y sobrados elementos para una dilatada campaña. La revolución solo contaba con machetes y algunos fusiles en mal estado; de manera que toda la esperanza se cifraba en los cuatrocientos héroes que solo aspiraban a la redención del pueblo hermano, por tantos títulos amigo, y aunque estaban en la proporción de uno contra siete, se emprendió el combate más sangriento de estos últimos tiempos.

Deshecho completamente el ejército del odiado dictador, los revolucionarios entraron a la capital, haciéndose notar aquella pequeña columna de valientes cuya modestia los representaba más bien como derrotados que como victoriosos, garantizando la vida, la propiedad y el honor de los salvadoreños, regresando en seguida a su patria, después de haber conquistado con su sangre la libertad de sus hermanos.

Dueñas, como todo criminal, aunque contaba todavía con ejército en la capital, sin hacer un solo disparo, se escondió cobardemente en la casa del Ministro norteamericano, reclamándole protección y asilo[34].

Por lo que se ha leído se prueba que los antecedentes de la Reforma, la Ahorcancina de Olancho de 1865, y la guerra de Medina, empujado por Arias, con Francisco Dueñas, que culminó con la victoria de los revolucionarios hondureños en Santa Ana el 10 de abril de 1871, dio comienzo militar a la Reforma Centroamericana. Así es que los mártires olanchanos primero y el doctor Celeo Arias después fueron los verdaderos promotores de la Reforma Liberal de Honduras, y no otros.

"La revolución de Guatemala, que ya se agitaba en la frontera occidental, redobló sus esfuerzos al saber que había desaparecido el gobierno de Dueñas. La marcha de los acontecimientos fue rápida, y el 30 de junio se desplomó el añejo edificio de los tradicionalistas, mezcla singular de la vanidosa aristocracia y del salvajismo montañés.

Cualquiera que pese las circunstancias de esa época memorable, notará que esta página histórica, marca uno de los hechos más brillantes del señor Arias, a quien debe Centro América unas de sus más radicales transformaciones, como lo declaró el Gobierno de Guatemala en 1874, mediante un hermosísimo acuerdo comunicado por el Ministerio al señor Arias, apenas llegó a la capital".[35]

Tal es la verdad de las cosas. La Reforma de Honduras se coció aquí mismo con leña y agua hondureñas. Los falsos historiadores para

---

[34] Biografía del Doctor Celeo Arias por el Doctor Antonio Grimaldi.
[35] Biografía del Doctor Celeo Arias por el Doctor Antonio Grimaldi.

quedar bien con los que mandaban torcieron la dirección de la historia. Y los niños de escuela y los muchachos de colegio han quedado aprendiendo mentiras.

Estas páginas se escriben para coronar de encendidas rosas y laureles a las víctimas de la Ahorcancina de Olancho y a la memoria del verdadero jefe de la Reforma, doctor Celeo Arias.

Los "catrines" vinieron de Guatemala a comerse las guayabas maduras, uno de ellos a mezclar el liberalismo revolucionario con el positivismo reaccionario, y el otro a iniciar la era de las concesiones norteamericanas, a comprar acciones de las minas en explotación y a hacerse millonario con domicilio en París.

De otra parte, hicieron muchas cosas que se les agradecen, entre ellas haber pasado por las armas al temible ahorcador José María Medina.

CELEO ARIAS: EL ÚLTIMO PRÓCER

Dos documentos bastan para comprender la grandeza de Celeo Arias. El primero lo leyó en el recinto de la Asamblea Nacional Constituyente, que dice:

Soberano Congreso:

El infrascrito, individuo de la comisión encargada del proyecto de reformas, tiene el sentimiento de disentir de la opinión de sus colegas en cuanto a la pena de muerte.

1º. Porque no juzga que el Congreso tenga facultad de imponerla, pues aunque por la delegación de los pueblos es la concentración del Poder Nacional y por lo tanto a sus augustas decisiones nadie podría sobreponerse, sin cometer grave atentado, en la suma de facultades alegadas no se halla ni puede hallarse la de disponer de la existencia de los asociados. Era preciso que cada uno fuese dueño de su propia vida, comenzando por legitimar el suicidio; era preciso, en una palabra, desconocer el origen del hombre y aceptar fatales consecuencias bajo el aspecto moral y religioso.

2º. Porque si, bajo un aspecto general, el homicidio es un crimen, no deja de serlo en la forma de pena, que puede llamarse homicidio judicial.

3º. Porque la aplicación de la ley es la escuela práctica de la moralidad en las sociedades, ejerciendo una influencia poderosa sobre la educación y las costumbres, y la ley de muerte vendría a matar el sentimiento, que es el gran resorte de la sociedad civilizada. Hay dos géneros de corrupción, dice Montesquieu, uno cuando el pueblo no observa las leyes, y otro cuando éstas lo corrompen.

4º. Porque la severidad de las penas conduce a la impunidad de los delitos.

5º. Porque allí donde la ley de muerte se ha establecido para los homicidios, no se han visto menos asesinatos que en los países donde la sangre humana no ha manchado la mano del juez.

6º. Últimamente, porque el hallarse establecida aquella pena en los pueblos cultos, que es el argumento fundamental de sus partidarios, es un hecho que no legitima su existencia, probando solo que esas naciones aún no han podido desembarazarse de antiguas preocupaciones.

Mil plumas empapadas en la civilización del siglo XIX se mueven en el seno mismo de la avanzada Europa proclamando la abolición absoluta de aquella inhumana institución.

En consecuencia, el infrascrito representante propone al Soberano Congreso el siguiente artículo.

Queda abolida absolutamente la pena de muerte.

Comayagua, septiembre de 1865.

CELEO ARIAS

El otro documento dice:

Comayagua, enero 25 de 1888.

Señor Secretario de Estado en el Despacho de Justicia

Tegucigalpa.

La cultura, señor Secretario, con que Usted, en cumplimiento de Instrucciones del señor Presidente, me remite en copia, el decreto de 20 del actual, en que se me asigna una pensión vitalicia por mis servicios en la Primera Magistratura de la República, es una muestra de alta consideración personal que aprecio profunda y debidamente.

Sí, mucho me honra, señor, los conceptos elevadísimos de su despacho, las frases de exquisita delicadeza en que el decreto está concebido, arraigan mi gratitud y pudieran hasta envanecerme, si no tuviera conciencia de mis escasos méritos. A qué más pudiera aspirar, qué mejor recompensa puedo obtener que la solemne declaratoria oficial de que "a pesar de las circunstancias difíciles del tiempo de mi mando, no manché mi nombre con ninguno de aquellos hechos que pugnan abiertamente con las leyes de la honradez y de la sana moral".

Radiante es, pues, el honor que el decreto me discierne. A las palpitaciones de justos resentimientos que aun agitan mi corazón, se suceden las gratas emociones de la reparación moral, con que el señor Presidente ha venido a honrarme y hacerme justicia.

Acepto, por lo tanto, con sincera gratitud, los fundamentos honrosos en que descansa el decreto aludido, pero penumbra sería para la brillantez del acto, que yo no me excusase, como formal y explícitamente me excuso de recibir la pensión que se me asigna.

Protestando otra vez mi reconocimiento al señor Presidente, me suscribo de Usted, señor Secretario, muy atento S.S.

CELEO ARIAS

(Tomado de La Gaceta de 15 de febrero de 1888).

EL MILAGRO DEL SANTO MISIONERO

En la sala espaciosa, la vieja Egipciaca está sentada, remendando unos trapos, Aparece Fermina, cuarentona, llorando en silencio, limpiándose los ojos con el extremo del delantal.

EGIPCIACA. (Levanta los ojos, observa a Fermina y suspira). ¡Ay, Dios! Qué vida de mujer. Todos los días del mundo siempre ha de tener un motivo de llanto. ¡Maldita sea! (Arroja el trapo que remienda). ¿Estás enferma...? ¿No te gustó el desayuno...? ¿Te dijo algo Macaria...? ¿Te mordió el perico. . .? ¿Te asustó un ratón. ..? O son simples ganas de llorar. ¡Maldita sea! (Se levanta con brío, se dirige a un retrato oval que pende de la pared).

Hermana, no debías haberte muerto para que cargaras con esta cruz (señala Fermina) que yo he cargado durante cuarenta años. Así te darías cuenta de lo pesada que es, de lo espinosa que es, de lo molesta que es. Por esta cruz (vuelve a señalar a Fermina), para seguir la educación de nuestros padres, para serte leal, para demostrarte que soy tu hermana, desprecié infinidad de hombres que honradamente me ofrecieron mano. (Baja la cabeza, dirige la mirada a otra parte, instintivamente se sienta). ¡Qué infierno en el que Vivo, y qué feliz fuera a estas horas si me hubiera casado con el negro Marcos! Que cómo me hablaba el pobre, como me visitaba, cómo me seguía, cuántas cosas me prometía, y yo de bruta dejando para después las cosas, dándole largas, hasta que al fin otra menos bestia que yo se lo atrajo y se quedó con él. (Medita y habla con voz lúgubre).

Hoy todo esto es historia. Ya estoy vieja. Paso de los sesenta. Vivo achacosa y contrariada. No conocí el amor. Se puede decir que no conocí la vida. Vine al mundo para nada, ¿Para nada? Para vivir aguantándole sus necedades a esta demente (Se dirige a Fermina con grito colérico).

¿De qué estás llorando, condenada?

FERMINA (Con voz afligida). Por un resentimiento que tengo con mis padres.

EGIPCIACA (Regañona). ¿Cuál resentimiento. ..?

FERMINA. (Siempre llorosa). Porque me pusieron Fermina...

EGIPCIACA (Con rabia). ¿Y por eso estás moqueando, grandísima burra...? (Levantándose con rapidez y viendo hacia otra parte). Aquí sea mi purgatorio... Son flatos...(A Fermina). Te tomaste el agua de valeriana que te cocí...?

FERMINA (Sin contestar la pregunta y llorando desgarradamente). ¡Ay, ay, ay! Fermina, vea qué nombre! Cómo se les ocurrió bautizarme con el nombre de Fermina...!

EGIPCIACA (Desesperada). ¿Pero qué tiene el nombre de Fermina. ..?

FERMINA (Suspendiendo el llanto). Es de mal agüero. .. es un nombre maldito...es un nombre despreciable... basta decir que lo lleva mi mayor enemigo...!

EGIPCIACA (Interpretando el caso, dibujando una sonrisa). Santo Dios! Ya caigo...(Gritando en dirección de la cocina). ¡Macariaaa!

Se presenta la cocinera limpiándose las manos con el delantal.

MACARIA (Melosa). Mande, Niña Egis...

EGIPCIACA (Severa). Me vas a decir la verdad, solo la verdad y nada más que la verdad... ¿Qué le ha pasado Fermina con Fermín...?

MACARIA (Viendo con temor a las dos mujeres) Niña Egis, usté sabe que en cosas de gente grande no me meto, porque siempre el humilde lleva las de perder; yo vivo a mi entero gusto en esta casa, y agradecida porque me toleran mi motío. Así es que, Niña Egis, por lo dicho, no sé nada.

EGIPCIACA (Más severa). Si sabes algo y no lo dices, va inmediatamente me desocupas la casa...!

Macaria se desconcierta, se mueve y no sabe qué hacer.

FERMINA. Dile sin miedo lo que ese pérfido me ha mandado decir, contigo...!

EGIPCIACA (Curiosa). Ya ves que sabías? Y va ves que eres desleal conmigo? A ver qué le mandó decir Fermín a Fermina...?

MACARIA (Entre resuelta y temerosa). Le mandó decir conmigo, cuando pasaba por su casa, que era una gallina clueca.

FERMINA (Indignada, en voz alta). Ya ves, tía, una gallina clueca.... Una gallina que a fuerza de poner huevos se "emborracha"... (Da unos pasos medidos). Una gallina que le anda haciendo ¡cloc! ¡cloc! ¡cloc! (Se agacha como para tomar algo). Y que cuando la levantan del nido para que vaya a comer da un alarido áspero: ¡aaaaayyyyy!

EGIPCIACA (Conteniendo la risa). Será que te ha visto en esas y por eso te ha mandado decir gallina clueca...

FERMINA (Indignada, con las manos en la cintura). No me ha visto... ¿Pero crees tía, que es un clavel, una rosa el regalo que me ha mandado ese mal hombre, llamándome gallina clueca, a mí una señorita de tan buena reputación, de tanto recato y de tanto mérito...?

EGIPCIACA. Ciertamente, es inexplicable el recado de Fermín... Y más cuando lo conozco por buen amigo, buen caballero, buen solterón, siempre al espejo y haciéndose lavados de nariz... (Se dirige rápido a Macaria). ¿Qué le mandó a decir contigo Fermina a Fermín...? Luego...!

MACARIA (Con velocidad). ¡Gallo capón!

EGIPCIACA (Con rabia). Ella, la sin oficio, le manda decir gallo capón; y él, otro haragán, en respuesta le llama gallina clueca. .. Ajá... ella lo acusa de lo que no es. .. y el la moteja de lo que tampoco es... ¿Qué hay debajo de este artificio mutuo? Voy a pensarlo... Pero para pensarlo, quiero estar sola... ¿Lo oyes, Fermina? ¿Lo oyes, Macaria? (Las dos mujeres entienden y salen de la sala. De pie, se dirige al retrato oval que pende de la pared como si hablara con una persona viva).

¡Hermana, vas a perdonar! Te he sido leal cuarenta años. Pero va no puedo seguir soportando más el diablo que me dejaste. Me ha bajado una gran idea que voy a poner en práctica ahora mismo. Lo haré con tanta habilidad que los vecinos de Yoro no se darán cuenta que es obra mía, (Vuelve el cuerpo y grita. ¡Macariaaa!

MACARIA (Entra temerosa). Diga, Niña Egis.

EGIPCIACA (Se le acerca y le pone una mano en el hombro). ¿Cuánto ganas por servir en esta casa...?

MACARIA. Dos pesos por mes, Niña Egis.

EGIPCIACA ¿Estás contenta?

MACARIA. De sobra, Niña Egis, si en la casa de las Quiroz ganaba uno.

EGIPCIACA. ¿Y qué haces con el dineral que ganas aquí?

MACARIA. Para qué decirle, Niña Egis, si ahora vivo gastando como príncipa.

EGIPCIACA. Así me gusta… Pues de ahora en adelante vas a ganar un sueldazo.

MACARIA. (Elegre). Jesús, Niña Egis. .. con tantas bondades usté se va a ir derechito a la gloria.

EGIPCIACA. Dios te oiga. Sobre los dos pesos te voy a agregar un real..

MACARIA. (Asustada con el aumento de salario). ¡Liii! Niña Egis, con el real voy a comprar el hilo y la aguja, y los dos pesos me quedan para la manta y la zaraza!

EGIPCIACA. Ya ves... Por el sobresueldo tienes que hacer unos mandados bien hechos...

MACARIA. Al infierno que me mande, Niña Egis…Voy y le traigo lo que diga el diablo.

EGIPCIACA. Nada de infierno ni de diablo... Esta es cosa de viejos cristianos que siguen a Cristo más en los buenos pensamientos y en las buenas obras que en los rezos y los alabados... ¿Entiendes?

MACARIA (Medio aturdida). Sí, Niña Egis.

EGIPCIACA. Vamos a hacer una obra de caridad...

MACARIA. Sí, Niña Egis.

EGIPCIACA. A veces, Macaria, las cosas que se hacen parecen malas; pero en el fondo son buenas.

MACARIA. Sí, Niña Egis…

EGIPCIACA. Vas a pasar por la casa de Fermín y le dices que dice Fermina que es un gallo capón. Aunque esté su familia o haya visitas se los dices. .. Acuérdate del real…

MACARIA (Avivada). Sí, Niña Egis. Ahora son dos pesos más un real.

EGIPCIACA. Una fortuna... De lo que conteste él me informas a mí primero... Y diga lo que diga, siempre, fíjate bien, le informas a Fermina que dice Fermín que es una gallina clueca. .. ¿Entendiste. ..?

MACARIA. Cómo no le voy a entender, Niña Egis si me ha mejorado el sueldo..

EGIPCIACA. Se lo dices todos los días. .. a mañana y tarde…Y guardas la mayor reserva. (Levanta la mano). Ahora vete que tienes que hacer el almuerzo, lavar, aplanchar, remendar, buscar la vaca, aguar el ternero, visitar a Fermín y hacer llorar a Fermina. .. (Se va la sirvienta).

Se sienta Egipciaca y sigue en su labor de remendar trapos viejos. De repente, alza los ojos al retrato oval que pende de la pared y le dice: Hermana a Dios gracias que ha venido a Yoro el Santo Misionero…

Sonríe, baja los ojos y vuelve a su labor.

SEGUNDA ESCENA

Fermín, solterón empedernido, bien compuesto, pero con ademanes forzados, visita la casa de Egipciaca. Al no ver a nadie en la sala, se aclara la voz para hacerse oír. Fermina que oye, entra, y al ver a Fermín no sabe si avanzar retroceder. Por fin se enardece y avanza.

FERMINA. Después de tantos insultos que me has mandado con Macaria ¿qué andas haciendo en mi casa solterón?

FERMÍN. Vengo a preguntarte por qué me insultas tanto con la misma Macaria, solterona!

Fermina se enardece y avanza sobre Fermín.

FERMINA. ¡Óiganlo…! ¡Y es tan abusivo que viene a insultarme en mis propios terrenos este gallo capón…!

Fermín deja su estiramiento y manotea sobre Fermina.

FERMÍN. No lo haría si no rebasaran ya tus insultos; gallina clueca…!

FERMINA (Chillando). ¡Ay, ay, ay! ¡Oigan cómo me dice en mi propia cara el malvado gallo capón…!

FERMÍN (Fuera de sí). ¡Y no solo vengo a decir sino a hacerte. Aunque me lleve el diablo, vengo a sopapearte, gallina clueca...!

Se retira Fermina, temerosa de que la alcance, y le arroje un salivazo.

FERMINA. ¡Gallo capón..!

Fermín hace un ruido feo con los labios, fingiendo ya se sabe qué.

FERMÍN. ¡Gallina clueca...!

Fermina sale corriendo y vuelve con una escoba en alto dispuesta a darle con ella.

FERMINA. Hoy te mato, gallo capón...!

Fermín saca una navaja cacha de hueso, la abre y la esgrime.

FERMÍN. ¡La muerta vas a ser tú, gallina clueca...!

A Fermina le da miedo la navaja, tira la escoba y grita.

FERMINA. ¡Sooocooooorrrooo…!

Fermín tira la navaja y se lanza sobre Fermina para taparle la boca.

FERMÍN. ¡No te... estoy haciendo... nada...!

Fermina lucha por desasirse y Fermín se aferra a ella, tropiezan ambos y caen. En el suelo, Fermina siempre quiere gritar, y Fermín insiste en taparle la boca.

FERMINA. ¡Soco...!

FERMÍN. ¡No te. ..!

Ambos han perdido la compostura. Se revuelcan. Fermín más fuerte tiene debajo a Fermina, En esas están, cuando entra el Padre Subirana. Le siguen Egipciaca, Macaria y unos vecinos.

PADRE SUBIRANA. (Con voz enojada). ¡No, no, no! ¡Como las bestias no! ¡Como perro y perra, no! ¡Como burro y burra, no! ¡Como garañón y yegua, no…! Fermín y Fermina se dan cuenta, se levantan, se componen las ropas y muestran vergüenza y espanto.

FERMINA. ¡Padrecito…!

PADRE SUBIRANA. (Imponiéndole silencio). Como la gente sí. Para eso la Iglesia tiene los santos sacramentos. ¡Todo debe arreglarse a la Ley de Nuestro Señor Jesucristo…!

FERMÍN. Permítame decirle, Padre…!

PADRE SUBIRANA (Sentencioso). ¡Yo, un sacerdote, los he visto... Egipciaca los ha visto. .. la sirvienta los ha visto... estos vecinos los han visto...!

CORO DEL GRUPO. Es cierto. Padre. ¡Todos los hemos visto!

EGIPCIACA (Con espanto, tapándose la cara). ¡Qué horror! ¡En mi propia casa y a pleno día...!

UNA VECINA HABLADORA. ¡Y en el suelo! ¡Sí para eso están las camas…!

Fermina rompe a llorar. Fermín inclina la cabeza.

PADRE SUBIRANA. (Con voz de mando). ¡He venido a Yoro a curar estas enfermedades con la ley de Dios! ¡Fermín y Fermina deben ser esposo y esposa y no perro y perra...!

CORO DEL GRUPO. ¡Si en el suelo parecieron paganos...!

PADRE SUBIRANA. ¡No dirán que no porque antes lo hacían como si fueran casados...! ¡Y si se resisten, ambos irán a las calderas del Infierno...! ¡Fermín y Fermina se toman del brazo como novios que son…! ¡Así se hace...! ¡Ahora vamos todos a la Iglesia para que ambos acaten el sacramento del matrimonio.

Salen todos. Fermín y Fermina van como bueyes mal enyugados.

TERCERA ESCENA

Tarde de la noche. Una alegre candela en la mesa. Fermín en un extremo de la sala, sentado, encogido, pensando en voz alta. Fermina en el otro extremo, sentada, encogida, agitada por sus emociones. En el fondo una cortina medio levantada deja ver un lecho matrimonial.

FERMÍN. (Hablando con lentitud). Fue esa criada maldita... Macaria... la que con su chismografía me enardeció en tal forma que me hizo venir a esta cueva de víboras. .. Todo para que me sucediera la desgracia que me ha sucedido... (Se detiene).

Casado.... habrase visto... yo casado...como cualquier Juan Miguel Torres con Maclovia Cáceres...(Hace un gesto de asco). Qué porquería... (Tira un salivazo). Condenados a oírse las vulgaridades diariamente... a sentirse los olores. .. y lo peor, a respirarlos sin chistar...(Saca el pañuelo y se suena).

Yo le había prometido a mi padre San Antonio que me sobrepondría a las tentaciones del mundo, del demonio y de la carne... (Se toca la frente). Jamás tuve malos pensamientos... (Se toca los labios). Jamás dije malas palabras... (Alza los ojos y abre los brazos). Soy casto...He ganado el primer peldaño de la santidad... (Baja los ojos y se golpea los muslos).

¡No... no... no. .. así como vine al mundo... así como me encuentro ahora... así llegaré a la tumba...moriré niño...!

Fermina lo ve de reojo.

El cielo... el Paraíso... la gloria solo se puede ganar con la pureza del alma y del cuerpo... es el principio de la suprema perfección... y yo debo ser perfecto...

Fermina, con intención, se aclara la voz.

Está bien que me pierda por un error propio... pero por una equivocación ajena... Dios me perdone, pero el Padre Subirana se equivocó al tomar por verdad lo que estaba lejos de ser siquiera una apariencia...(Con arrogancia). Debo defender mi honor, y con mi honor...debo defender mi virginidad. . .! (Se levanta).

Ahora mismo me voy a mi casa... y mañana salgo para Comayagua a exponerle el caso al señor Obispo Fray Juan de Jesús Zepeda... si hay necesidad de mandar letras al Santo Padre de Roma, se las mandaré... Lo que es esto no se queda así... (Se mueve, busca). ¿Dónde está mi sombrero...? No estoy casado... ¿Dónde está mi sombrero...? Ha sido un error... ¿Qué se hizo mi sombrero? Faltó mi consentimiento, que es lo principal…¡Ah, ya lo vi, allá está…! (Se dirige a tomar el sombrero).

FERMINA (Se levanta, va con rapidez a la puerta, la cierra y se apoya en ella). Estoy de acuerdo contigo... por un error fuimos al sacramento del matrimonio... Si es cierto que estamos casados, faltó nuestro consentimiento... Dios sabe que tal es la verdad... El Padre Subirana es suficiente autoridad para decir que tú eres el esposo y que yo soy la esposa... Pero como no estamos convencidos de ello, sería preciso oír nuestra propia confesión, valerosa y honrada…Siéntate para preguntarte... Después me preguntas tú…

Fermín toma asiento. Fermina deja la puerta y se sienta.

Dobla la cruz, luego jura ante Dios y di si estamos casados conforme a nuestros sentimientos o no estamos casados…

FERMIN (Inquieto). Mejor te pregunto yo.

FERMINA. (Nerviosa). Mía es la iniciativa... De mí ha nacido la idea... Tú debes jurar primero...

FERMÍN (Dobla la cruz para dar el juramento). Juro... ante Dios... (Se detiene). Ve mujer del diablo, lo que pretendes es arrojarme a las llamas del infierno...! (Se levanta).

FERMINA (Sarcástica). Siempre dije que no eras hombre. ..! ¡Qué eras un gallo capón. ..! (Deja el asiento).

FERMÍN (Persignándose). ¡A punto estuve de perder mi alma por esta gallina clueca...!

FERMINA (A gritos). ¡Gallina clueca! Pues para que lo sepas soy más niña que tú, gallo capón. ..!

FERMÍN. (Con susto). ¡Liiii! Por poquito caigo en las calderas por esta tentación... (Aparte). Pobrecito Adán, si así lo perdió Eva. ..! (Se vuelve a Fermina). En fin, jura tú si estamos casados o no estamos casados conforme a nuestros sentimientos…

FERMINA (Resuelta, dobla la cruz). Juro... ante Dios…que... (Se detiene). Fermín, mejor hagamos una cosa…Vete para tu casa y yo me quedo en la mía. Sí te prometo, para guardar la paz, que ya no te voy a decir gallo capón…

FERMÍN (Tomando el sombrero, resignado), Ciertamente, es lo mejor... Tú quedas en tu casa y yo voy a la mía... Tampoco volveré a decirte gallina clueca…

Empujan la puerta. Entra Egipciaca, muy contenta.

EGIPCIACA (Alborozada). Todavía no se han acostado...! De seguro están arreglando la vida que llevarán en el porvenir... (Con malicia). Además, como de sus cochinadas están hasta aquí... (Se lleva el dedo en forma horizontal a la frente). Jesús, qué cosas, como habían convertido este hogar en casa de pecado y de escándalo, y yo sin darme cuenta. .. Pero gracias a la diligencia y santidad del Padre Subirana, se han enderezado los entuertos... (A Fermina, con grosería)... ¿Cuántos meses llevas de estar preñada...? Te lo pregunto porque en el público se dice que solo te faltan tres para echar el hijo! Vas a tener un parto difícil por tus años. .. Pero allí está San Ramón que te ha de sacar con felicidad.

FERMINA (Se mueve con ánimo de pegarle a Fermín), Y todo por culpa de este tullido...!

Fermín busca protección cerca de Egipciaca.

FERMÍN (Resonante). ¡La tullida eres tú porque yo soy el calumniado...! Si es cierta tu preñez a saber de quién será...!

Fermina bufa y le da un bofetón a Fermín.

EGIPCIACA (Gritando). Mujer qué es esto…!

FERMINA (Enfurecida). ¡Maldito, que por causa tuya me calumnia el público...!

FERMÍN (Dispuesto a golpearla). ¡Malvada, que a saber con quién te has metido y ahora me lo van a arrimar a mí…!

EGIPCIACA (Gritando). ¡Solterones desgraciados...! Fue una broma mía lo de la preñez. . .! ¡Nadie ha dicho nada. . .! Vayan a' acostarse que ya va a cantar el gallo…

Entra Macaria a la carrera y asustada.

MACARIA. Niña Egis, allí afuera está el Padre Subirana con un látigo en la mano.... Se ha dado cuenta del escándalo. .. Qué. .. que. .. que el niño Fermín. .. y…y... y la niña Fermina... no... no... no quieren cumplir los sagrados deberes que manda la Santa Madre Iglesia…a... a... a los recién casados…! (Toma aliento).

Fermín y Fermina se vuelven a ver asustados.

EGIPCIACA. Acuéstense luego, brutos, que el látigo que trae es el mismo con que Jesús castigó a los mercaderes del templo....! (Los empuja con ambas manos hacia el lecho matrimonial). Y va a entrar para ver si están acostados bajo la misma sábana..! (Los empuja con más fuerza).

FERMINA (A Fermín). A mí me gusta dormir a la orilla de la cama…

FERMÍN (A Fermina). Me han dicho que la mujer duerme al rincón…

FERMINA. A la orilla…

FERMÍN. Al rincón…

Egipciaca los empuja sobre la cama. Corre la cortina, y resoplando vuelve a la sala.

EGIPCIACA. Solterones condenados. .. ¡Así cómo va a crecer la población de Yoro…!

MACARIA (Canturreando). No diga nada, Niña Egis, que usté se quedó solterona y no hizo crecer el pueblo. ...!

EGIPCIACA (Ante Macaria, con los brazos en jarras). ¿Eeeh...? ¿Quién dice eso. ..? Si yo di mi caída. .. Y tuve una hija…

MACARIA (Sorprendida). ¡Una hija...! ¿Quién es ella...?

EGIPCIACA (Rápida). La que me hace la pregunta…

MACARIA (Llevándose la mano al pecho. ¿Yooo?

EGIPCIACA. ¡Tú...!

MACARIA (Decepcionada). No diga eso, Niña Egis, que lo dice por no pagarme el real que me ofreció…

EGIPCIACA. Todo es broma... Te voy a dar el real…(Se detiene). Acércate en puntillas a la cortina y oyes lo que dicen…

Va Macaria en puntillas, aplica el oído y regresa.

MACARIA (Riéndose y casi sin poder hablar). Ji, ji, ji... Qué milagro del santo Misionero... Ji, ji, ji, ji. .. Casar a semejantes viejos. .. Ji, ji, ji, ji... Están llorando, Niña Egis..

EGIPCIACA (Sorprendida). Llorando. ... ¿Y por qué...?

MACARIA (Siempre riéndose). ¡Ji, ji, ji. .. Como los dos son niños… Ji, ji, ji...!

EGIPCIACA (Casi gritando). ¿Y eso qué. ..?

MACARIA (Siempre riéndose). No se lo puedo decir porque usted es niña. .. Ji, ji, ji, ji.

EGIPCIACA (Con malicia). ¡Qué mujer tan bruta…! ¡La risería que le ha cogido…! Apaga la candela y nos vamos...!

Macaria sopla sobre la candela y obscurece.

EL PARTIDEÑO

Muchos pasajeros procedentes de rumbos distintos descansaban en sus hamacas en la "casa del Gobierno", nombre que le dan al galerón que manda construir la autoridad departamental entre población y población, tomando en cuenta que a los viajeros les cubre la noche a medio camino. Después de haber comido cada uno su totoposte, un pan de maíz duro que solo puede ablandarse en agua, su carne asada y su jarrilla de café cocido, se instalaron en sus hamacas dispuestos a fumar y conversar con sus vecinos desconocidos.

Dio uno:

—Si no le es molesto, amigo de dónde viene usté?

—Molesto. .. por qué? Al contrario, me gusta conversar con las personas de mi raza. Por el momento vengo de mi lugar que queda en la margen salvadoreña del rio Unire y voy para el pueblo de Jocón, en Yoro, donde dicen que un vecino conserva un crucifijo de oro que fue del Santo Misionero; el crucifijo, según cuentan hace milagros, y voy a ver si lo vende el dueño.

—¿Va dispuesto a comprarlo?

—Dios me libre, solo voy a ver si existe la posibilidad de que lo venda.

—No entiendo.

—Ya verá. Si el crucifijo vale una montaña de plata, yo no la llevo en estos momentos, porque soy un simple escotero. Usté sabe que el escotero viaja a la carrera con la cobija al hombro, nada más y su mascada de tabaco, como correo privado de alguien. Debo hacer el regreso en una semana. Voy por encargo del obispo de San Miguel.

—Pues viene de lejos y va para lejos.

—No crea. Esta distancia es corta para mí. Debo decirle que soy "andalón". He ido tan allá como usté no se imagina. Solo me falta conocer la Tierra Santa. Para que lo sepa aquí onde me ve le cuento que he estado en "Beliz"

—(Con admiración) ¡En Belice. ..!

—Pues ha recorrido tierra, amigo.

—Y a punta de caite, para que lo sepa.

Intervino otro pasajero:

—Sólo por puro antojo fue a "Beliz"

—Fui a dejar un adelitado de varias muertes. Es mi oficio. La frontera en que vive es un nido de adelitados, de aquí de Honduras, de El Salvador, de Guatemala, de Nicaragua. Cuando se sienten acosados por las escoltas de uno y otro lado de la frontera, me buscan para que los lleve a "Beliz".

—¿ Le pagan bien?

—Me pagan bien porque si no los entrego y en "Beliz" no pueden negar el pago ni robármelo porque allá los guindan de un palo.

Preguntó otro pasajero:

—Y en ese ir y venir, ¿ha visto fantasmas como decir el Sombrerón, el Sisimite, la Cocora?

—A mí me han salido algunos muertos. Solo que como soy tan despreocupado me dejan en paz. De los otros no sé nada. Nunca he visto el Sombrerón. Ni tengo noticias de él.

—Es un hombre pequeño y gordo, tapado con un sombrerón rojo de alas anchas. Es pastor de ganado.

Dijo otro pasajero:

—El Sombrerón es un cuento de niños. El personaje que recorre la geografía del país es el Partideño. Ese sí. Solo que nadie sabe si es hombre o de qué naturaleza es. Algunos lo han visto arreando grandes partidas de ganado. Otros han oído sus gritos que se oyen a una legua. Ahora lo interesante en el caso es que quienes lo ven o lo oyen quedan mudos para siempre.

—Entonces (dijo el escotero del río Unire) el Partideño no es cosa buena. Es... Las Tres Divinas Personas me favorezcan…

II

Un hombre de larga y espesa barba negra se sentó en su hamaca para decir:

—Niño estaba cuando oí hablar a mis abuelos del Partideño. Ellos a su vez habían escuchado de sus mayores la historia de tan extraño personaje. La relación viene, pues, de la vieja colonia española, y a estas alturas el Partideño puede andar, haciéndole un poco de favor, en los trescientos años. Como su nombre lo indica lleva ganado a alguna parte. Donde hay ganado ahí está el Partideño. Y parece que la historia empezó a tomar cuerpo al desarrollarse la ganadería, mientras la riqueza minera iba en decadencia. Si las gentes fueran agradecidas, le alzarían un templo al Partideño, jefe de los ganaderos, por haber sido su industria la que promovió la separación de España y el nacimiento de las repúblicas hispanoamericanas. .. Creo que me entienden lo que voy diciendo.

Todos dijeron que sí y uno de ellos agregó:

—Algunos de nosotros sabemos nuestras letras…

—Me alegra, dijo el hombre de la larga y espesa barba negra. Pero no les parece raro que pasen las edades, que pasen los siglos, y el Partideño siga gritando en las serranías, siga arreando ganado en dirección de mercados desconocidos?

—A mí parece raro dijo el escotero del río Unire.

—Más que raro agregó otro.

—Rarísimo añadió con voz ahorcada un tercero.

—Entonces concluyó el hombre de la larga y espesa barba negra que el Partideño es el mismo Diablo.

(Todos los pasajeros se sentaron en sus ha macas para persignarse y rezar entre dientes un Padrenuestro).

Habló un tayacán de mulas:

—Ya que mencionó al Maldito (las Tres Divinas Personas me acompañen) usté cree en él?

—¿En qué sentido?

—En que existe.

—Cómo no voy a creer en él mijo, si el mundo está lleno de sus maldades. Hay un libro que dice: "Amarás al Creador sobre todas las cosas". Agrega: "Honrarás a tus padres". Añade: "No matarás". Insiste: "No robarás". Te grita: "No fornicarás". Te vuelve a gritar: "No levantarás falso testimonio". Pues bien: nadie ama al supuesto autor de las cosas; nadie respeta a sus padres. Matar es la ley del más fuerte. El robo es tendencia universal de individuos y de naciones. Se fornica en los templos. La mentira se ha elevado a la categoría de virtud.

En la boca del hombre de la larga y espesa barba negra jugó una sonrisa indescifrable. Luego dijo:

—Pero que le vamos a hacer, el mundo es así y así será hasta que se haga "la segunda naturaleza"

—Habla usté del día de la salvación, dijo uno por allí.

—No hay tal salvación.

—Entonces, no hay cielo.

—Ni hay infierno.

Todos se preguntaron en sus adentros:

—¿Quién es este hombre…?

Y empezaron a sentir miedo. Pero el hombre de la larga y espesa barba negra, aparentando no fijarse en el temor de sus oyentes, siguió:

—El Partideño es ladrón de ganado herrado y señalado y cimarrón. Lo roba en La Paz, en Comayagua, en Santa Bárbara, en Yoro, en Tegucigalpa, en Choluteca, en Olancho. No se vaya a creer que él se considera ladrón. Lo que arrea en grandes partidas es suyo porque se estima ser el padre de la ganadería y señor de los ganaderos. Y pareciera que hace esta operación en todas las regiones a la vez…

—Por ser el mismo diablo, chillo uno, ya envuelto en su sábana.

—Exactamente. Por eso les decía que creo en su existencia. Y tanto, que en mis viajes por estas soledades me gustaría toparme con él para pedirle unos cuantos favores.

—¿A cambio de su alma? —preguntó una voz enronquecida.

—Desde luego. Yo no hago mérito de mi alma. Hasta creo que no tengo. Pero si tengo se la doy. Más, les decía que el diablo ya no es aquella figura monstruosa de antes con cuernos, piel negra, ojos de fuego, uñas de tigre, rabo de león y cascos de caballo, aunque conservando el parecido con la gente. Hoy se presenta como un hombre corriente, como el escotero del río Unire…

—No diga eso. .. suplicó el escotero desde su hamaca.

—O se presenta como un caballero de salón, donde se confunde con los demás caballeros en los centros elegantes. Y allí hace de las suyas. No es remoto que adopte la figura de una bella mujer para lazar a un hombre que le interesa. Pero de mujer aparece en muy raras ocasiones y nunca llega a intimidades sexuales.

—Como estábamos con el Partideño —dijo alguien—, éste se presenta como cualquiera de nosotros, humilde, sucio, barbón, con pocos dientes.

—Exactamente. El Partideño se presenta como cualquiera de nosotros. Mejor dicho, es uno de nosotros. (La frase pasó inadvertida).

Finalmente, habló un anciano. Su voz llena de temor le salió temblorosa y delgada:

—Hermanos, se ha hablado tanto del Enemigo Malo, que yo los invito a rezar el Rosario para que si está presente se vaya en el acto y nos deje dormir en paz. Desde sus hamacas todos dijeron que lo rezarían. El anciano la hizo de enseñador. Y empezó el rezo con voces profundas, fervorosas, para correr "al ser que no puede amar", según la frase de Santa Teresa de Jesús.

III

En el rezo estaban los pasajeros de la "casa del Gobierno" cuando se dejó oír en lo alto de la serranía un grito lejano y cercano, taladrante y escalofriante. Los rezadores detuvieron la respiración para oír mejor, y escucharon el tropel y los bramidos de una partida de ganado que pasaba por el Portillo del Jilote. Al parecerles que la partida se alejaba, reanudaron el rezo que ya estaba para terminar:

"Te suplicamos omnipotente y eterno Dios, que asistas con tu divino favor a los que rezamos el Rosario de la Bienaventurada Virgen María para que después de meditar estos misterios en la tierra, merezcamos recibir el fruto de ellos en el cielo. Por Cristo nuestro Señor. Amén".

Confortado por el rezo del Rosario, el escotero del rio Unire fue a la Chimenea que se apagaba, a arrojarle unas rajas de ocote. La "casa del Gobierno" se iluminó, y con la iluminación vio y dio la voz de alarma. Todos los caminantes estaban allí. Todos. Solo faltaba uno. Faltaba el hombre de la larga y espesa barba negra. Se había ido. Y había dejado la certeza de que el diablo existe y que el diablo a veces adopta la figura del Partideño.

Los mugidos, los bramidos y el estruendo de una partida de ganado que corre por una llanura se volvió a oír. También se oyeron los gritos cercanos y lejanos, taladrantes y escalofriantes del Partideño. Era un estruendo ensordecedor, inaguantable que desesperaba a los viajeros de la "casa del Gobierno". Y eran unos gritos agudos, agudísimos, agudísimos que enrollaban la lengua y reventaban los tímpanos de aquellos angustiados muleros, que no tuvieron reposo hasta que apareció el día.

FELIPE BUSTILLO REPITIÓ LA PALABRA DE CAMBRONNE

En una de las jugadas políticas del doctor Juan Lindo, a quien le decían El Zorro por su conocida astucia, don Felipe Bustillo, senador de Olancho, fue llamado Comayagua para que ocupara interinamente la Presidencia de la República.

Don Felipe, gran propietario y constantemente ocupado en despachar partidas de novillos a Guatemala y a Trujillo, que le rendían dinerales, de mala gana trasladóse a la vieja Capital a desempeñar el alto cargo de septiembre a diciembre de 1848.

En la Casa de Gobierno todo se reducía a estar sentado en un taburete de cedro y cuero curtido; firmar unos papeles que le ponían en la mesa, y cuando los papeles se agotaban, pasar al corredor interior y acostarse en una hermosa hamaca de pitas.

Desde allí escuchaba los hachazos que daba alguien rajando leña en la vecindad; el rebuzno de un burro que pasaba corriendo por la calle detrás de una burra; el canto de los gallos del barrio El Torondón, y nada más. Para variar, solía conversar con el mulato que se encargaba del aseo; pero la conversación duraba poco y se dormía.

En esas debe haberlo sorprendido el general Francisco Ferrera, quien grabó la expresión que "Felipe Bustillo se pasaba la mitad del día durmiendo; y la otra mitad haciendo nada".

A finales de diciembre, notó don Felipe que había malestar en los barrios comayagüenses y que algunos personajes de la política conservadora habían desaparecido de la escena local. Luego supo, no por la policía ni otras autoridades sino por las vendedoras del mercado, que los enemigos del gobierno preparaban una rebelión para pronto.

Con la noticia volvió a su residencia y acostado pensó don Felipe que aquello no debía ser con él, y en la madrugada despertó a Sotero, su mozo de confianza para ordenarle que ensillara las dos mulas y aparejara el macho de carga, pues partirían al instante a Juticalpa.

Un poco después gritó el patrón:

—¡Sotero!

—¡Señor!

—¡Te vas de prisa, que ya te alcanzo!

—¡Entendido, señor!

Sotero salió con su mula arreando el macho que cargaba los baúles de don Felipe. La capital dormía el dulce sueño de las últimas horas de la madrugada.

Poco después montó don Felipe Bustillo, Presidente de la República de Honduras; picó espuelas y partió con estrépito por las calles empedradas de Comayagua. Ya había salido de la ciudad, cuando alcanzó a un vecino, hacha al hombro, que le preguntó a gritos:

—Ajá, don Felipe, ¿para dónde va tan de mañana y tan de prisa?

El viajero le contestó en el mismo tono y sin detenerse:

—¡Voy para mi casa definitivamente!

—Don Felipe, ¿y la Presidencia de la República?

—¡Me quieren hacer revolución, y ay les dejo su MIERDA!

DOÑA APOLINARIA

Dicen los muy sabidos de las cosas ocultas que en el principio de la sociedad humana mandó la mujer por una razón aceptable. Quedándose en la cueva, choza o casa, empezó a cultivar rudimentariamente una huerta, que a fuerza de experiencias dio con el tiempo buena variedad de tubérculos, hierbas, frutos y semillas comestibles. Posteriormente formó un corral de gallinas, patos, gansos, que daban huevos en abundancia. Así aseguró la alimentación del grupo gentilicio.

En tanto el hombre que se hallaba en el período de la caza y la pesca, se acompañaba de un rejón y un anzuelo para ir al monte y al río con la esperanza de regresar cargado de hermosos jabalíes y guapotes. Desde aquel tiempo le acompañaban un perro y una perra que las llamaba Tutiráis y Novendráis. A veces el hombre regresaba con pesada carga y a veces volvía con las manos vacías.

En el caso último no se afligía, porque en la casa, choza o cueva estaba la mujer que había preparado una abundante olla, y comía el desdichado hasta decir ya no. Pero esta situación tenía que pagarla el hombre con obediencia. Si la mujer amanecía de malas (¡sus razones tendría!) y gritaba y pataleaba como una furia, él debía guardar silencio. Si alzaba un leño con ánimo de pegarle, él debía resignarse a recibir los leñazos; de lo contrario, no había paz, comida ni dulce amor.

El poder despótico de la mujer duró miles y miles de años; fueron tantos —según dicen los que saben de estas cosas—, que comparando el tiempo del matriarcado con del patriarcado, éste empezó ayer. Apenas ayer, razón por la cual la dominación imperiosa o astuta de la mujer sigue en pie, y el mando del hombre, por mucha arrogancia que use, es blando como la cuajada. Extendiendo el tema, podemos fiar en la libre determinación del hombre soltero. Pero si es hombre con mujer legítima o como sea, por muy hombrón que se presente, nos hallamos ante un simple delegado. Con seguridad que en sus palabras suena la flauta de su consejera y mandante. Y hasta en sus hechos se advierte, fijándose bien, cierto revoloteo de faldas invisibles.

Doña Apolinaria Ayala fue la esposa de don Felipe Bustillo, gran ganadero olanchano, Vicepresidente en el gobierno del doctor Juan Nepomuceno Fernández Lindo y Zelaya, Presidente de la República en un receso del Ejecutivo, y Diputado por el Departamento de Olancho al Congreso Federal reunido en Tegucigalpa en el gobierno del general Trinidad Cabañas. Don Felipe fue un personaje. Basta fijarse en los tiempos que actuó y con quienes. Decir don Juan Lindo y general Cabañas en aquellos lustros era decir luz, heroísmo, ideal. Pero en su casa no valía.

Siempre detrás de don Felipe estaba su mujer doña Apolinaria. O sea que detrás del inhábil patriarcado estaba el poderoso matriarcado. Don Felipe aparecía en escena pública por voluntad de doña Apolinaria. Don Felipe regresaba a la vida privada por voluntad de doña Apolinaria. En la vida privada aquel hombre manso y bueno cuidaba sus haciendas y llevaba en persona grandes partidas de ganado a Guatemala. Allá lo esperaba don Alfonso Asturias, su leal amigo, con los negocios hechos en las ferias de Jocotenango.

Eso sí. Cuando don Felipe se desprendía de los brazos de doña Apolinaria, triste por fuera, regocijado por dentro, picaba espuelas, volaba su mula, hasta llegar al portillo en que la frenaba, y allí daba un grito agudo y alto con el que desahogaba los pulmones y saludaba a la libertad. Por mucho tiempo aquel portillo llevó el nombre de El grito de don Felipe.

La fuerza o la debilidad de don Felipe era el amor. Como era don Felipe no había para él cielo inasible ni abismo insondable. Regocijado volaba en su cabalgadura y hasta cantaba canciones del lugar. Las partidas de novillas o iban atrás o iban adelante bajo el cuido de mayordomos y mozos de su entera confianza. En algunas posadas dormía acompañado; en otras, donde había conquista pendiente, ponía baile que duraba tres días y tres noches.

En aquel ir y venir de Guatemala, don Felipe iba llenando el camino de Felipitos y Felipitas. A veces pensaba en doña Apolinaria, le entraba miedo, pero sacudía la cabeza y se le iba aquel mal pensamiento. De otra parte, Doña Apolinaria, aún no se ha averiguado de qué medios se valía, siempre estaba informada de la conducta de don Felipe, unas veces correcta, otras pecaminosa. Y según el caso, así era el recibimiento que le hacía a su regreso.

Cuando se portaba bien, se notaba a la legua. Doña Apolinaria sentada en una silla alta que parecía trono, ordenaba que adornaran la casa con las mejores galas. Que se mataran reses, chanchos gordos, gallinas, patos, jolotes. Que se prepararan bailes en la hacienda principal de El Coyolar y en las otras haciendas. Que se hiciera cuanto fuere posible en homenaje de los "guatemalas", nombre que les daban a los arrieros de las novilladas a aquel país. Y cuando sonaban los cascos de la mula de don Felipe en el corredor de la casa, doña Apolinaria desde su silla alta como trono ordenaba:

—¡Que rompa el acordeón por la llegada de Felipe!

Don Felipe iba como a adorarla. Ella le tendía la mano para que se la besara, y volvía a ordenar:

—¡Preparen el baño de Felipe para que se bañe con jabón de olor!

Se bañaba don Felipe, saliendo alegre y perfumado, mientras doña Apolinaria volvía a gritar:

—¡Traigan los potajes a la mesa, que voy a comer con Felipe!

Era de rigor que la fiesta en honor de don Felipe duraba tres días y tres noches.

Pero en otro viaje a Guatemala. doña Apolinaria recibía noticias que don Felipe se había portado mal.

Esperaba con paciencia en su silla alta como trono el regreso del mal portado, que tardaba meses, señal incuestionable que en alguna aldea o caserío del camino estaba pasando una de sus tantas lunas de miel. Nada le hace que don Felipe no se llamara don Juan, por dar lo mismo, y que doña Apolinaria fuera el vivo despotismo del matriarcado, porque todos los Felipitos y Felipitas los mandaba recoger para criarlos como madre amorosa, no importaba que las malas lenguas dijeran que los reunía para aumentar la servidumbre del Coyolar.

Al fin y al cabo, así tenía que ser, llegaba el mal portado de don Felipe. Resonaban los cascos de su mula en el empedrado del corredor. Se apeaba, y al entrar a la sala se daba cuenta de la situación. Doña Apolinaria, desde su silla alta como trono, ordenaba con voz aguda y seca:

—¡Baño con jabón de chancho para Felipe!

Don Felipe iba a bañarse, rápido, como en puntillas. Y al regresar todavía goteando el agua, escuchaba la nueva orden de doña Apolinaria:

—¡Tortilla y frijoles para Felipe!

Comía el supliciado con los ojos sobre el plato, pero atento a escuchar la nueva orden de la matrona:

—¡Tiendan en el suelo un cuero de res para que se acueste Felipe!

Los historiadores actuales no lo dicen. Pero doña Apolinaria sigue influyendo en la vida privada y pública de los hombres. Es más, el matriarcado está recuperando poco a poco las posiciones que había perdido.

HOMENAJE HONDUREÑO A JUAN JACOBO ROUSSEAU

OFICIO

"Tegucigalpa, julio 10 de 1884. Señor: El Comité organizado en París con el objeto de erigir la estatua decretada por la constituyente y la Convención a la memoria de Juan Jacobo Rousseau ha excitado al Supremo Gobierno a fin de que se sirva abrir una suscripción que se levantará en una de las plazas principales de la capital de Francia.

El Supremo Gobierno, tomando en consideración que Juan Jacobo Rousseau ha sido el primero y verdadero inspirador de la declaración de los derechos del hombre, el proclamador de la declaración del pueblo, y del sufragio universal, el reformador de la educación en el sentido de la naturaleza y de la razón y un escrito cuyas obras serán eternamente honor de la raza humana. Tomando en consideración por otra parte que el genio y la gloria de Rousseau no pertenece solamente a Francia sino también a todos los pueblos libres del mundo, ha acogido con satisfacción la excitativa del referido Comité, y ha dispuesto en consecuencia que en todas las ciudades cabeceras del Departamento, y en las de Danlí y San Pedro Sula, se abra una suscripción entre los vecinos notables, contribuyendo cada cual con lo que tenga a bien. Formalidades epistolares.

JERÓNIMO ZELAYA. Ministro de Relaciones Exteriores y de Gobernación.

CONTESTACIÓN

Respondieron los Gobernadores Políticos con las cantidades colectadas entre aquellos que sabían quién era Rousseau:

Juticalpa	$26.50
Santa Barbara	$22.50
Comayagua	$08.00
Choluteca	$68.00
Danlí	$0.00
Yoro	$40.00
Roatán	$30.00

Trujillo	$53.00
Yuscarán	$30.00
San Pedro Sula	$60.00
La Paz	$0.00
Gracias	$0.00
Santa Rosa	$0.00
Tegucigalpa	$106.00
Total	**$449.75**

Se rebajaron 2 pesos por demérito de moneda y se dijo que se compraría una letra por 2.238 francos que se enviaría al Comité del Monumento a Rousseau en París.

Este relato lleva en mira dos cosas:

1) Que se conozca la inteligencia bien nutrida y sobresaliente del profesional Jerónimo Zelaya; y,

2) que se mida el grado de atraso y de adelanto en que se hallaban los ciudadanos hondureños en tiempos de Bográn.

Por ejemplo en Danlí, Santa Rosa y Gracias no sabían quién era Rousseau.

MÁXIMO GUARDADO

Había desaparecido de la región aquel personaje que no se sabía si era hombre o demonio. Los vecinos de los valles lo recordaban en las noches oscuras, cuando chisporrotean las fogatas de ocote fino en los patios frontales, se escuchan los gritos de los labradores que avanzan por los caminos apartados y más lejos se perciben los aullidos de los coyotes en las altas serranías.

—Qué se haría Máximo Guardado, hace un año que no sabemos nada de él.

—Debe estar por el lado de Cusuna, un campo nuevo que está estableciendo la Truxillo Rail Road Company para seguir por las vegas del Patuca hacia Los Encuentros.

—Y qué hace allí, porque no trabaja, no le gusta trabajar.

—Pero sabe matar, y mata bien. Al campo que llega se impone en un dos por tres. Nadie tiene la velocidad de Máximo. Cuando otro piensa, fíjate bien, piensa en sacar el arma, Máximo ya le ha depositado una bala entre ceja y ceja.

—Pero ¿cómo vive?

—Muy sencillo. Un día se presenta en la puerta de tu casa y te dice: "Don Nicanor (suponiendo que así te llamaras). Usted sabe que para existir hay que comer, y yo no tengo un centavo. Así es que me va a dar la ´mesa´ durante permanezca en este campo. Como no voy a ser huesos viejos y voy derecho al infierno, allá le pagaré, no tenga desconfianza…".

—Y con esas garantías le doy la comida y lo mantengo por largo tiempo...?

—Déjese de brincos, con que el superintendente que es el superintendente le ha abierto en la cantina de la compañía una cuenta de tragos.

—¡Mal rayo lo parta…!

Los perros salen ladrando al encuentro de una persona que se acerca. Al pasar de la sombra a la luz se sabe quién es el visitante: es Pistarrita.

Todos se alegran al verlo. Y él sombrero en mano saluda a la manera campesina:

—Tío Perfecto…

—Dios te bendiga…

—Tío Casimiro.

—Bendiga.

Y a ustedes, ¿cómo les va…?

Diez hombres y muchachos le contestan a coro:

—Nos va bien. .. Gracias.

Pistarrita es bajo de estatura, sin ser enano, delgado, vivaz, especialista en contar cuentos, en inventar mentiras, en conocer la vida íntima de las personas, de las muchachas que están, de las que ya no están, del fulano que vive con la fulana, de la zutana que está que se derrite por el zutano, en fin…

—Y hoy que traes de nuevo, Pistarrita.

—Algo feo, desagradable... Máximo Guardado ha vuelto...

Todos se pararon y se pusieron tiesos... Se oyó a lo lejos el aullido de los coyotes... sin saberse si eran de Toro Muerto o de las faldas de la Torneada. Algunos rezaron en voz baja el Ave María.

—Quien te ha dicho que ha vuelto ese…

—Yo lo vi en persona en el pueblo de Guata... Les voy a contar en detalle... Estaba yo en casa de Hache Reyes...

—Su nombre es Jesús H. Reyes y no Hache Reyes. Es el hombre más importante del pueblo. Es el Secretario Municipal…

—Como sea... Estaba yo en la casa de tal señor, conversando con otros, cuando vimos aparecer, como si viniera de Comayagüela, un espantajo que siendo de día nos produjo miedo. Venía montado en un toro negro, con un machete collins y una escopeta de doble calibre en las pistoleras y con dos fajas de tiros que le bajaban de los hombros. Al vernos formando grupo en el corredor se dirige hacia nosotros. Pedro el hijo de la Mica se fue sin que nos diéramos cuenta y los chigüines desnudos salieron de huida.

Solo unos cuantos nos quedamos haciendo de tripas corazones.

—Son hijos de Dios o del Diablo —grito con un vozarrón que nos hizo temblar. Si dicen que son hijos de Dios los mato a todos ya.

Todos guardamos silencio, mientras él se tiró del toro con una 45 en la diestra. Se nos fue el alma. Unos quedamos tiesos. Otros temblábamos. El maliento de Juanta Tunca se desmayó. Yo, no lo voy a negar, me oriné. Y quién sabe quién fue; el caso es que empezó a sentirse un tufo feo. Ve, le dijo al hijo de tata Alejo, andá a decirle al estanquero que le manda decir Máximo Guardado que me mande una botella de aguardiente, y que si no me la manda, que se atenga a las consecuencias. Salió el muchachote más corriendo que andando y al momentito regresó con el guaro.

Se empinó el litro dejándolo hasta la mitad. Luego dijo:

—Ese estanquero es brutísimo... No se le ocurrió mandarme unos chicharrones envueltos en una tortilla... No me voy de aquí sin matarlo. .. Vos, traeme un poco de agua. Corrí hacia la tinaja y le traje un guacal lleno.

—Vos, le dijo al hijo de H. Reyes, trae una carga de zacate para que coma el toro. Los toros también comen, y son más importantes que ustedes, olotes untados.

—Vos, le dijo al hijo del Alcalde, andá decile a la vecina de la casa de enfrente que como quien se quita una brasa del culo me mande un almuerzo porque tengo hambre, que si no se apura voy a ir a su casa, me la voy a coger, y después la voy a matar.

La señora, sabiendo de quien se trataba, hizo una comida con la velocidad del pensamiento y se la mando con el mismo mensajero.

Así se hace, dijo Máximo, se empinó la otra parte del litro de aguardiente y se sentó a comer.

—Siéntense ustedes donde puedan, que les voy a contar algo. Le obedecimos. Unos en piedras. Otros nos quedamos en cuclillas. Otros se recostaron en las trancas del cerco de la casa. Atentos a lo que iba a decir el bandido. Vengo del infierno —agregó— es decir de Vaca Chinga. Ustedes conocen la puerta. Pero no la han traspasado porque no son amigos del Demonio, ni son hombres. Ustedes son pura mierda. Ve, muchacho, corré al estanco a traerme otra botella de guaro. Corrió uno de los circunstantes y volvió rápido porque no quería perder el relato.

A veces me pierdo. La gente cree que estoy matando en la Costa. Pero no, estoy con mi compadre el Diablo, alimentándome con sangre humana. La sangre humana, en un guacal grande, con unas cuantas maldiciones de mi compadre, hierve furiosamente, y cuando baja de temperatura y la toma uno le da un impulso endemoniado, y es cuando uno está en condiciones de hacer barbaridades.

Se echó el otro trago hasta la mitad de la botella. Se comió medio tasajo de carne asada y prosiguió. La sangre la traen los condenados llegan con vida al infierno de Vaca Chinga. Confiesan sus pecados. Y entonces mi Compadre manda que sean molidos en el trapiche infernal. Dos diablos inferiores los toman, uno de un lado, los empujan para que sean triturados en las masas de hierro y el otro los recibe convertidos en bagazo como el de la caña. La sangre que cae en chorros es recogida en una canoa, de la que bebemos todos y con la que nos alimentamos.

Un audaz le preguntó:

—Si vive bien allá, ¿qué anda haciendo en estas serranías?

—Ando en una misión de mi compadre, despertando malas pasiones, avivando odios, provocando muertes para que funcione allá nuestro trapiche, tengamos suficiente sangre, y podamos vivir eternamente.

Preguntó otro audaz:

—Pero usted mata fuera del infierno, y no se bebe la sangre derramada.

—La sangre derramada (contestó) no se pierde. La víctima llega allá sana y alborozada para ser molida en el trapiche infernal.

—Debe ser una vida extraña la de Vaca Chinga, comentó un muchachote.

—Vida de demonios.. .contestó Máximo. No solo bebemos sangre, que es de tanto alimento. También le damos gusto al sexo con las mujeres agradables que vamos recogiendo con engaños en distintos lugares... Yo tengo una de Pacura que me lleva al borde de la muerte y cuatro más que me dan a saber lo que es delicia.

Los muchachos ya habían entrado en confianza con Máximo y el relato sexual les había despertado el deseo.

—Mire, jefe, ese ya está cuilio.

—Eeee.. . y vos no estás.

—¡Mire cómo está aquel!

—Todos están —dijo Máximo —. Cuilio le llaman ustedes a la erección... ¿Por qué?

—Por los policías que con nada y nada ya están erectos y con nada y nada ya están forzando mujeres..

—En Vaca Chinga nuestro estado natural es andar cuilios... Y no solo nosotros. Las mujeres también siempre andan cuilias. .. y su furor las lleva a lucharnos y poseernos, encaramadas sobre nosotros como ustedes han de imaginarse.

—Como será eso —dijo un muchachote.

—Como allí no existe el pudor, en el espasmo pegan unos berridos que hacen eco en los cerros... Pero dejemos esto... Vayan a buscar los municipales que de seguro están escondidos. Especialmente quiero ver aquí al Secretario Municipal para que me redacte unos "pactos". Díganles que de nada sirve que se escondan porque yo, Máximo Guardado, he venido para matarlos por léperos.

El toro negro, después de haber comido parte del zacate que le trajeron y de haber bebido agua de una amplia canoa que estaba a su lado, empezó a bufar suavemente. Al poco rato arreció los bufidos. Mostró indignación al dar golpes con la frente en el horcón en que estaba amarrado. Y finalmente lanzó unos bramidos tan fuertes, que el ganado que había en la sabana huyó en veloz carrera y los perros del pueblo se pusieron a aullar a coro.

Nosotros estábamos aterrorizados, y un audaz, con voz temblorosa, le preguntó a Guardado qué significado tenía aquello, y Guardado le contestó:

—Dice que estoy perdiendo el tiempo que por qué no los mato a todos ustedes de una vez para llevar sangre a Vaca Chinga. Pero no lo voy a hacer porque ustedes están limpios de pecados grandes.

Al oír tales palabras, cogió valor uno y preguntó:

—Y ese toro ¿quién es?

—Es un demonio de la confianza de mi compadre. Y agregó en voz baja: en cierto modo, él es más que yo, y si no me hace pedazos en este momento es porque él sabe que mi compadre me dio la mágica clave con que lo puedo hacer tortilla.

—¿Así es que nosotros estamos protegidos? —preguntó un valiente,

—Sí, con tal que me traigan al alcalde, a los regidores, al síndico, al secretario y al juez de paz. Si tratan de engañarme, diciendo que no los encontraron, en cualquier tiempo los mato. Esos señores del Cabildo son perversos; viven fundando escuelas, levantando iglesias, celebrando fiestas de santos, en vez de abrir estancos, fomentar la prostitución, enseñar nuevos vicios, multiplicar las cárceles, no sirven para nada.

Todos nos fuimos a buscar los municipales y regresamos con ellos. Venían temblando de miedo, pálidos, tartamudos.

El toro al verlos se puso a bufar. Eran excesivamente buenos para que dejara de odiarlos.

—Bueno, a trabajar se ha dicho. Vos sos el Secretario Municipal. Vos sos el tal Jesús H. Reyes, amo y señor de este pueblo.

—No tanto, señor.

—No me digas señor. Trae tinta, pluma y papel. Me vas a hacer unas cartas. El Alcalde en persona que vaya a traerme un garrafón de guaro. Los Regidores que vayan a traer unas vacas gordas para que la destacen y comamos todos. Eso sí, las vacas deben ser robadas... El síndico que vaya de casa en casa diciendo a las mujeres que hagan tortillas y pongan las ollas para que hagan el estofado... El alcalde auxiliar se va a encargar de traerle zacate y agua al toro... Estos muchachos van a ser mis sirvientes... Ve, vos quitame los zapatos. Vos, treme tortillas calientes con chicharrones para echarme un buen trago.

Máximo Guardado puso en movimiento el pueblo. Los campesinos que sin saber llegaban al lugar, participaban de las fritangas públicas, y como había aguardiente a la orden, se embolaban y le daban vivas a Máximo Guardado. Como no les salía bien llamarle Máximo Guardado a secas le agregaron el grado de coronel y entonces sí, gritaban con suficiencia a todo pulmón: "¡Viva el coronel Máximo Guardado, el mero mero, sin haber otro!".

Los municipales no dejaban de traer vacas gordas y despanzurradas, con tal que fueran de fierro ajeno, para que comieran los fueranos hasta decir ya no. Cuando se agotó el aguardiente, el estanquero puso una cususera pública, y los campesinos bebían y bebían hasta caer. Había razón para que los monteses que habían visto la gloria, gritaran furiosamente: ¡Viva el coronel Máximo Guardado, hijos de puta!

Entre tanto, el Secretario Municipal Jesús H. Reyes, el famoso H. Reyes, mostraba la mano hinchada de escribir cartas...

Cartas ¿para quién? Para todos los deudores del Enemigo Malo, cuyos plazos se habían vencido y debían pagar sus deudas con dinero o con la vida. El cobrador era Máximo, quien recibía la plata y cuando no había, sacaba la 45, y pácate...!

El día próximo sería domingo 7. No tendría parangón de alegre. En los grupos se decía que aquella fiesta la había dado el mismo Satanás por medio de Máximo Guardado. Pero las gentes se acostumbran a las regalías y a nadie le importaba que vinieran de Vaca Chinga.

Los acordeones sonaban en todas partes. Las fogatas brillaban en los patios. El amor se hacía en la sabana bajo el fulgor de las estrellas.

Algunos que no hallaban dónde, lo hacían parados, apoyándose en las paredes sombreadas. Aquello era Sodoma y Gomorra juntas, presididas por el mismo diablo. Pero la mucha comida, el mucho trago y el mucho placer sexual cansan y adormilan, al grado que en la madrugada todos roncaban.

En la mañana todo estaba tranquilo como si no hubiera habido jolgorio. El alcalde, los regidores, el síndico, H. Reyes, el juez de paz iban y venían tan al natural como si no hubiera pasado nada. Los vecinos iban y venían en sus quehaceres. Los campesinos que se habían aglomerado en el pueblo a gozar lo más lindo de la vida, ya no estaban. ¡Qué raro!

Solo a lo lejos subiendo la montaña de La Jurisdicción, como si fuera un clarín, se dejó oír el bramido del toro negro que montaba Máximo Guardado.

DOÑA JOSEFA ACOSTA EN EL BELLO ARTE DE MENTIR

Venían y pasaban las generaciones y Josefa Acosta, como dicen las Escrituras, "siempre permanecía". Permanecía fuerte, vivaz, habladora. Como vivía desde que comenzó el mundo, hablaba de guerras, de hambres, de pestes corrientemente ignoradas. La había bautizado el Padre Subirana. La había llevado para la Costa, en calidad de amante, el Manco Mena, donde la había cambiado por una pistola con Leonardo Sandoval, a quien le decían "el Barbamarilla". Finalmente, éste se la regaló a Nichito Carbajal, más conocido con el nombre de Nichito Carabajales, asesino de cincuenta muertes, quien no hizo uso de ella porque la vio muy fea y la dejó suelta en un campo de Cuyamel. Esto lo contaba ella misma con iguales palabras. Y agregaba que debido a los traslados de que era objeto, hasta la fecha no sabía quiénes eran los "tatas" de Teodosio y de Jesús. Por supuesto, tales historias eran mentiras que se inventaba para entretener la gente los domingos.

Tía Chepa le decían todos en la aldea. En verdad, era vieja. De hablar rápido, de respuestas ingeniosas, de imaginación viva. De lo que decía nadie sabía si era cierto o falso. De regular estatura, gruesa, prieta, siempre iba acompañada de dos nietas, Pura y Crisanta, que le servían para mentir, siendo Pura la memoria y Crisanta la fantasía. Organizaban la conversación de la siguiente manera:

Decía Tía Chepa:

—Vino el hijo de Fidelia Torres de los campos del lado de Olanchito contando que había matado a Leocadio Paz.

Rectificaba Pura:

—Propiamente el que vino fue Herlindo Torres, hijo de Fidelia. Acuérdese que esa vieja tiene tres hijos en la Costa, y como lo dice usté no se sabe quién ha venido.

—Es verdá, hija. Si no te tuviera a vos nadie me entendería porque hasta las palabras se me olvidan. Échame ese tizón para prender este cigarro.

Leocadio Paz andaba trabajando el pisto para casarse con Margarita Ruiz. Lástima grande porque hubieran hecho una pareja agradable.

Agregaba Crisanta:

—Más que agradable. Le habrían dado lujo a la aldea, porque aquí toda la gente es prieta como mi mamá y como nosotros.

—No te gusta ser prieta, preguntó Tía Chepa.

—Si fuera clarita ya hubiera encontrado un hombre —fue la respuesta de Crisanta.

—Entonces no te vas a ir con Pedro Gómez…

—No me gustaría parir micos.

II

Contaba Chepa Acosta:

—Mis padres fueron esclavos del viejo Joaquín Castell. Yo también fui esclava. A los quince años me pusieron el fierro en esta nalga. (Se tocaba la nalga derecha). No se los enseño porque ustedes no quieren verlo. Y si lo quisieran no se los enseñaría porque me da pena.

El viejo Castell tenía cien esclavos, mujeres y hombres. Los trataba bien. Les daba comida abundante. Les había edificado casas, dotadas de asientos y buenas camas de cuero. No les faltaba remedios a los que se enfermaban ni parteras a las que parían. Les ponía bailes, les mataba reses para que comieran frito hasta decir ya no.

Eso sí, había que trabajar duro desde la madrugada hasta entrada la noche. Unos en el algodonal. Otros en la finca de caña. Otros, los campistas, en el campo, cuidando el ganado o preparando las partidas que salían para Guatemala. En galerones especiales se hilaba, se tejía y se hacía la manta. Se curtían cueros. Se hacían albardas, monturas, todos los arreos de montar. Las mujeres, unas cuidaban los niños de todas, otras se dedicaban a los oficios del aseo, otras a la cocina, otras a atender los enfermos.

Lo del fierro si era un secreto. Nadie denunciaba que estuviera herrado. El herrador era Matilde Cuevas, de Silca. Al llamado que le hacía el viejo, venía, herraba y se iba. Pero como de la tierra al cielo no hay nada oculto, empezó a decirse que en Sabana Redonda el viejo Castell era un esclavista, pues tenía esclavos.

En cuanto lo supo el gobierno de un tal Soto, mandó al inspector Timoteo Reyes con un pliego en que le ordenaba al viejo dar la libertad a sus esclavos, entendiéndose que de no hacerlo pagaría su desacato en el Castillo de Omoa, donde permanecería el resto de su vida.

El viejo llamó a toda su gente con un cuerno especial que indicaba alarma. Todos llegaron a la carrera a la casa para ver lo que pasaba. El inspector Reyes les leyó en voz alta la orden del gobierno, agregando de su cuenta:

—En consecuencia esclavos, hombres, mujeres, adolescentes y niños: gracias a la bondad del gobierno que nos rige, de hoy en adelante todos ustedes son libres de las pesadas cadenas de la esclavitud, y van a dar conmigo unos cuantos vivas:

—¡Viva el gobierno del doctor Marco Aurelio Soto!

—¡Viva la República de Honduras, soberana, independiente!

—¡Viva la libertad! ! !

Nadie contestó a los vivas porque nadie entendía el significado de aquel escándalo.

Ante aquel silencio de piedra, el viejo Castell alzó la voz para decir:

—Hijos míos: yo no es que los corro, pero me van a hacer el favor de abandonar mi hacienda de Sabana Redonda en presencia del señor inspector capitán Timoteo Reyes para que conste que he cumplido la orden que se me ha dado. Porque si no se van, ya lo oyeron, entonces me lleva a mí al Castillo de Omoa, donde estaré preso hasta que muera.

Entonces empezó lo bueno, todos aquellos esclavos, hombres, mujeres y chigüines empezaron a llorar a gritos:

—¡¡¡Ay, amito y ahora que vamos a hacer con la tal libertad, sin casa, sin comida y sin cariño de nadie!!!

—¡Ay, amito de mi alma y de mi vida!!!

—¡Ay, amito. . .! !!

EN EL TREN DE LA COSTA ABAJO

Me van a perdonar que guarde el nombre de la estación en que tomo el tren pasajero y que haga lo mismo con el de la estación donde voy a dejarlo. La situación del momento está tan peligrosa que uno quisiera hacerse invisible para poder trajinar libremente, sin riesgos.

Estamos en plena revolución. Revolución se le llama aquí a la revuelta o revueltas que provocan las compañías fruteras para desestabilizar los gobiernos que les niegan concesiones. Es un subibaja de concesionarios, que los que están en el poder hacen cuanto pueden para retenerse en él y disfrutar de los contratos leoninos que han logrado a costa de revueltas, mientras los concesionarios que se hallan en la llanura conspiran y luchan para derribar a sus oponentes.

Es natural que los concesionarios, en su conjunto y cada uno, disponen de sus equipos civiles y militares que atienden las obligaciones del gobierno y de la guerra. El gobierno puede ser liberal, si es el liberalismo el que está al servicio, por ejemplo, de la Standard, o es conservador o nacionalista, si le hace los mandados a la United Fruit Company.

Póngase a pensar, amigo, en esta situación, que mientras unos, desde el poder saquean las arcas nacionales y regalan en contratos onerosos las riquezas del país, en medio de un verdadero escándalo público, los otros atizan el fuego de las pasiones desde las tribunas y los periódicos, hasta que al fin se llega a la montonera, que es un bandidaje colectivo sobre la piel de una patria mártir.

No crea, amigo, que la paz de Honduras es como la paz de otros países en los que se trabaja, se come, se bebe, se duerme con entera tranquilidad. No, en Honduras se vive en un constante sobresalto. Nadie está seguro por el camino que va ni está seguro en su propia casa, cerrada de noche con doble tranca. Por eso, cuando voy a salir, la viejita que me crió me llena de bendiciones y la mujer que tengo, cuando le doy el abrazo de despedida, se le quiebra la voz y corre a llorar en la cocina.

Me instalo en carro de segunda, apretado de gente. Pocas mujeres. Pocos niños. Muchos hombres de presencia aguerrida. Muchas pistolas. Cada hombre lleva dos pistolas. Y fajas llenas de tiros en la cintura y en los hombros. El hombre junto al que me siento me dice en voz baja al oído.

—Guarde el mayor silencio; después le voy a decir por qué.

Con aquella advertencia sentí que se me había helado la sangre. Y guardé el silencio recomendado, aunque no pensaba hablar con nadie, a menos que se trate de personas conocidas.

El tren se detenía en las estaciones. Bajaban y subían pasajeros y seguía el tren con gran velocidad, mientras el silencio del vagón en que me había instalado seguía hasta convertirse en piedra. Yo sentía que allí iba una tormenta, y que de un momento a otro íbamos a convertirnos en materia inerte.

Discretamente me fijaba en las caras de los que me parecían ser los jefes. Pero hasta allí pensaba yo que se trataba de una expedición oficial que iba en una misión determinada. Lo que si me llamaba la atención era que nadie llevaba armas de gobierno. Por lo que pensé en mis adentros:

—Sepa Judas el significado que tiene esto".

II

En un lugar cualquiera de la línea férrea, donde precisamente no había estación se detuvo la locomotora para que bajaran todos los ocupantes del vagón de segunda. En efecto bajó un grupo numeroso con las pistolas en ambas manos. Y a la hora exacta, que descendió el otro grupo, la locomotora se puso en marcha y la poca gente inofensiva que quedó en el vagón respiró a todo pulmón y sonrió llena de felicidad.

Mi acompañante de asiento dijo: "Demos gracias al Señor porque nos ha salvado la vida". Yo, comprensivo de la situación, aunque no mucho le expresé: "El silencio impuesto representa una tortura bárbara". Nos pusimos a escuchar la alegría de las mujeres y las preguntas inocentes. En todos había satisfacción porque había pasado el largo tiempo del espanto.

—Pero, ¿qué significado tenía el silencio que usted me hizo guardar al solo sentarme aquí?

—Ay amigo. .. usted ha estado en telas de araña como lo hemos estados todos. .. a este tren subió en la estación de Zamora Nichito Caravajales con su gente. .. más tarde y muy acá subió al mismo tren el coronel Santiago Lanza, empleado del gobierno y con doble sueldo de la compañía para que mate a Nichito y destruya su banda.

Entendámonos —le dije —. ¿Quién es Nichito?

—Me extraña respondió que no sepa quién es el hombre más importante de la Costa Abajo... Su nombre verdadero es Dionisio Carvajal, pero en los estancos y en los comisarios le han puesto Nichito Caravajales... Unos dicen que es de un pueblo de Santa Bárbara, otros de Copán, otros de Ocotepeque y no faltan lenguas que digan que es salvadoreño... Como sea, lo cierto es que Nichito es costeño porque aquí ha vivido, aquí ha matado y aquí lo han escapado de matar.

Pero no lo matan porque dice la gente que no "es solo". Tiene su "nahual", su ángel protector o su demonio. Las balas no le entran, los puñales lo mismo y los machetazos parten el aire y nada más. En cambio él, tiro que dispara es cristiano muerto. Por eso lo respetan los más hombrones. Nadie le iguala en puntería y estratagemas. La verdad es que no hay quien no le tenga miedo. Ya vio como le dejó ir el coronel Lanza. Y conste que la Compañía le ha pagado para que mate a Nichito Caravajales.

—¿La Compañía...?

—Sí, la Compañía en persona. Es que Nichito ha jurado no dejar gringo vivo en la Costa Abajo por los malos tratos que les dan a los trabajadores nativos. Todo nació, dicen, de que un gringo brutal ordenó que lo colgaran de los pies en la rama de un árbol y allí lo tuvieran toda una tarde. Mientras Nichito permanecía colgado el gringo se fue a beber whisky, y regresó borracho a lanzarle ultrajes al nativo. Pero tanta era su borrachera que se acostó en la grama y se durmió, momento que aprovecharon los compañeros de Nichito para bajarlo del palo.

Esto sucedió en un campo de la Cuyamel Company.

Nichito tenía arma de fuego. Fue a su rancho, la trajo y acribilló a tiros al gringo. Le martilló tres descargas, mientras decía: "Esta por el Padre", "Esta por el Hijo", "Esta por el Espíritu Santo". Después juró en presencia de sus compañeros que desde aquel momento sería un incansable matador de gringos. Como las Compañías tienen especialistas en el arte del soborno. por medio de éstos trataron de sobornarlo, con resultado nulo. Al contrario, siempre que tales viles se le acercaban, Nichito colgaba más gringos. Llegó al extremo que una vez colgó veinticinco en el mismo árbol, un higuero frondoso, y allí permaneció con su banda, hasta que expiraron todos, donde los dejó diciendo que debían inundar con su tufo el ambiente. En tiempo de Nichito Caravajales estaba de moda parecerse con Pancho Villa, y ciertamente el bandido local se parecía con él en la astucia, en la puntería, en el valor temerario, menos en el tamaño.

III

Me bajé del tren en la estación de mi destino. Me encaminé al rancho de manaca, donde me esperaban mis compañeros de aventuras. Los hallé entusiasmados. Pronto sabríamos el resultado de la emboscada que Nichito le tendería o le había tendido ya a su perseguidor, tan empleado del gobierno como de la Compañía y asesino sin entrañas.

Casi al anochecer llegó Filiberto Estrada con la noticia que había tenido éxito la emboscada y que habían perecido todos los gobiernistas y fruteristas. Nichito ordenó que le cortaran la cabeza al coronel Santiago Lanza, que la clavaran en una estaca y que fueran a sembrar la estaca con la cabeza a orillas de la línea férrea. Así lo hicieron los subordinados, pensando que se trataba de una crueldad propia del jefe y de un exhibicionismo intrascendente.

Quién iba a creer que aquello era una clave. En efecto, quienes pasaban por allí en locomotora, gasolina, motocarro o simple trole, volaban a los telégrafos cercanos y comunicaban a varios lugares de la Costa Norte, Tegucigalpa, Intibucá y Lempira que el jefe expedicionario Santiago Lanza había sido aniquilado como fuerza militar y decapitado, exhibiendo su cabeza clavada, en una estaca en La Curva, a tres kilómetros del Hato Viejo.

No hemos hablado con amplitud del coronel Santiago Lanza. Era un sirviente incondicional de las Compañías, las que a su vez lo llenaban de dinero y lo cargaban de regalos. Ya se conocía el espionaje, el "orejismo" como se le dice acá. El coronel Lanza le dio organización y técnica. Entonces si llegó a ser cierto que los arbustos tenían ojos y las paredes oídos. Toda la gente de los campos de la Costa Abajo estaban vigiladas, y parecida cosa debía suceder en la Costa Arriba.

El coronel Lanza, tan asesino como Nichito, le había ofrecido a la Compañía que por fuerza mataría a Caravajales, y solo pedía un tiempo prudencial para lograr su empresa. Por su parte la Compañía estaba desesperada y urgía a su verdugo que actuara pronto. Es que tenía razón. Nichito Caravajales mataba gringos, después de su venganza, porque le hacía gracia matarlos. No se daba cuenta, sin embargo, que había montado un poderoso movimiento anti—gringo en la Costa Norte, que se estaba extendiendo al resto del país.

El gobierno de la república parecía compartir los sentimientos de Nichito porque aumentaban los de Nichito, desde la Costa Abajo, pasando por la Costa Arriba, hasta los descuajes que se estaban haciendo en el Patuca. Si no se declaraban huelgas poderosas de millares de hombres, y mantanzas sin cuenta en los días de pago en los que perecían de preferencia los hombres de piel blanca y cabellos dorados, las bandas de pistoleros que seguían a un jefe brutal, se movían de un campo a otro haciendo las suyas.

Una vez que Nichito Caravajales se deshizo de su perseguidor, llegó a Progreso, se instaló en la Comandancia Local y mandó leer un bando en el que decía que daba cien dólares a la persona que le llevara la cabeza de un gringo. A donde llegaba Nichito el silencio se imponía, y el respeto a las personas. No había ultrajes para nadie. En cambio con el coronel Lanza era distinto. Sus hombres además de asesinos, eran ladrones, borrachos y violadores. Era frecuente que maniataran a los hombres y en presencia de ellos forzaran a las mujeres. Pero Nichito, vengador de los ultrajados y ultrajadas, no dejó uno vivo.

IV

Ante aquellos hechos, la Compañía cambió de táctica. Aprovechó las elecciones para presentar a la consideración de los ciudadanos hondureños a tres candidatos de su confianza, "más gringueros que los mismos gringos" para que desde la presidencia pusieran remedio a aquel mal que estaba corrompiendo la base popular y que se llamaba, aunque parezca mentira: Nichito Caravajales.

De las elecciones de aquel tiempo se derivó la anarquía política, y de la anarquía política se pasó a la "guerra civil", es decir a la montonera. En la montonera fueron caudillos de primera línea, Tiburcio Carías, Vicente Tosta, Gregorio Ferrera y Francisco Martínez Fúnez. Fue una matanza sin precedentes en la República. Pero a pesar de la fuerza que traía la acción de la Compañía, la resistencia de la contraparte estuvo a punto de vencer a sus enemigos, por lo que se le hizo necesario traer a la Compañía a una legión de marines que instaló en Tegucigalpa por varios meses, hasta que los caudillos pro—gringos lograron el triunfo.

V

Mientras tanto, en aquel huracán de pasiones encendidas y de muerte, Nichito Caravajales desapareció de la escena del bandidaje. Las autoridades establecidas lo buscaron con el cuidado de quien busca una perla. Pero no les fue posible hallarlo. Nichito se fue con una mujercita que lo quería mucho a un rancho que le servía de escondedero en las cercanías de Omoa. Iba enfermo, con un calenturero, que al final lo llevó al hoyo.

Hoy nadie lo recuerda. Solo este compañero de armas, que como él fue guindado y como por milagro está contando el cuento.

EN EL TREN DE LA COSTA ARRIBA

Iba de prisa, casi a la carrera, porque se acercaba el minuto de que arrancara el tren pasajero y si me tardaba podía dejarme. Me torturaba en los oídos la canción de moda en los campos de la Compañía: "Como se aleja el tren/ como se aleja/ y decreciendo va…". No debía dejarlo alejarse, no debía dejarlo decrecer, debía tomarlo aunque ya empezara a estar en movimiento. Y con semejante apuro iba, cuando oí que a mi espalda palmoteaban y me gritaban:

—¡Dámaso! ¡Dámaso! ¡Espérame que quiero acompañarte!

Yo sin detenerme, le dije:

—Correée. .. Hacéle jilinche..

Tomé el tren que ya empezaba a moverse y a pitar. El que me seguía también lo tomó. Se puede decir que subimos juntos, y en el vagón, buscando asientos desocupados me di cuenta que el hombre que me gritaba era mi paisano Leonardo Sandoval.

—¡Santo Dios...! —dije entre dientes —. ¡Líbrame de las malas compañías...!

Dicen quienes conocieron a Leonardo Sandoval (a) Barba— Amarilla, en sus mocedades que desde pequeño "tenía mala levadura". Se iba al monte, y de allá regresaba con varias serpientes venenosas, enrolladas en el cuello, en los brazos, en la cintura. Cuando llegaba a las casas, las despertaba, las ponía a andar haciendo circunferencias, mientras las manejaba con un silbido singular. Los hombres de respeto regañaban a Leonardo, las mujeres vociferaban a gritos subiendo a los terrados, las muchachas chillaban, los niños buscaban los brazos de sus padres. Cuando el encantador de serpientes había asustado a los vecinos, las recogía con naturalidad, las llevaba al monte y regresaba sin ellas.

Ya grande tomó por la fuerza a la mejor muchacha de la aldea y se la llevó a la Costa. En los campos las mujeres eran escasas, y todavía más si eran bonitas. Así es que un día una banda le llevó la mujer a Leonardo, lo dejaron durmiendo solo, hecho que lo llenó de irritación, y juró hacerse malo, pero malo de verdad, más malo que el famoso Manco Mena y que Nichito Caravajales, amos y señores de la Costa Abajo y de la Costa Arriba. Y así como lo juró así fue.

Yo vi cómo mataba Leonardo Sandoval. Nos encontramos en la línea. Iba yo para La Ruidosa, y él iba para el campo de Italia administrado por Enrique Flores Amador. "¡Trun!", me hizo el corazón al verlo, pues ya sabía que se había vuelto un asesino que no tenía igual en la Costa Arriba, y que para matar a alguien es que se le "ponía" matarlo y lo mataba.

Yo no quisiera —explicaba— pero es que se me "pone" y lo hago. Lo más extraño es que no usaba arma de fuego. Se acompañaba de una navaja grande de resorte, que solo la apretaba y estaba abierta. Con una hoja fuerte hacia adentro, con la que halaba como halar con un azadón. Yo le rogué al santo de mi devoción que a Leonardo no se le fuera a "poner" matarme. Y el santo me hizo el milagro porque Leonardo me saludó con mucho cariño y me invito para que fuéramos a El Gancho, un establecimiento comercial de los Dutú, donde nos tomaríamos una copa de coñac. En la tienda nos recibieron muy bien, Leonardo pidió una botella, unas latas con carne extranjera y unos panes. Todo lo pago de una sola vez. Y nos pusimos a disfrutar el licor, mientras él recordaba nuestra aldea y sus gentes. Contándome estaba como perdió a su preciosa Genoveva, cuando se presentó Marcos Ramírez, un riquito de La Ruidosa, con espuelas, un pistolón al cinto, "medio cañado". Nos dirigió su saludo, pero al reparar en Leonardo Sandoval, grito:

—¡Hasta que te hallé, grandísimo hijo de puta…Y le dejó ir toda la descarga. Yo no hice más que pegarme a unas cajas de mercadería, esperando que Sandoval respondiera, pero no fue así. En mi tribulación no supe si Leonardo había muerto. Solo me di cuenta de que Ramírez había corrido a la puerta y había saltado sobre su caballo, abriéndose las patas y saliendo en veloz carrera.

Oyendo el tropel del caballo estábamos cuando apareció Leonardo como saliendo de un hueco de las cajas y acercándose al mostrador, dejó caer dos duros de plata, diciendo aquí les dejo para que le prendan cuatro candelas al finado Ramírez. Todos nos sorprendimos de aquello y salió de la tienda fríamente como si nada hubiera pasado.

Efectivamente, como a quinientos metros del establecimiento de El Gancho estaba Ramírez muerto con una tremenda cuchillada horizontal que le había rebanado el estómago con la terrible "Flor de un día" como le llamaba Leonardo a su navaja automática. Adelante estaba parado el hermoso caballo blanco sacudiéndose el freno y con una enorme mancha de sangre en el pescuezo.

Tal es el Leonardo Sandoval con el que me encuentro sin quererlo en esta ocasión. Sentándonos estábamos cuando me dio casi al oído. "Somos de la misma aldea, Dámaso y nunca se me ha puesto mandarte al cementerio. Al contrario, si vas a mi lado, estarás seguro".

Leonardo Sandoval sabía que el caudillo Gregorio Ferrera se había levantado en armas contra el gobierno liberal de Vicente Mejía Colindres y que la Costa Abajo era un hervidero de choques armados. Pero no sabía que su compañero Dámaso Méndez estaba de alta y que era en aquel momento, salvadas las apariencias, representante personal del Presidente de la República en los frentes de guerra y que en aquel momento iba para la Costa Arriba a cumplir una orden.

El ambiente, pues, era de guerra. Casi se diría de guerra revolucionaria, pues las tropas del gobierno comandadas por el general José María Reina y otros jefes, medianos y menudos, tenían la tendencia de trasladarse al enemigo. En el instante de salir o llegar las fuerzas a un lugar, no daban vivas a sus jefes militares sino a Ferrera. El grito generalizado a lo largo de la Costa Norte era "Viva el general Ferrera" o si no "Viva Colocho", alusión a su cabello negro y liso de indígena.

Dámaso le dijo en voz baja a Leonardo: "Guardá silencio, oigamos la plática de esos que es interesante. Están hablando sin reservas de las raíces de esta guerra".

—II—

—La guerra de las aguas, inventada por la Compañía para presionar al Gobierno de Mejía Colindres a fin que reduzca el canon, puede resultarle un bumerang.

—Ferrera es un caudillo que forjó la Providencia para el bien y para el mal. .. O para el mal y para el mal, según…

—Te salió mejor la última proposición. Creyendo la Compañía que iba a pulverizar a Mejía Colindres con el indio Ferrera, éste sin darse cuenta, y sin dejar de reconocer su astucia, es probable que sirva para hacer una revolución social en Honduras, quizás la primera revolución social de Centro América.

—Esas indiadas que le siguen son la máxima garantía de una revolución social.

—Más las otras indiadas que le sirven de soporte al Gobierno, esas que gritan en Puerto Castilla al tomar el vapor que las trae a Tela "Viva Colocho".

—Con lo que dan a entender que andan contra su voluntad.

—Con lo que hacen saber que dejarán la clásica montonera para atizar el fuego de una verdadera revolución social.

Leonardo se le acercó a Dámaso para decirle al oído:

—Es la primera vez que oigo hablar así... Me gusta el lenguaje de esos hombres...

Y yo le contesté:

—Sigue escuchando.

Los hombres, sin reparar en nosotros, continuaron en su plática:

—A pesar de los primores que exponen ustedes, Ferrera es un juguete en manos de la Compañía.

—Pero tiene amigos y asociados valiosos que le pueden señalar el buen camino.

—A Luis Melara lo mató un agente de la Tela con la mayor desvergüenza.

—¿Pero es que en el caso se puede citar a Luis Melara.. .? ¿Acaso Luis Melara no era el mismo Gregorio Ferrera en el campo civil?

—Cierto; Melara era un simple peón de la Compañía.

—Allí está el error... Tú, de jefe, ¿cuándo ordenas la muerte de un subalterno?

—Cuando le sorprendo en una traición.

—No se puede hablar de traición cuando por defender bienes patrios le niegas obediencia a un amo extranjero...

—¡¡¡Allí está el secreto!!! —dijeron a una varios individuos; moviendo la cabeza afirmativamente y golpeando el piso con los zapatos.

—Cuando Zemurray unió la Cuyamel con la Tela, el hondureño Luis Melara vio con su claridad mental que estaba para imperar un solo monopolio económico y político conducido por un individuo o grupo extranjero y en cuyo monopolio los hondureños serían cero a la izquierda, por lo que convenía actuar con anticipación para evitar el mal.

Tal era el significado de la guerra de Ferrera.

Ahora, los resultados en caso de ganar serían: uno, instalación de un Gobierno nacional, no "nacionalista"; dos, el gobernante sería el abogado Luis Melara; tres, Melara, ingeniosamente, mandaría a volar al aventurero Zemurray y a sus compinches.

Un confidente metido en la conspiración informó a la Compañía el Plan de Melara. Esta acordó la muerte del conspirador y aceleró la guerra de Ferrera, en quien no tenía entera confianza porque le sospechaba entendimientos con Melara, para derribar pronto a Mejía Colindres, quien casi no cuidaba los intereses de la Compañía, y pensaba en la eficacia del "Hombrón de Zambrano"?

—Entonces Ferrera iba a trabajar para un cachureco y no para él o para un amigo suyo.

—Pues sí... el plan era utilizar el ferrerismo y después acabar con él... Si no una bala, la mazamorra que mató al general Vicente Tosta le vendría bien al general Gregorio Ferrera…

—Ferrera, que sabe bien lo que le puede suceder porque ha visto los ejemplos de Melara y Tosta, con tiempo ha pensado en el substituto.

—¿En quién, por ejemplo?

—En el general Ladislao Santos.

—Correcto.

—III—

Quienes lo conocen dicen que es superior al mismo Ferrera. Porque Ferrera en guerra es un empírico, mientras que Santos es un técnico. El campo de Ferrera ha sido Honduras. El de Santos ha sido México. Ferrera fue producto de una improvisación. Ferrera se improvisó en la montonera de 1919 contra Bertrand. Santos fue escogido, con otros que no dieron el ancho, en la Escuela Militar de Tegucigalpa, para que fuera a ampliar sus estudios al Colegio Militar de Chapultepec, de donde egresó con el grado de oficial. Causó alta en una brigada y se le permitió ingresar a la Universidad Nacional, donde coronó la carrera de abogado de la República Mexicana. Se adiestró en el torbellino de la Revolución social de México. Sentía decidida admiración por Pancho Villa a quien llamaba "un tratado completo de guerra de guerrillas"

Al cabo de los años, cuando solo su familia de Talgua, Olancho, sabía que existía, regresó. Se dio a conocer en la Capital como ser quién era. Abogado, militar del Colegio de Chapultepec, general revolucionario de México, con todos sus papeles a la vista.

Visitó al Presidente de la República, doctor Miguel Paz Baraona. Lo encontró con la cabeza llena de humo conservador.

Fue a ver a Carías y se convenció de que es apenas creíble que haya un país en la Tierra con un "caudillo que no sabe conversar".

Pasó a donde Tosta, y lo notó ausente del mundo y de la vida, sin que la entrevista se prestara para ninguna simulación.

Finalmente fue hasta Intibucá a ver y tratar al general Gregorio Ferrera.

Ferrera le dijo:

—Se equivoca si ha venido aquí para conocer a un montonero vulgar. Lo que ha encontrado en mí es una gran decisión que ha sido víctima de la vulgaridad de otros. Como usted ve, soy un indio que hasta que llegué a ser caudillo triunfante, dejé de sentir la indiferencia y el desprecio de los mestizos y los blancos, de los terratenientes y los comerciantes, de los criollos y los gringos.

Las indiadas que me acompañan, lo hacen bajo promesas. Les prometo tierras de labranza, porque no tienen donde sembrar el maíz y el frijol que les alimenta. Les prometo instrumento de trabajo, en cuenta fertilizantes. Les prometo otras cosas, a hombres y mujeres, a viejos y jóvenes. Y no crea que estas promesas se las hago con el objeto de engañarlos. No podría hacerlo porque soy indio, porque me duele su dolor. Porque un daño que les hacen a ellos me lo hacen a mí, y ellos lo saben. Por eso me quieren y me siguen cuando les digo que me sigan.

En 1919 operamos fraternalmente varios jefes para derribar un gobierno impropio, bajo promesa de que se haría justicia a las grandes mayorías desheredadas de Honduras. Se hizo la guerra y se alcanzó el triunfo, pero los jefes compañeros resultaron comprometidos con las compañías concesionarias, y a mí me echaron los perros, teniendo que salir de huida, con mi gente, para El Salvador.

En 1924 me adelanté a los demás jefes que peleaban por el beneficio de los concesionarios a tomar la Capital de la República, y lo habría logrado si la diplomacia gringa no hubiera retardado las operaciones de ataque y de triunfo, para que Carías y Tosta participaran en el cerco capitalino.

El ataque se hizo en común y el enemigo fue vencido. En el reparto que se hizo me dieron el Ministerio de la Guerra. Debo decirlo que estaba resuelto a tomar el poder en mis manos para hacer un "gobierno del pueblo por el pueblo y para el pueblo" como sentenciaba Lincoln. Pero mis compañeros y subalternos empezaron a "llorar" (permítame la palabra) por la capital de la república que no debían ser destruidas y exterminadas.

A eso obedeció que debía salir a campo abierto, y en el combate final de Ajuterique abandoné el lugar por falta de parque. Tuve que viajar hacia Occidente buscando defensa en la frontera de Guatemala...

Dijo el general Santos:

—Yo, general Ferrera, vengo de México, donde he militado en las filas de la Revolución. Por tanto, creo al hacer comparaciones, que aquí en Honduras no hay revolucionarios, con excepción de usted, que tiene atisbos, sin que lo sea del todo, porque quizás le falte una teoría y una táctica revolucionaria de la época actual. Si usted desea establecer un gobierno popular en Honduras, como lo deseo yo, conviene hacer a un lado los métodos viejos que han impuesto las montoneras y adoptar otros guardados en la caja de las siete llaves del silencio y que se dejen ver hasta que se produzcan sus efectos.

Terminó diciendo el general Ladislao Santos:

—La Tela Rail Road Company está indispuesta con el gobierno de Mejía Colindres por el canon de aguas de diez dólares por hectárea. Tiene el señor Carías para ponerle fin a este mal entendido, pero el señor Carías lo hará electoralmente en 1932, mientras que el general Ferrera podría cortar el nudo gordiano hoy mismo para fundar el gobierno popular de Honduras, que apoyarían México y otras naciones de América Latina.

El general Santos conversó todo un día y toda una noche con el general Ferrera. Se pusieron de acuerdo. El jefe sería el general Ferrera. El comisario sería el general Santos. Y estalló la revolución con camuflaje de montonera en junio de 1931.

La guerra de las aguas era empresa de la Tela Rail Road Company. Pero el triunfo de la revolución y el nacimiento del gobierno popular sería cosa de los indios del general Ferrera.

Con aquellas noticias los hombres que se habían agrupado para conversar sobre la guerra que estaba haciendo estragos en la Costa Norte, se sintieron tan contentos que a una se levantaron para gritar:

—¡Viva el general Ferrera! ¡Viva el general Santos! ¡Viva el Gobierno popular de Honduras!

Todos los del vagón tuvieron que hacer coro diciendo "viva".

Leonardo Sandoval, asesino frío, dijo abrazándome, con lágrimas en los ojos.

—Esto es lo que andaba buscando y nadie me lo había dicho.

Y sacándose de la bolsa su navaja de resorte, su "Flor de un día" la arrojó por la ventana del vagón.

ES QUE AQUÍ ASÍ ES...

Don Efraín Zamora tuvo una belleza moral que le vino de si, de su buena crianza, de sus lecturas escogidas y de la práctica del bien.

En el gobierno del doctor Francisco Bertrand fue con un empleo consular a los Estados Unidos, y al terminar aquel gobierno trabajó como agente de negocios, recorriendo la vasta Unión.

Vivió cerca de treinta años en aquel país, hasta el día que recibió un mensaje de sus familiares en que le comunicaban el asesinato de su hermano Julio Zamora en Danlí.

Saturado de civilización norteamericana de aquel tiempo, Don Efraín ya había olvidado muchas cosas de Honduras, y con su parsimonia y suavidad tomó un barco de la Flota Blanca que lo trajo a La Ceiba.

Se hospedó en el Hotel París, y al sentirse descansado salió a reconocer la ciudad. A pesar de venir de Nueva York, pensó: "Qué bonita población". En Solares Nuevos encontró a un viejo amigo que gritó al verlo: "¡Efraín!", y él en tono menor respondió: "¡Jorge!". Se abrazaron entablaron plática.

Conversando estaban cuando varios hombres armados de revólveres les apuntaban y disparaban. Don Efraín, inquieto, le dijo al amigo:

—Es con nosotros. Quieren matarnos.

—Hacete para acá. Están blanqueando. Mira la tabla. Es que aquí así es...

Al día siguiente tomó el tren de pasajeros para Tela. No hubo novedad en el trayecto. Notó la amabilidad de la gente. Al llegar a la estación el jefe de una escolta se le acercó para preguntarle:

—Vos sos Efraín Zamora!

—Sí. señor; yo soy.

—¡Me vas a acompañar!

Don Efraín, cargando sus valijas, entre soldados, no fue al hotel sino a la cárcel, un cuartucho oscuro, de calor infernal, hediondo a orines. El carcelero cerró la pesada puerta de rejas con una gran llave y el reo se atrevió a preguntar:

—Quisiera saber por qué me encierran.

—Preocupaciones. Y no preguntés más si querés evitar lo peor... Es que aquí así es...

Al día siguiente, muy de mañana, lo sacaron para llevarlo a la estación; lo subieron al tren, siempre entre soldados. Sin comer ni beber llegó a San Pedro Sula, donde lo recibió una nueva escolta para conducirlo al presidio. Escoltado y cargando sus valijas fueron buen estrecho de la ciudad. Las gentes se detenían a verlo, diciendo: "Es un pastor protestante…"; "Pastor y todo, no ha de ser buena perla.". Entró al presidio y lo metieron en una celda, sin indagatorias.

Al rato se acercó el jefe del penal.

—¡Vos te llamás Efraín Zamora!

—Sí, señor.

—¡Tenés conocidos en San Pedro!

—El general Francisco Martínez Funes es mi viejo amigo. Me gustaría que supiera que estoy aquí para que gestionara mi libertad.

—El general Martínez Funes es el Comandante de Armas de aquí. Ahora anda viendo una hacienda que tiene en Choluteca. El segundo que ha quedado de jefe de la plaza no tiene alma. Así es que mejor estate callado, no vaya a ser el diablo que te mande arrojar a las corrientes del río Ulua con un riel al pescuezo... Es que aquí así es…

Al día siguiente, con ruido de fusiles y salbeques, lo llevaron al campo de aviación. En el campo el coronel de la escolta conversó en voz baja con el gringo aviador, quien dirigió una mirada inexpresiva al reo.

Cuántas cosas imaginó don Efraín en aquel momento. Lo empujaron al avión. La escolta quedó en tierra. En el vuelo sólo él venía de pasajero; vio el valle de Sula, el de Comayagua, las serranías de Tegucigalpa; no le llamaron la atención por la inquietud que le embargaba.

Descendió el avión en Toncontín, en Tegucigalpa, capital de Honduras. Saltó don Efraín con su talante de profesor de altos estudios, dirigiendo la mirada a todas partes. No había persona, ni animal ni chinche en el campo. Las oficinas estaban cerradas. El pasajero, lleno de dudas, se paró entre sus dos valijas y se puso a esperar la escolta que lo llevaría a la Penitenciaría Central.

En eso se acercó un carro lujoso. Del carro salió don Julio Lozano, Ministro de Hacienda, quien iba al sur y de casualidad llegó a la pista. Reconoció al viajero y fue a saludarlo:

—Ajá, Efraín, al fin regresaste al país.

—Sí, en este momento. Una escolta de San Pedro Sula me metió en ese avión, en el que vine solo. Y ahora estoy esperando la escolta de Tegucigalpa que ha de llevarme a la Penitenciaría o ha de fusilarme.

A su vez dijo don Julio.

—Te ves libre y estás esperando las bestias de Camilo Reina. Andate a la casa de tus hermanas sin cuidado, y lamento lo que te ha pasado. Pero es que aquí así es.

Don Efraín vivía intranquilo en Tegucigalpa. El, un hombre de trabajo, no hallaba qué hacer. Solo de naderías le hablaban las personas con que alternaba. La única visita que hacía era la de un distinguido hondureño, que desgraciadamente se le vigilaba porque se le consideraba enemigo del gobierno.

Una tarde que regresaba de ver a su amigo, lo detuvo un tal Paco Tercero. Lo llevó a la Policía, lo encerró y mientras cerraba la puerta le dijo:

—Que yo sepa nada malo ha hecho. De todas maneras lo van a investigar. Es que aquí así es..

A la media noche lo metieron en un camión y le dieron para el sur. En el sur el camión tomó la carretera de Nicaragua. Al llegar a la frontera descubrió que el jefe del resguardo era un viejo compañero de escuela, quien se alegró de verlo y lo abrazó:

—Ajá, Efraín, y esto, vos metido en política.

—No, hombre, yo vine a la muerte de mi hermano Julio. Y he estado en Tegucigalpa buscando trabajo en lo que sé. Soy vendedor de pólizas…

Pujó el jefe del resguardo.

—Tu cosita política te encontraron y no te diste cuenta.

—He vivido 30 en los Estados Unidos; son pocas las personas que conozco; me gustaría saber cuáles son las reglas de conducta que se deben observar para vivir tranquilo en Honduras.

—Simplemente, te mandan al destierro porque sos de familia "colorada".

—¿Y si fuera cachureco?

—No te mandarían… Es que aquí así es.

—Realmente —abrochó don Efraín— aquí así es...

RELATO REGIONAL DE OLANCHO:
EL DÍA DE MAMISACA

A veces un cuerazo bien dado del padre o un tirón de mechas de la madre decide a los adolescentes a abandonar el hogar, y al cabo del tiempo vuelven a él cargados de penas o no vuelven, sin quedarse a saber a dónde fueron. Si son varoncitos, se pegan a los arrieros como tayacanes de mulas y así van conociendo Guata, Comayagüela, la montaña de Pacaya, Botaderos, Esquipulas del Norte, la Sebadilla, Olanchito, la cuesta del Arrayán, Yaruca, el río Cobija, hasta llegar a La Ceiba, donde con el tiempo, si tienen suerte, se hacen fogoneros, maquinistas, brequeros y hasta conductores de trenes. Y si son hembritas, se van con sus prometidos, más corriendo que andando, pero sorbiendo las mieles del amor en cada posada, en los corredores o al cielo raso, en la subida de las cuestas o a la orilla de las quebradas, porque así es en los comienzos, mientras van avanzando hasta que se borran en los campos de las compañías fruteras. Pues por esos años y parecidas causas, Martincito Guifarro dejó su hogar de Mamisaca, aldea de pocos habitantes, de origen indeterminado, de presente lleno de pobreza, y de futuro declinante, al ver que unas casas se inclinaban sobre la puerta principal y otras se iban de lado, pero quedando algunas firmes y alegres, con el canto de los gallos.

Los vecinos de Mamisaca se dedicaban a las actividades agrícolas en pedacitos de vega, en falditas, en zarzalitos, y las cosechas eran míseras, daban lástima. Cuidaban la vaquita de ordeño, el caballito de ir a la ciudad, engordaban el chanchito para comprar el hilo, la manta, el dril, la sal y los tres aceites tan indispensables en los partos de las mujeres. Después de esto, sobraba tiempo para sentarse en los corredores, beber café negro, fumar, conversar y ver jugar a los muchachos en la sabana.

En la parte norte de la aldea había un estanco de aguardiente que permanecía sin clientela. Llegaban a él los que pasaban de Juticalpa al Rincón o más allá. Los mamisacas no eran inclinados a la bebida alcohólica, no por falta de ganas sino porque siempre estaban con los bolsillos secos y porque respetaban más que a sus padres a Mr. Jorge Jackson, un distinguido ciudadano de color, de origen beliceño, que tenía muchos años de haberse avecindado en la aldea. Don Jorge, así le decían todos, era de una conducta ejemplar, y era médico por afición, consejero, moralista, amigable componedor, leía las cartas de los vecinos y redactaba las respuestas, y siempre andaba en provechosa actividad como herrero, carpintero, mecánico, tejero, adobero, zapatero, talabartero, sastre, panadero hacía un pan que hasta el olor quería comerse uno, guisandero —hacía unos guisos, que días después, con solo recordarlos, muchos se chupaban los dedos—.

Cuando pasaban los gringos buscadores de minas se entendían sen inglés con don Jorge, quien lo hacía regocijado al hablaren su lengua nativa, y los vecinos jóvenes y ciertos viejos rodeaban a los disertantes para ver el pelo rubio y los ojos azules de los mineros y llenarse de orgullo de don Jorge, uno de la aldea, al oírlo hablar en aquella monserga incomprensible. Pasada la entrevista era corriente oír hablar en inglés a los pequeños, diciendo unos "Rap rep jau du du?". Contestando otros: "Yes"; y ambos reían de su sapiencia.

—II—

Martincito Guifarro, hijo de Perfecto Guifarro y de Fidelia Meza, se ilusionó con el idioma inglés y como creyó que era cosa de inventarlo, puso nombres enredados a lo que veía y todo lo fue bautizando con vocablos extraídos de su imaginación. Como vivía en un mundo distinto al corriente, olvidaba sus obligaciones caseras, y al hacerle recuerdo de ellas, las hacía con tardanza. Decía Fidelia: "Este muchacho se ha arruinado; quién sabe qué le pasa". Y aclaraba el hermano mayor de Martincito: "Se está volviendo loco; viera cómo habla solo cuando va para el río". Aquel constante olvido y aquel ir y venir tan despacio, alboroto las pulgas de Perfecto, que lo tomó del pelo mechudo, lo arrastró a la despensa y allí le aplicó tres riendazos que lo hicieron orinarse.

Martincito no amaneció al día siguiente. Lo buscaron los padres de casa en casa. Lo sabanearon los hermanos en la serranía, en el río, en la finca, en la milpa. Todos los vecinos se movieron para encontrarlo. Y nada. En Mamisaca di los muchachos no tenían la costumbre de abandonar el hogar. Pero Martincito se había ido, y con tanta habilidad que parecía que la tierra se lo había tragado. Los afligidos padres, aconsejados por don Jorge, fueron a Juticalpa a pedir a las autoridades que lo exhortaran una y más veces, y al cabo de las semanas, los meses, los años, los lustros, las décadas, la respuesta fue el silencio.

Mamisaca se conmovió con la desaparición de Martincito. El comentario en los corredores fue que Perfecto se había vuelto tirano con sus hijos y que había llegado al extremo de darle pescosadas a Fidelia, su cara mitad. En los caseríos cercanos decían que unos cazadores habían encontrado en la montaña un sombrerito de palma y unos pantaloncitos desgarrados, señal inequívoca que a Martincito se lo había comido el tigre. También decían que otros tiradores habían visto en un peñón unos huesos humanos pequeños, nuevo indicio de que a Martincito lo habían devorado las águilas. Pasó el tiempo. La apesarada familia Guifarro—Meza se fue resignando. Los mamisacas olvidaron la desgracia. Y nuevos inviernos y veranos borraron hasta el nombre del muchacho. Eso sí, nadie en el lugar le volvió a poner a un niño el nombre de Martín, por el recuerdo de Martincito.

—III—

Un día, Perfecto Guifarro apareció corriendo en la sabana de Mamisaca, llamando a gritos a don Jorge. Temblaba el caballo que montaba, bañado de sudor. De su casa salió don Jorge con una sierra en la mano, y Perfecto le informó a grandes voces para que oyeran los vecinos que "había en el país una guerra de once mil diablos"; que el general Manuel Bonilla había tomado la Costa Norte, y que el general Melchor Fornells parapetado con sus hombres en la Cuesta del Quebracho, había rodado tan grandes piedras que había exterminado de una vez la tropa del general Cástulo Zapata que iba de Juticalpa al Valle Arriba, quedando de soldados y bestias nada más que una masa informe en el fondo del farallón, y que después el triunfador había ocupado la plaza departamental.

Dijo don Jorge: "Yo voy a comprobar esos desastres. Me van a acompañar tres de ustedes. No tengan miedo que soy amigo del general Fornells". Con esta seguridad lo acompañaron tres mamisacas resueltos. Los cuatros averiguadores estuvieron ausentes dos días y regresaron a informar la verdad a los aldeanos ansiosos. Misteriosamente el general Miguel R. Dávila había dejado el gobierno, abandonando la lucha. El general Bonilla marchaba sin o ninguna oposición hacia Tegucigalpa, donde lo esperaban con el poder en bandeja de oro. El general Fornells ya era Comandante de

Armas de Olancho. Pero era mentira, y lo con repetía con su acento inglés, pura mentira el desastre que no sufriera el general Zapata en la cuesta del Quebracho. "Y pensar que esta mentira —agregaba don Jorge— pasará al texto de historia de mi amigo don Félix Salgado, no por culpa suya, sino de los inventores de batallas encarnizadas". Se quedaba pensando unos segundos, y añadía: "Asimismo, constará en sus páginas esta guerra civil tramada en el Departamento de Estado contra el Gobierno de Dávila porque se negó a aceptar un empréstito de millones de dólares y en favor del general Bonilla porque le va a dar una abultada concesión frutera a Samuel Zemurray", y terminó echando un inglesazo que debe haber sido mala palabra.

Don Jorge era alto, estiró el esternón, el cuello, levantó lo siguiente: la cabeza, vio los cerros y dijo en inglés, que traducido, sale "Pobres gentes, pobres pueblos, pobres gobiernos, pobres naciones, que siguen viviendo en la más dolorosa esclavitud!".

—IV—

Mamisaca quedó en la tranquilidad de siempre, hasta que un día pasó un enganchador de trabajadores que ganarían buenos salarios en una mina. Don Felipe Cálix Matute descubrió en su posesión de Canaan, camino de Playa Grande, una veta californiana de oro. De verbo convincente don Felipe, entusiasmó a los ricos ganaderos de la comarca con el negocio minero. La mina de Canaán atraería ferrocarriles, canales fluviales, inmigrantes, nuevos cultivos, fábricas, comercio en gran escala. El poder económico de Olancho sería tan crecido, que se extendería al resto de la República, y dominando los negocios del país, Honduras terminaría por renunciar su nombre para llamarse Olancho. Las acciones de la sociedad minera valían cien pesos, que se agotaron en la primera sesión, porque muchos ganaderos compraron hasta veinte acciones.

Una madrugada salieron de Juticalpa los trabajadores mineros rumbo a Canaán. Una bomba de varias libras de pólvora anunció la marcha de los que iban a conquistar el becerro de oro. El retumbo que produjo la bomba fue como el disparo paralelo de varios cañones. Cayeron tejas mal puestas y se abrieron las paredes de algunas casas viejas. Se asustaron las gentes que n sabían nada de la marcha, saliendo a las calles envueltas un sábanas. Pero al asomarse el sol fue todo alegría en Juticalpa. En la fila de trabajadores mineros iba uno que otro mamisaca, más que por el salario, por la curiosidad de saber cómo se explotaba una mina para tener que contar después en la aldea.

"Una mina exige otra mina", sentenció don Patricio Cáceres. Los primeros fondos se fueron en las instalaciones de madera, bomba de agua, perforadoras, un laboratorio, víveres y salarios. A requerimiento de don Felipe, algunos ganaderos compraron más acciones para importar máquinas de varias clases por medio de la casa Siercke. Y a la tercera solicitud de dinero que hizo el ejecutivo, nadie quiso dar un centavo más. En voz baja empezó a hablarse que estaba a punto de quebrar la empresa. Se movieron en el mercado de valores de Juticalpa las acciones depreciadas. Se movían como los papeles de un basurero impulsados por un torbellino. Es lo que les decía yo —comentaba a gritos Ángel Martínez—. Aquí ha vivido uno toda la vida con su vaquita, su becerrito, su animalito, y ha vivido bien; pero si ya se pone a traer novedades industriales de países extranjeros, se lo lleva Judas. Ya ven la que le está pasando a tata Felipe, y que se cuente dichoso si no lo matan esos "pencos"… Ángela Martínez no sabía lo que estaba diciendo. En Juticalpa había habido un "crack".

Días después estalló una huelga por falta de pago de salarios. Fue una huelga de brazos caídos que fue tomando ciertos visos insurreccionales. Don Felipe tuvo que esconderse en apartado lugar de la serranía. El cajero y el pagador, amenazados de muerte, tuvieron que huir de noche en dirección de Iriona. Doscientos hombres revueltos son una cosa seria. El cerro cónico, azul y poderoso de Canaán había perdido su majestad. Las piedras se achicaban de miedo. Los pinos, los ocotes en lengua nahoa, no movían una rama. Y aquellos hombres bufaban queriendo tomar el poder económico y político, pero como no lo veían ni lo palpaban, decretaron pegarle fuego a todo, convirtiendo la empresa minera en un incendio que de noche iluminaba varias leguas a la redonda. Días después comentaba una mamisaca en su aldea: "El placer que me queda es que al arrojarle una barra de hierro al pagador", le alcancé un ojo y lo dejé tuerto.

—V—

Con el correr del tiempo los tejados de Mamisaca se fueron cubriendo de una lana verde, señal de haberse iniciado otra época vacía de guerras y de empresas mineras. Las gentes se sentían aburridas y bostezaban dando un lamento. Prudencio Guifarro,

Fidelia Meza y los hijos de ambos habían muerto. Asimismo habían muerto otras personas queridas y útiles. Abundaba el luto expresado con unas cortinitas negras puestas de las puertas de las casas de los difuntos. Pero hubo un día en que Mamisaca fue sorprendida por un patacho de cien mulas que llegó inesperadamente, todas las mulas cargadas al parecer de pesadas cargas, y conducidas como por cien individuos, cubiertos la cabeza con turbantes, usando unas camisas de cuello abierto, pantalones cortos, con sandalias. Los conductores eran trigueños, de ojos chispeantes, de facciones finas. No eran de raza negra, pero no eran blancos. Aquella visita extraña produjo sorpresa, y más cuando aparecieron los dueños del mulerío, montados en hermosos caballos blancos, negros y retintos, luciendo vistosos turbantes, con trajes de finas sedas, con sandalias de raso que brillaban al darles el sol. Se pudo distinguir que en los jinetes había hombres y mujeres y que los montados en caballos blancos eran los patrones: No se pudo ver más porque los muleros llenaron la escena descargando y desensillando las bestias; y plantando con rapidez varias tiendas en el corazón de la plaza. Las tiendas fueron instaladas en torno de una grande, formando círculos concéntricos, dejando amplias avenidas para transitar y comunicarse con el exterior.

Los mamisacas habían formado grupos para presenciar la pacífica invasión de su aldea. En la casa de don Jorge —ya muy viejo por cierto— se habían reunido varios para saber la opinión del juicioso beliceño, quien dijo sin rodeos que tal vez se trataba de un circo de calidad que iba a la Costa Norte. La versión de don Jorge voló a los demás vecinos que supusieron que se trataba de un circo tan valioso que ni siquiera daría función en Juticalpa. Pero los pequeños, metidos entre los extraños que hablaban un idioma incomprensible, trataban de conocer los payasos y los alambristas.

—IV—

Llegó la noche. Los candiles se encendieron en las casuchas y las chimeneas alumbraron los patios. A esto, unos potentes reflectores iluminaron las tiendas, la aldea y los picos de los cerros próximos. Después se oyó el sonido de unos instrumentos raros, y luego un coro de melodiosas litúrgicas. A veces la curiosidad inicial de los mamisacas, siguió en unos el temor por considerar que aquello podía ser cosa del diablo, y en otros afloró un suave sentimiento religioso con la música y los cantos. Los vecinos más audaces se aproximaron a la tienda principal, y allí vieron a un señor y a una señora vestidos con riqueza, bebiendo en unas copas que despedían chispazos y viendo la danza de unas jóvenes de cabellos largos y trajes blancos. El señor y la señora parecían príncipes de los cuentos.

Al día siguiente en las primeras horas, don Jorge recibió una atenta invitación para que pasara a la tienda principal donde lo esperaban los ilustres viajeros. La invitación iba escrita en inglés sobre una cartulina primorosa. A toda prisa cambió sus ropas de trabajo don Jorge y se puso el traje de ir a Juticalpa. Al llegar a la tienda principal, los viajeros se identificaron como los príncipes de Alahabad de la India. Le dijeron que hastiados de la vida cómoda de los poderosos del Oriente habían querido conocer las asperezas de un largo viaje por América, desembarcando en el Pacífico y que se reembarcarían en el Atlántico. Obsequiaron a don Jorge con espirituosos vinos pérsicos en copas consteladas de brillantes. El príncipe era de buen talante, decidor, encantador. La princesa, atenta a la conversación sin participar en ella, sonreía, nada más. Mientras duraba la entrevista, don Jorge dirigía miradas circulares para ver regadas y al descuido cajas llenas de piedras preciosas, de monedas de oro, de telas de gran valor y de frascos de perfumes finísimos.

Dijo el príncipe: "A mi paso, hago regalos a los pueblos. Quiero dejar esos diamantes y esas perlas a los vecinos de este lugarcito". Don Jorge agradeció la buena voluntad a nombre propio y de los mamisacas; pero agrego que siendo éstos seres sencillos creerían que se les regalaban simples vidrios de colores pedaceados, que guardarían como recuerdo en el fondo de sus baúles, y con los años arrojarían a la basura. Pero si por suerte llegaban a saber que el regalo era de piedras valiosas, al llevarlas al comercio sufrirían robos y engaños, llegando con ello a perder la paz dichosa que les daba su inocencia. Sonrieron los príncipes, llenos de comprensión, y terminó la entrevista con inclinaciones orientales.

Al día siguiente, los muleros convertidos en constructores levantaron una pequeña casa de madera con una sola ventana. Un personaje que operaría en la caseta explicó a don Jorge en perfecto inglés, para que éste lo hiciera saber a los vecinos, que su amo y señor daría dinero del país a los aldeanos para que atendieran algunas necesidades importantes, con la condición que lo hicieran bajo promesa solemne. El mismo don Jorge organizaría en fila a los campesinos, haciéndolos pasar ordenadamente por la ventanilla donde recibirían bolsas de dinero. Los mamisacas, hombres y mujeres, llenos de curiosidad, formaron una larga y oscura hilera en la plaza. Gritaba don Jorge: Señoras y señores, pasen por la ventanilla a recibir dinero para que paguen sus deudas por grandes que sean y sin olvidar una sola! Es el regalo de un corazón generoso; no es un soborno! La hilera larga y oscura se puso en movimiento, y después de una hora nadie estaba en aflicciones de deber un centavo. La alegría de los aldeanos subía al cielo.

Don Jorge volvió a formar la fila, con menos trabajo, y gritó de nuevo: Señoras y señores, repitan el paso por la ventanilla a recibir dinero para que compren tierras, yuntas de bueyes, aperos de labranza, semillas, trastos de cocina, vestidos, medicamentos y otras cositas indispensables. Se repitió el movimiento, y al cabo de dos horas los mamisacas, como si soñaran, tenían en sus manos el material monetario con qué realizar sus más acariciadas esperanzas.

En medio del tumulto delirante se levantó una voz juvenil que dijo: "¡Estos maromeros si son ricos de verdá y no papadas como los de Juticalpa!". Una voz chillona de mujer sumó: "¡Que diferencia de estas gentes con las que nos roban el trabajo desde que nacemos hasta que morimos!". Y un viejo, carraspeando sumó: "¡Esto es hablar con hechos y no prometer una reforma agraria que nadie ve". Aclaró don Jorge que los generosos señores no eran maromeros sino los príncipes de Alahabad, la India.

—VII—

En la tarde levantaron tiendas, cargaron mulas y se pusieron en movimiento los viajeros. Don Jorge, agitando los brazos, decía en voces altas, que debían encaminarlos. Y en efecto, los siguieron en masa informe y oscura desde Mamisaca hasta el Barrero, sin descalzarse los calzados en los pasos del río. Al llegar al punto de la despedida, los príncipes de Alahabad, desde sus briosos caballos blancos, movían las manos enguantadas diciendo adiós a los mamisacas. Y los mamisacas varones, no pudiendo expresarse de otro modo, dieron vivas a los viajeros, Las mujeres les echaron bendiciones.

Al regresar a la aldea, en el centro de la plaza esperaba la concurrencia la vieja Bruna Casco, que decía haber nacido en el "año del polvo", es decir cuando el Cosigüina había espantado a medio continente con una erupción aterradora. La anciana, de buena estatura en otro tiempo, se había reducido al tamaño de una niña de ocho años. Y con sus ropas sucias y raídas, vista de lejos no se sabía si se trataba de una persona o era un zarandajo de trapo para espantar sanates en un frijolar. Alzo la mano para indicar que deseaba decir algo, y dijo:

—Como mamó de mis tetas el sinvergüenza, fue a verme cuando todos ustedes estaban dormidos. Me hizo mil preguntas. Yo se las contesté. Encendí el fogón y le di café con mascadura. Se puso muy contento. Lo que quiero decirles es que el príncipe que ustedes vieron es el hijo de Fidelia Meza y Perfecto Guifarro, que Dios los tenga en su santo reino. Es el mismo Martín Guifarro que se fue de Mamisaca hace años y se dijo que se lo había comido un águila. Me dejó este regalo por si lo dudan".

Alzó la mano y le brilló en el anular una sortija coronada con un diamante de Golconda que se burlaba de los mamisacas con cambiantes luces orientales.

NOSTROS LOS "DEMIGRADOS"...

Como han resultado muchos Luises Martínez, aquí en Tegucigalpa hay tres, en San Pedro Sula dos, en La Ceiba uno y en otras partes del país varios, conviene cambiar el pseudónimo para evitar la confusión postal, los reclamos a los unos de las deudas de los otros, hasta los terciazos por equivocación y llamarse, por ejemplo, Manuel Barrientos.

¿Por qué Manuel Barrientos? Por gratitud y porque nos trae suerte. Vamos a contar la historia. Cuando salimos de Tegucigalpa hacia el destierro, de esto hace un montón de años, llevamos ese nombre. El doctor Alberto Zúñiga, con ser agrio de carácter, mordaz a lo Voltaire y malquerido de muchas gentes, tuvo sus afectos, a nosotros nos dispensó cariño y nos lo probó con hechos.

Como para salir de Tegucigalpa en aquellas fechas era preciso exhibir un salvoconducto, fue a hablarle a Camilo Reina, le dijo que quería mandar a un mozo que le trajera unas mulas del valle de Comayagua y que el mozo se llamaba Manuel Barrientos. Con ese nombre escrito en el papel oficial salvamos las tapadas de la salida de la Capital, de Flores y de San Antonio del Norte.

En las afueras de San Antonio conocimos a un tal Juan Evangelista Cruz, a la sazón Comandante del resguardo, receptor, posiblemente alcalde, juez y, en resumen, amo y señor de vidas y haciendas de aquel lugar. Vio el salvoconducto, nos observó atentamente, si por el sombrero de llama, la camisa de manta y el pantalón de dril éramos arrieros, le chocaban la capa de lujo, la buena pistola calibre 38 y los zapatos de charol, con los que nos habíamos licenciado en la Universidad. Además, un mozo que llevaba mozo acentuaba las dudas.

Por fin abrió la boca:

—¿Es usted pariente de Roderico Barrientos?

Le contestamos muy alegres:

—Comonó, somos primos hermanos.

Después de una pausa dijo:

—¿Qué anda haciendo?

Le devolvimos:

—Comprándole una mula al Padre Orellana.

Una vez tranquilizada el alma contó que en la frontera de El Salvador habían matado a un rico de apellido Bonilla, y que para capturar a los hechores el Gobierno salvadoreño había amontonado la Guardia Nacional en el pueblo de Polorós y que el de Honduras había mandado gente de Guajiquiro y Santa María con el fin de cubrir la guardarraya.

Con recelo le preguntamos:

Quiere decir, coronel, que no hay pasada para El Salvador..

No entendió el hombre y nos contestó:

Cuando llegue a San Antonio va a ver los cargamentos que están esperando que se abra la frontera.

Minutos después el coronel Cruz salía de la cocina seguido de una mujeruca y se tiraba al monte.

Esa misma noche Manuel Barrientos ganó la frontera salvadoreña, y por fregar, desde la otra orilla, le hizo varios disparos al resguardo hondureño del Río Unire.

El refuego fue breve pero el retumbo de la montaña le puso acento de combate.

ESTAMPAS

El cuento de Juan Evangelista Cruz de que la frontera honduro-salvadoreña estaba bloqueada por las autoridades de ambos países para ver si capturaban a Florencio Mejía, presunto matador del rico Bonilla de Polorós, nos aferraba al nombre de Manuel Barrientos, no fuera el diablo que llegaran a confundirnos, ablandó el ánimo de nuestro chane José María, yerno de Suazo, Gobernador de La Paz, y nos hizo buscar a un segundo conocedor del lugar que nos llevara por ruta más extraviada.

Hallamos el segundo quía en el rancho que visitaba Cruz. Regresó de un viaje de los pueblos vecinos como a las diez de la noche, y a lo: macho corno dicen los mexicanos le hablamos de que nos pasará a El Salvador ofreciéndole buena paga. En efecto, nos condujo por lugares sumamente extraviados, él adelante con un machete, nosotros en medio y Chema atrás. En la cumbre de un cerro acordamos dormir un rato. Pese a que nos dijo que era primo del general Mejía Moreno, con Chema nos turnamos de centinelas. La confianza mata al hombre.

En la bajada, dijo aquel segundo guía ante un riachuelo: "Hemos llegado a la frontera. Esta orilla es de Honduras. La otra de El Salvador. He cumplido, me pagan, y me regreso...". Pero Chema estuvo listo y le contesto:

—Hombre, yo también he andado por aquí, conozco este lugar como mis manos y sé que para llegar a la frontera falta como una legua... En nuestro caso le dijimos:

—Vamos con esa legua, que le pagamos…

Al llegar al Matapalo, tocamos puertas y aparecieron los Padilla. Entonces se puso en claro que el tal Mejía Moreno era miembro de una cuadrilla que operaba en la frontera y que de suerte no nos había entregado. Por lo menos —decía uno del grupo amigo— quería dejarlos en mitad del camino para que los capturaran y les dieran el agua.

¿Saben ustedes lo que es dar el agua? Dios que nos perdone el mal pensamiento: si no hubiera sido comprometer a los Padilla y dejar motos a unos chigüines mocosos y desnudos que quedaron en el rancho de las afueras de San Antonio, se la damos al tal Mejía Moreno. Entonces, bastante jóvenes, éramos violentos y nos conteníamos duras penas. Dichosamente, ese tiempo de volcán iracundo ya paso.

Mejía Moreno regresó pagado y regañado con las peores palabras. Del Matapalo a la frontera de El Salvador nos condujeron los Padilla por guamilares. Al pasar el río Unire fueron los tiros con el resguardo. Y arriba, en un repecho estaba la casa de don Marcelo, hondureño perseguido de la política imperante, exsecretario Municipal de San Antonio del Norte y recién salido del mismo puesto de la Alcaldía de Polorós, entendido por lo tanto, como decía él mismo, de "los dos derechos".

Don Marcelo las hacía de procurador y había pasado la noche en vela atendiendo clientes fronterizos, prófugos de La Unión. Le pagaban aquellos "angelitos" con comida y "chaparro", bien destilado Y mejor guardado en unos galones. Cuando llegamos estaban en el rancho nueve "criaturas", con sus tragos, y don Marcelo con los suyos. Al ver a los Padilla depusieron el ánimo fiero y concentraron su atención en nosotros. El saludo fue con un cañonazo bárbaro, y en tanto tragábamos nos decía don Marcelo:

—¿Con que vos venís por emigrado. ..? No amolés...Vos venís por muerte… ¿Verdá, muchachos, que se ha matatuseado a alguno…?

Varios de los personajes, viéndonos con simpatía corearon:

—Quién sabe... De repente.

Entonces nosotros, avergonzados por no haber matado a un cristiano, mentimos para hacernos valer:

—Es broma que seamos emigrados…Debemos una muerte.

—II—

Al mediodía estaba bueno don Marcelo. Platicamos. Le dijimos la verdad: Íbamos huyendo de Honduras, perseguidos por el régimen. Nuestro nombre era tal y el sobrenombre cual. Seguiríamos a San Salvador para ver si nos podíamos ganar la vida haciendo cualquier cosa.

—Hombre — dijo don Marcelo— perdone las tonterías que le dije en la madrugada. Pero estuvo buena la mentira que debía una muerte. Es que estos asesinos forman una especie de sociedad y no toleran a un extraño en ella.

A la verdad, la tregua de Unire resultó fuerte y hermosa, como nos gusta. Buena comida, buen "chaparro" y en abundancia, buenos vecinos de mogote en mogote de la montaña. Un tal Anselmo Juanes con cinco "palomitas" cuidaban a don Marcelo porque el resguardo del "otro lado" podía venir a asesinarlo. No se atrevía el resguardo, pero mandaba espías:

—Muchachos —gritó una mañana Juanes—. Allá viene la Mercedes. Vayan a encontrarla y le dan su buena forzada. Fue cuando don Marcelo se elevó a la altura de los patriarcas:

—No, no, no. Eso sí que no. Respeten al "doctor". Mejor tráiganla para interrogarla.

La mujer dijo que en el "otro lado" se interesaban en saber quién había llegado al rancho de don Marcelo, por la cosa de Florencio Mejía que había matado al viejo Bonilla de Polorós.

—¿Y conocés a Florencio? —le preguntó Juanes

Dijo que sí.

—¿Será éste?

Dijo que no.

—Este se llama Manuel Barrientos, le aclaró don Marcelo.

Y dirigiéndose a nosotros aconsejó:

—Siga guardando el nombre, que es peligroso.

Era alegre don Marcelo. Nos decía bromeando:

—Hombre, quédese en Unire. Ayúdeme a despachar el bufete.

Y cuando llegaban clientes cargados de comida y "chaparro", les indicaba:

—Ahora no es conmigo el lamento. Para eso está el "doctor".

Cierta vez se le ocurrió a Juanes preguntarnos si éramos de los "Melitares" de Honduras y si teníamos grado.

—"Dende" luego, fue nuestra contestación.

—Es "general", agregó don Marcelo.

—Yo "creiba" que era "coronel" —expresó Juanes.

Es que para ser coronel basta conocer la historia de Morazán y para general la de Bolívar. Yo conozco hasta la última, aparte de algunos tiritos en varios lugares.

Se rio don Marcelo, y desde entonces fuimos el general Manuel Barrientos.

—VIII—

Agitado regresó el buen viejo Padilla de las vecindades y sin mayores preámbulos nos dijo:

"Van a dar una batida en la montaña. Alístese que lo llevo al Carpintero. Allá va a estar con don Ricardo Díaz".

Batir la montaña significa peinarla con la. Guardia Nacional para sacarle los piojos de los criminales. Nosotros no lo éramos pero podíamos ser conducidos amarrados de los pulgares hasta La Unión. Y allá hospedarnos en la cárcel por mientras se averiguaba.

Juanes, medio nervioso, ensilló la yegua en que iría el general. Y partimos, bien aviados de "chaparro" en las alforjas, porque decía don Marcelo que ese "néctar divino" era para el emigrado mejor compañero que el caballo, el perro y la mujer.

En una bajada le preguntamos al viejo:

—Oiga, don Marcelo ¿y don Ricardo Díaz quién es?

Contestó:

—Ese sí que es general. Ya lo va a ver...

Llegamos al Carpintero, posesión de los Díaz. Allí había tatarabuelo, bisabuelos, abuelos, padres, hijos, nietos bisnietos, tataranietos. Sólo en la biblia se lee el caso de un patriarcado igual. Un hombrerío y un mujeral para producir espanto. Gente honrad ísima, trabajadora, respetuosa de la autoridad y respetada por ésta. Cuando la Guardia perseguía a algún criminal llegaba hasta la puerta de golpe, llamaba al patriarca parecido a Ghandhi, lo interrogaba con buenas palabras y lo que el viejo decía era la verdad.

Salió a nuestro encuentro don Ricardo Díaz. Quién había de ser, Gregorio A. Velásquez. La alegría que nos dio fue infinita, y como estaba preparando viaje para Santa Rosa de Lima, nos fuimos juntos. Don Marcelo Padilla nos acompañó hasta Polorós, y allí fue la despedida para siempre porque años después lo asesinaban en aquellos caminos.

En Santa Rosa de Lima era de rigor presentarse al puesto de Guardia. ¿Quién nos dijo que debíamos dar nuestro propio nombre? ¿Por qué no seguir llamándonos Manuel Barrientos, sabiendo que perseguían a Florencio Mejía? Paulino Valladares decía que a nadie le falta su cuarto de hora de pendejo. Pagamos el cuarto de hora con un viaje forzado hasta La Unión, donde de no haber sido el general Roque J. López a saber qué nos hubiera pasado.

Quién sabe si fuera cierto, pero se dijo en casa de Mr. Westing que el comandante del departamento, general Andreu, quería embarcarnos para Amapala.

Por poco nos amuelan por haber dejado el nombre que nos diera Alberto Zúñiga. Dicen los franceses, que se la pican de vivos que el nombre no hace la cosa. Y sí la hace, a veces.

HUELGA DE MAYO DE 1954
(Carta de un campeño para otro campeño)

Del campo X, 10 de junio de 1958. A Salvador Tovar en el campo Y. Querido camarada. Le escribo en este pedazo de papel, con letra pequeñita, para decirle desde aquí mis impresiones sobre los acontecimientos huelguísticos de mayo de 1954. Usted y yo, siendo jovencitos, nos sumamos con decisión de hombres verdaderos al movimiento obrero de la Costa Norte en 1927. Militamos bajo las banderas del P.C., fundado por el heroico, insustituible e inmejorable Manuel Cálix Herrera, quien tuvo un fin ingrato al ser encerrado en las bóvedas del Castillo de San Fernando de Omoa, donde permaneció cinco años, al cabo de los cuales fue sacado de allí convertido en un arco esquelético a causa de la tuberculosis, yendo a morir a su pueblo Juticalpa en 1939, comienzo de la Segunda Guerra Mundial, no sin haber leído antes los documentos de la I. C.

El reflujo de la revolución hondureña duró 15 años. En la década 30, la represión obrera fue salvaje a cargo de testaferros instruidos y pagados por las Compañías concesionarias y fruteras. El gobierno de Carías que retuvo el poder 16 años por gracia y voluntad del imperialismo, contribuyó en las matanzas obreras y campesinas con sus propios esbirros, como Carlos Sanabria en Trujillo, Eduardo Galeano en La Lima, Juan Fletes en Olancho, Calixto Carías en Amapala, que llenó de pistoleros toda la zona oriental de El Salvador para matar emigrados hondureños. Esos y otros más fueron los ejecutores que llenaban la República. Los promotores estaban en la Capital, con Carías, Fernando Zepeda Durón, José María Albir, Vicente Cáceres, diputado y director del Instituto Nacional, bajo el rigor de la Disciplina fascista, más otros que no tengo presentes.

En la década del 40 y a la altura del año 44, sucedieron acontecimientos importantes. En El Salvador el pueblo derribó al tirano Máximiliano Hernández Martínez, el 10 de mayo. Seguidamente el pueblo guatemalteco derribo al déspota Jorge Ubico. En Honduras la pequeña burguesía liberal estuvo a punto de arrojar del poder a Carías, el 4 de julio. Y en San Pedro Sula hubo una manifestación de la pequeña burguesía liberal, que terminó en lo que desde entonces se llama la "masacre de San Pedro Sula" del 6 de julio. La dictadura pro—fascista de Carías, que se persignaba ante el santo de la democracia, pero que gobernaba con procedimientos de terror, bajo indicaciones de las Compañías extranjeras, en realidad deseaba el triunfo de Hitler, pero con mucha maña le demostraba adhesión a los Estados Unidos. Así las cosas, la matanza de obreros y campesinos seguía en aumento. Al año siguiente, 1945, fue la derrota definitiva del Eje Roma—Berlín—Tokio. HABÍA TRIUNFADO LA GUERRA DE LA HUMANIDAD CONTRA EL FASCISMO.

En los 4 años siguientes el régimen cariísta vio que ya no tenía objeto su gestión habiendo procedido a un aflojamiento en sus métodos represivos. Eso sí, participó con delegados en las reuniones mundiales que tendían a organizar el mundo de la postguerra. En efecto, estuvo en las deliberaciones y firmó la Carta de las Naciones Unidas, la Carta de la Organización de Estados Americanos, y el Tratado de Asistencia Recíproca de Río de Janeiro. En todas esas reuniones, Honduras iba adherida al pantalón de los Estados Unidos. Por su parte, los Estados Unidos que financieramente había obtenido ganancias fabulosas con la guerra, demostraban una soberbia y una arrogancia jamás vistas. Los grandes escritores imperialistas en el pasado solo veían al Imperio Romano y al fijar su mirada en el futuro proclamaban como verdad irrefutable la creación de los Estados Unidos del mundo. Los Estados Unidos tenían razón de mostrarse orgullosos. Habían demostrado su poder con la destrucción de las ciudades japonesas de Hiroshima y Nagasaki con dos bombas atómicas.

Pero en el otro extremo del orbe, la UNIÓN SOVIÉTICA ANUNCIABA QUE HABÍA LLEGADO LA HORA DE LA REVOLUCIÓN CIENTÍFICO—TÉCNICA, Y COMO LOS HECHOS DEBEN SEGUIR A LAS PALABRAS, EN 1953 HABÍAN ALCANZADO A LOS ESTADOS UNIDOS EN PODER NUCLEAR, Y EN 1957 LANZABAN AL ESPACIO EL PRIMER SPUTNIK.

Carías Andino entregó el poder a Juan Manuel Gálvez en 1949. Se puede decir que Gálvez desempeñó el primer gobierno de postguerra en Honduras. Este gobierno tenía que ser totalmente distinto al de Carías Andino. Cesó la represión, y los obreros empezaron a ver la conveniencia de fundar sus sindicatos y sus organizaciones políticas. Pero esto que parecía el resultado de una deliberación en el país, solo fue parte de un impulso mundial provocado por la lucha victoriosa de la Humanidad contra el fascismo. En otras palabras: la Humanidad con la guerra había provocado un ascenso revolucionario mundial, en el que participaba Honduras con la Huelga revolucionaria de mayo de 1954, diez años después de las manifestaciones pésimamente organizadas de la pequeña burguesía liberal. Si me explico bien, esto hace entender que la espontaneidad de la huelga se debió al elemento mundial que determinó su acción Digo más, si la huelga de mayo de 1954 hubiera carecido del padrinazgo que le dio la guerra victoriosa de la Humanidad contra el fascismo, no se habría producido.

Como se trataba de un movimiento de tanta significación por lo expuesto en la dirección debían estar hombres como Manuel Cálix Herrera, como Juan Pablo Wainwright o como cualquier otro gran jefe obrero hondureño que luchó y ofrendó su vida por la causa del proletariado, y no por oportunistas que en el ascenso revolucionario de la huelga corrieron a fundar el partido de la clase obrera y a decir que este partido había marchado a la vanguardia de los trabajadores huelguistas, cantando la Internacional. Esta insipiencia, esta inconsistencia, esta inexperiencia, dio lugar a que el impulso revolucionario se fuera debilitando hasta llegar a una total paralización, momento que aprovechó el imperialismo para estructurar sus órganos falsificadores del movimiento obrero, al grado que lo que había empezado felizmente, terminó convirtiéndose en base del neo—colonialismo que empezó con el régimen pequeño burgués liberal de Ramón Villeda Morales.

Te digo todo esto porque como viejos luchadores curtidos desde los tiempos de Manuel Cálix Herrera, debemos conocer lo más posible la parte histórica que nos corresponde.

Camaradilmente.

S.T.

EPÍLOGO TOLTECA
(Recuerdo del 18 de Septiembre de 1974)

HURAKAN

LOS DIOSES QUE APARECEN EN EL LIBRO SAGRADO DEL POPOL VUH

(Se citan en parejas, de los mayores a los menores, y primero las hembras y después los machos por la decisiva influencia del matriarcado que prevalecía aun entre mayas y toltecas, mezclados en quichés, cakchiqueles, zutuhiles, etc.).

TZACOL: Diosa creadora: posiblemente la materia
BITOL: Dios formador probablemente del movimiento
ALOM: Diosa madre; la que concibe y da a luz los hijos.
QAHOLOM: Dios padre; el que engendra y da hijos.
HUNAHPU—VUCH: Deidad femenina que preside el amanecer.
HUNAHPU—UTIU: Deidad masculina que rige la noche.
U QUX PALO: El Corazón del Mar. (Hembra).
U QUX CAH: El Corazón del Cielo (Macho).
AH RAXA LAC: La Tierra, o la Señora del plato verde.
AH RAXA TZEL: El Cielo" o el Señor del cajete azul.

(Los dioses que van después son masculinos)

HURACAN: El de una sola pierna.
HURACAN CACULHA: Rayo que extermina
CHIPI CACULHA: Rayo con relámpago.
RAXA CACULHA: Rayo con relámpago verde y gran estruendo.
QUAUHTH: Águila, mensajera de los dioses.

ALOM
¿De dónde vienes?

QUAUTH (Posándose en una nube)
De la lejana tierra.

311

ALOM

En concreto de qué lugar del planeta

QUAUHTH

Vengo de Honduras, situada en el punto central de
América.

ALOM

¿Cómo están mis hijas y mis hijos?

GUAUHTH

Hay allá una división arbitraria de ricos y pobres, una ley fatal que
a los ricos los hace más ricos y a los pobres más pobres.

ALOM

¿Cómo es eso? Ya olvidaron nuestros consejos, que debían
trabajar todos y los frutos cosechados debían repartirlos entre todos,
en perfecta igualdad?

QUAUHTH

Sí, esa es la ley de la felicidad que existe aquí en el Cajete azul;
no donde los dioses son iguales, trabajan por igual% se reparten en
armoniosa igualdad. Pero en la tierra, y especialmente en Honduras
no sucede lo mismo.

ALOM

Han olvidado las reglas de la Antigua Copán, sagrada madre de la
magia; han olvidado los mandatos del gran civilizador Quetzalcóatl,
cuando llegó a morir a Huhuetlapallan, o sea al viejo lugar donde nace
la Aurora.

QAHOLON (Llegando)

He oído, y ciertamente la fabulosa Tlapallan adonde se cuenta
que emigró el gran jefe de los toltecas no era, como se ha dicho y
repetido, el país que se extiende desde Xicalanco hacia el oriente, o
sea la región costanera y los modernos Estados Mejicanos de

Tabasco, Campeche y Yucatán. Tlapallan "lugar donde nace la aurora" era Honduras y Huhuetlapallán. "viejo lugar donde nace la aurora" era la misma Copán, así llamada por los magos del gran dios Mexic, porque de allá trajeron el calendario sagrado del Tzolkin, o sea el calendario de las adivinaciones.

ALOM

Sobre eso no cabe la menor discusión. Tlapallan es la región copánida y Quauhth viene de allá. Me estaba refiriendo que allá han roto la armonía universal de la igualdad, pues hay ricos y pobres, llegando a ser los ricos más ricos y los pobres más pobres.

QUAUHTH

A tal grado llega la pobreza de las mayorías humanas por culpa de la carestía de la vida, la inflación de la moneda, el alza incontenible del precio del petróleo, la falta de trabajo y la carencia de tierras para cultivar maíz y frijoles, que de repente, no está lejano el día, puede desatarse el canibalismo.

HUNAHPU—VUCH (Entrando)

Te está permitido que informes. No que exageres la información. Los dioses somos personas serias. Nos disgusta la mentira.

HUHAHPU—UTIU (Llegando)

No hay exageración en lo que está diciendo Quauhth Es la pura verdad. Los Hombres de maíz cumplieron las reglas de la costumbre copánica y fueron rectos y buenos hasta que llegaron los Hombres de trigo y los Hombres de arroz, hijos de otros dioses que dictan para los suyos las leyes del individualismo, el egoísmo, el engaño, la explotación, la dominación, la esclavitud, el homicidio, la guerra.

U QUX CAH (Descendiendo suavemente)

Quisiera liberar del sufrimiento a los Hombres de maíz.

U QUX PALO (Ascendiendo con rugidos)

Los Hombres de maíz, dueños legítimos del hermoso país de Huey, en realidad viven en tierra ajena. No son suyas las minas, las tierras de cultivo, las aguas de los ríos y los lagos, las aguas del mar con sus islas, peces, camarones y tortugas. No son dueños de los bosques, de los animales de monte, de las iguanas, de nada. Todo, todo, todo es de los Hombres de trigo, que convierten en dólares las riquezas nacionales, el sudor de los peones, la sangre de los silicosos.

AH RAXA LAC (Apareciendo)

Dime, Quauhth, y las autoridades tratan de rescatar el país y de volver a la libertad antigua?

QUAHTH

Es algo que no se sabe. Unos dicen que desea recuperar lo propio y otros dicen que finge esa recuperación, pero que en el fondo está más de acuerdo con los Hombres de trigo que con los Hombres de maíz.

AH RAXA TZEL

¡Yo no quiero creer eso! ¿Me explico? ¡Yo no quiero creer eso! Repito. En su gran mayoría, los hombres que tienen las armas en la mano son Hombres de maíz; los hombres que manejan la pluma burocrática son Hombres de maíz. Pues estos Hombres de maíz que dirigen el poderoso y decisivo aparato del Estado, están en recuperar lo propio que ahora se halla en manos de los hombres de trigo. Naturalmente, hay algunos indios, negros, zambos, mulatos inclinados a la traición.

Es decir, que son verdugos de las razas a que pertenecen y servidores sumisos de las razas extranjeras, dueñas de millones de dólares. Estos desnaturalizados son los responsables de haber permitido las bellas oportunidades que se han presentado para elevar a Honduras a la categoría de gran nación centroamericana.

Un país como es Honduras, de haber sido llevado por personas inteligentes y hábiles y sin haber perdido el más precioso tiempo en distracciones sanguinarias, a estas horas sería en verdad el eje fundamental del conjunto centroamericano si no es que hubiera ya reconstruido la República Federal de Centro América que presidió el general Francisco Morazán.

HURACAN (Entrando a saltos por tener solo una pierna)

¡Yo no concibo que haya dioses mediocres! ¡Y si los hay que se vayan a los abismos más profundos de Xibalbá! ¡No los necesitamos en la cima de los Trece Cielos! La verdad es la siguiente: Los dioses que hicieron los hombres de trigo, se equivocaron por haberles hechos sacrificadores de sus semejantes! ¡Los dioses que fabricaron a los hombres de arroz. también demostraron torpeza porque sus productos son tan vulgares y asquerosos que revuelven el estómago! Y nosotros, Tzacol, Bitol, Alom, Qaholom, Hunahpu—Vuch, Hunahpú—Utiú, U Qux Cah, U Qux Paló, Ah Raxá Lac, Ah Raxa Tzel y yo, Huracán, que anda dando brincos porque solo tiene una pata, nosotros, todos nosotros nos equivocamos por cuarta vez al amasar con nuestros dedos a los Hombres de maíz, que vistos los resultados han salido tan infelices como los anteriores.

CHIPI CACULHA (Ayudante de Huracán).

El hombre de barro resultó blandujo. No se pudo sostener en pie.

CACULHA HURACAN (Ayudante de Huracán)

El hombre de madera careció de movimientos. No pudo inclinarse en la adoración a los dioses.

RAXA CACULHA (Ayudante de Huracán)

El hombre de granos de tité, o como dicen allá el hombre de granos de gualiqueme apenas salió de las manos de los dioses, ya que dios, con adivinación, clarividencia y otros poderes mágicos. ¡Vaya broma pesada! ¡Que la obra creada fuera igual a sus creadores!

HURACAN (Silbando como serpiente)

Y estos de granos de maíz amarillo y blanco hallados en el fragante bosque del Paxil, nos salieron idiotas! Les pusimos alma heroica en el pecho, y sin gran esfuerzo militar los conquistaron los españoles! Luego fueron madereros de los ingleses! Y hoy han llegado a ser deudores insolventes de los norteamericanos!

ALOM

¡Eres un despiadado!

QAHOLOM
¡Como no los hizo él, los abruma con defectos!

HURACAN
¡Lo que es malo lo destruyo sin contemplaciones!

HUNAHPU—VUCH
La gran abuela Tzacol debía destruirte a ti volviéndote a la materia original.

HUNAHPU—UTIU
El gran abuelo Bitol debía arrancarte la única pata con que brincas y romperte la forma de dios.

HURACAN (Indiferente)
Los hombres de maíz, no sirven. Tzacol y Bitol deben pensar ya en la conveniencia de crear la quinta raza!

U QUX CAH (Con sorpresa)
¡La quinta raza!

U QUX PALO (Sarcástico)
¡La quinta razal ¡Solo que la hagas, de agua de mar!

ALOM /Todavía más sarcástica)
¡Huracán! ¡Vas a engendrar o vas a partir la quinta raza!

(Los diez dioses mayores ríen a grandes carcajadas).

QAHOLOM (Ve con severidad a la diosa)
Deja, Alom, las bromas de mal gusto. Razones ha de tener Huracán al proponer la creación y formación de la quinta raza.

ALOM (Al fin hembra)
Desde luego, porque en tu calidad de macho se te podría presentar la oportunidad de fecundar a una nueva deidad femenina.

HURACAN

No participarían los sexos sino las manos de los artistas
en la creación y formación de la quinta raza.
(Todos los dioses preguntan con ironía).

HUNAHPU—VUCH

Entonces, ya no seremos los dioses sino los artesanos de Tollán, o
de Mayapán o de Huehuetlapallan los que harán a los hombres y las
mujeres de la quinta raza? ¿Y qué material emplearán en su
fabricación? ¿Acaso trabajará en ellos el notable ahqual, es decir el
admirable tallador de esmeraldas?

HUNAHPU—UTIU

O el Ahyamanic, el sorprendente joyero que hace maravillas de
oro y de plata.

U QUX CAH

O el ahchut, el cincelador y escultor que llega a hacer imágenes
tan vivas que el equivocado corazón llega a apasionarse de ellas.

U QUX PALO

O el ahtzalam, el ebanista que realiza sueños y fantasías en
madera.

AH RAXA LAC

O el ahraxazul, el que hacía los vasos y las jícaras, verdes y
hermosas.

AH RAXA TZEL

En fin, la quinta raza podría hacerlo el ahgol, que ablanda la resina
y el copal y bien moldearía las parejas de cuatro hombres y cuatro
mujeres.

HURÁCAN (furioso)

Ustedes harán la quinta raza del grano que deleita a los apopo y a
los ahpop camhá. Lo harán del precioso cacao. Yo, en tanto, parto con
mis ayudantes a destruir a los cobardes y a los deficientes mentales, a
los hombres de maíz amarillo y blanco que siguen viviendo en mala

hora en las sagradas tierras de Huehuetlapallan. Síganme mis amigos y servidores.

(Huracán parte saltando, en medio de estruendos, seguido de Caculhá Huracán, Chipí Caculhá y Raxa Caculhá).

ALOM (Enfurecida)

¡Demente!

QAHOLOM (Apretando los puños)

¡Loco!

HUNAHPU—VUCH (Poniéndose las manos en los pechos)
¡Deshonra de la familia!

HUHAHPU—UTIU (Arrojándole con su honda una piedra del tamaño de un cerro).
¡No hay cojo bueno!

U QUX CAH

¡Se mueve con su sola pierna a dieciocho millas por hora y tiene un giro circular de doscientas millas!

U QUX PALO

¡Lo ven este momento levantar de mis aguas del Mar Caribe cien mil toneladas con las que juega en su círculo mayor para arrojarlas después sobre tierra firme!

AH RAXA LACO

¡No sé por qué nuestros padres Tzacol y Bitol le dieron a ese loco tanta fuerza física y tan poco juicio¡ ¡Vean como deshace mis montañas como si fueran terrones de azúcar bajo la acción de un chorro de agual Vean como hace que los ríos inunden la tierra y se agranden como la laguna de Caratasca!

AH RAXA TZEL

¡Qué bárbarol 10,000 muertos; 100,000 damnificados ¡1,000,000,000 de pesos en pérdidas materiales. Esto es gigantesco en un país tan pequeño y tan pobre!

HURACAN

¡Arrojaré millones y millones de toneladas de agua
para ahogarlos a todos!

CHIPI CACULHA

¡Yo arrojaré millones de rayos certeros y destructores!

RAXA CACULHA

¡Yo lo arrastraré todo en corrientes invencibles que llevarán
montañas, bosques, pueblos, habitantes, animales en légamos
diluvianos jamás vistos en estos tiempos!

HURACAN CACULHA

¿Oís el rugido de las corrientes? ¿El estruendo de los desplomes?
¿Los gritos de los desamparados? ¿Los ayes de los infelices? ¿Los
rezos de las mujeres? ¿Los chillidos de los niños?

HURACAN (Monstruoso, descerebrado, espantoso)

Hijos, Haced lo máximo! ¡Acabad con los Hombres de Maíz!
¡Aniquilad a los Hombres de trigo! Arrasad a los Hombres de arroz
Viva la quinta raza del cacao! ¡Viva la nueva gloriosa raza de
Ixachilán!
(El estruendo, los gritos y las súplicas de las víctimas, las corrientes
lodosas y fatales, la noche, el caos, todo hace creer que la tierra está
dejando una era para situarse en otra, en medio de gritos, silbidos, y
retumbos de Huracán, padre de la destrucción)

II

ALOM (Sube a la cumbre de Tzacol)

Madre primordial, has visto las destrucciones de Huracán en la
Tierra, propiamente en el lugar de la Antigua Copán del sabio
Itzamná, inventor del calendario solar; en la zona de la misma urbe
que siglos después visitó el civilizador Quetzalcoatl. y a la que
graciosamente dio el nombre de Huehuetlapallan?

TZACOL

Si, hija, me he dado cuenta de las destrucciones de Huracán en el
"Viejo lugar donde nace la aurora", donde existía el centro de estudios
mágicos más famoso del mundo y de donde salió la astronomía más
exacta que establece definitivamente que Hunabkú es el único dios de

existencia verdadera, pero entendiéndose que ese único dios es material (xilib), siempre está en movimientp (pecben), es infinito (maxulben), es eterno (ixmachnu), ésta llena de sabiduría (miatzil), es absoluto, por lo que lleva el nombre de Hunabkú. Así es que para los mayas el dios de dioses, definitivo y total, es el mismo Universo, y esa es la suprema sabiduría de ellos y por eso es que aciertan en sus pensares y en sus acciones.

ALOM

Todo está bien. Madre. Pero, ¿por qué Huracán ha hecho semejante destrucción?

TZACOL

Así es, hija. Tú, como diosa que eres, lo sabes, y me extraña que hagas preguntas infantiles. En otra parte del Universo hay una gigantesca explosión de la galaxia M—82 que ya lleva millón y medio de años. Esa galaxia está a diez millones de años luz de la Tierra, donde se dieron cuenta del suceso hasta 1963. La explosión deshizo el núcleo de millones de estrellas que constituían la galaxia y arrojó por el espacio fragmentos de materia, que representan el equivalente de cinco millones de soles, a una velocidad hasta de treintidos millones de kilómetros por hora. Y la galaxia M—82, cuyo disco achatado es de unos 20,000 años luz de longitud, se encuentra todavía en proceso de explosión. Ya ves..

ALOM (Afligida)

Tú comprendes, Madre, que yo soy una humilde diosa que fecundada por Qaholom concibe y para los hijos que pueblan un pequeño espacio de Tierra; y Huracán me está destruyendo esos hijos con el argumento que no sirven y que deben ser sustituidos por la quinta raza..

TZACOL

Huracán es un destructor y hay millones, billones, quintillones, decillones de destructores en el Universo infinito. Es que la ley suprema es de creación y destrucción. Yo creo con mis ejércitos de madres. Bitol, mi compañero, destruye con sus legiones de artesanos. Y no creas que esto de crear y destruir es un simple entretenimiento de cartas. No, porque existe la recreación que es una superación.

Nosotros, dioses supremos, no pretendemos que lo que sale

de nuestras manos es perfecto. Al contrario, nos encanta, nos embriaga, nos enloquece la imperfección, porque es de ese modo que se despierta el empeño de nuestro goce artístico, para perseguir la obra acabada que no alcanzamos jamás.

ALOM/(Pensativa)
Entonces, la ley es crear, destruir y recrear.

TZACOL
¡Esa!

ALOM
Huracán destruye la cuarta raza de hombres de maíz para que nosotros, Qaholom y yo, engendradores y paridores, demos la quinta raza de hombres de cacao.

TZACOL
La quinta raza está reservada en nuestro libro secreto para de aquí a diez mil años.

ALOM
Indica usted que los hombres de maíz seguirán viviendo.

TZACOL
Por muchos milenios más.

ALOM
Lo que hace suponer que esa destrucción de Huracán es de poca importancia, o si es grande no determina cambios definitivos.

TZACOL
Oye, hija, Huracán por secretos mandatos de Bitol ha llegado a Honduras a producir una calamidad pública. Ha destruido; y ha destruido en grande para lo que es el país. Ahora, a mí me corresponde recrear en el campo destrozado.

ALOM
¡Qué alegría!

TZACOL (Valiéndose de la telepatía)

¡Vengan las divinidades creadoras Hunahpu—Vuch, U Qux Paló y Ah Raxá Lac!

(Llegan las divinidades creadoras)

Las he llamado para decirles que en el lugar en ruinas que ha dejado Huracán vamos a crear un país nuevo que en realidad responda al nombre que le diera el civilizador Quetzalcóatl, que en realidad sea Tlapallan; que en verdad sea el LUGAR DONDE NACE LA AURORA.

CORO DE LAS DIVINIDADES CREADORAS

¡Madre, con inmenso júbilo haremos lo que mandas!

TZACOL

Empeñen su sentido de la belleza para que surja de las manos de ustedes una obra de arte!

CORO DE DIVINIDADES CREADORAS

Así lo haremos, Madre.

TZACOL

¡Agucen su inteligencia para que en ese país sean satisfechas todas las necesidades de sus habitantes, y de ese modo las mujeres, y los hombres de ese país sean libres de verdad!

CORO DE DIVINIDADES CREADORAS

Así lo haremos, Madre.

TZACOL.

¡Hagan que allí sea una dorada cumbre de los empinados Andes de civilización y cultura que corren desde el Polo Norte hasta la Antártida!

CORO DE DIVINIDADES CREADORAS

¡Así como lo pides se hará, Madre!

TZACOL

¡Que sea un templo de justicia!

CORO DE DIVINIDADES CREADORAS
¡Será un templo de justicia!

TZACOL
¡Que sea un bosque de deliciosas frutas como el Paxil!

CORO DE DIVINIDADES CREADORAS
¡Será frutal como el Paxil!

TZACOL
¡Qué sea un jardín de flores estelares como Cayalá!

CORO DE DIVINIDADES CREADORAS
¡Será un jardín floral como Cayalá!

TZACOL
¡Qué sea un reino de amor!

CORO DE DIVINIDADES CREADORAS
¡Será un reino de amor!

De pronto aparece Bitol, el gran dios formador, seguido de los dioses engendradores Qaholom, Hunahpú—Utiú, U Qux Cah y Ah Raxá Tzel. Como los dioses del Popol Vuh ven mil años antes de haberse realizado las cosas, se llenan de júbilo al contemplar la maravilla que han hecho las divinidades creadoras en Honduras, también llamado "Vjeio País Donde Nace la Aurora".

BITOL
¿Qué es ese resplandor que hiere mis ojos?

QAHOLOM
Es el país que sobre las ruinas que dejó Huracán, han edificado nuestras. mujeres, las divinidades creadoras.

BITOL
¿Qué nombre le han puesto?

HUNAHPU—UTIU

Para nosotros conserva el nombre de Huehuetlapallan; para los de abajo se llama Honduras, Hibueras, Guaymuras.

BITOL

¡Parece organizada conforme a nuestras leyes inmutables!

U QUX CAH

Ciertamente. No hay demasiados ricos ni demasiados pobres como antes. Ya nadie tira por la ventana la comida que le sobre ni nadie busca un mendrugo escarbando en los depósitos de basura.

BITOL

¿Cómo lograron el equilibrio, la armonía?

AH RAXA TZEL

Con mucha inteligencia aislaron la acción funesta de los Hombres de trigo y de los Hombres de arroz, que habían dejado a los Hombres de maíz en la condición de extranjeros en su propia tierra.

BITOL

Pero nosotros con anticipación estamos viendo realidades que en la mente de las divinidades creadoras solo es un proyecto.

QAHOLOM

No crea usted. Ya iluminaron la inteligencia y dieron valor a los Hombres de maíz. Ha empezado la obra.

BITOL

No ha pasado la oscuridad fangosa que dejó Huracán al correr por allí.

HUNAHPU—UTIU

En el cielo estoy viendo a la Estrella de la mañana (Icoquih) y ya empieza a acariciar la suave brisa del amanecer.

BITOL

Los hombres que provocaron la cólera de Huracán ¿qué hacen ahora?

U QUX CAH

Paganos de una vieja edad que agoniza, esconden sus ídolos de piedra en el fondo de los barrancos y en lo más cerrado de los bosques.

BITOL

¿Cuáles ídolos?

AH RAXA TZEL

Avilix, Hacavitz, Tohil, Cabahuil..

BITOL

Pobres Hombres de maíz! Ya serán liberados de sus penas. Les daré la adoración del Sol. (Xuchitl) para que tomen lección del primer trabajador del mundo, que no descansa ni se detiene una millonésima de segundo en su carrera de millones .y millones de siglos; que no se aparta nunca de su misión iluminadora; que no se olvida jamás de su función germinadora.

(Viendo salir la imagen radiante y redonda de Xuchitl. Los dioses creadores y destructores gritan a una).

El Sol! El Sol! El Sol! El Sol! El Sol! El Sol!

(Abajo, un atribulado sacerdote de los Hombres de maíz, lee las págs. de un libro sagrado).

"En seguida, salió el sol. Alegráronse los animales chicos y grandes y se levantaron en las vegas de los ríos, en las barrancas, y en la cima de las montañas; todos dirigieron la vista allá donde sale el sol.

"Luego rugieron el león y el tigre. Cantó el pájaro que se llama Queletzú. Verdaderamente se alegraron todos los animales y extendieron sus alas el águila, el rey zope, las aves pequeñas y las aves grandes.

"Los Sacerdotes y sacrificadores estaban arrodillados; grande era la alegría de los sacerdotes y sacrificadores y de todas las tribus que existen hoy día. No era posible contar la gente. Y a un mismo tiempo alumbró la aurora a todas las tribus.

"Antes que saliera el sol estaba húmeda y fangosa la superficie de la tierra. Pero el sol se levantó y subió como un hombre. Y en seguida se secó la tierra a causa del sol.

"Inmediatamente se convirtieron en piedra Avilix, Hacatitz y Tohil, junto con los seres deificados, el león, el tigre, la culebra, el cantil y el duende. Sus brazos se prendieron de los árboles cuando aparecieron el sol, la luna y las estrellas. Todos se convirtieron igualmente en piedras.

"Tal vez no estaríamos vivos nosotros hoy día a causa de los animales voraces, el león, el tigre, la culebra, el cantil y el duende; quizás no existiría ahora nuestra gloria si los primeros animales no se hubieran vuelto piedra por obra del sol!".

(POPOL VUH, Capítulo IX, Parte Tercera).

TZACOL (presentándose de repente)
¿Están escuchando el golpe unánime de los martillos?

ALOM
¿Oyen por suerte el chirrido de las máquinas?

HUNAHPU—VUCH
¡Los Hombres de maíz están trabajando con diligencia y fuerza en Honduras!

U QUX PALO
Con el batir eterno de mis olas les he enseñado que lo único que se puede llamar divino es el trabajo.

AH RAXA LAC
El trabajo hizo al hombre mismo y acto seguido hizo su gloria inmortal.

BITOL
¡Hucaran destruyó para que hagan una Honduras mejor con el trabajo divino!

QAHOLOM
Las grandes empresas mineras y agrícolas de origen extranjero no deben seguir siendo un Estado dentro del Estado.

HUNAHPU—UTIU

Los grandes bancos extranjeros deben cesar en la descapitalización del país.

U QUX CAH

El imperialismo actual debe devolver cien mil millones de pesos oro que ha extraído del país en dos siglos redondos.

AH RAXA TZEL

Debe desaparecer de la escena la pseudo—burguesía indígena que ha olvidado su deber histórico de impulsar el desarrollo económico independiente de Honduras por dedicarle su afán con evidente servilismo al progreso de los intereses extranjeros, que saquean la riqueza nacional y explotan sin medida la fuerza de trabajo de los hondureños.

CORO DE DIOSAS

En su esfuerzo por alcanzar la grandeza, Honduras no debe olvidar el ejemplo de la Antigua Copán, capital ilustre del Viejo Imperio!

CORO DE DIOSES

¡Tampoco debe olvidar a la sabia Huehuetlapallan, venerada metrópoli del Nuevo Imperio!

CORO DE DIOSAS

¡Brindemos por la grandeza y la libertad de Honduras!

CORO DE DIOSES

¡Brindemos por su victoria y por su gloria!
(Beben en preciosos cajetes fresco rocío del amanecer).